二 院 制 論

木下 健

二院制論
――行政府監視機能と民主主義――

学術選書
2012
政治学

信山社

はしがき

　本書は博士学位論文「二院制の在り方に関する研究 ── 行政府監視機能の検証」を加筆修正したものである。参議院改革に関する議論は，参議院を存続させるか，あるいは廃止・統合するかという結論のみが先行している印象を拭い去れない。これまで多くの論者が参議院・上院をどうすべきか，ということを論じているが，果たして参議院の機能・役割を考慮し，その効果を発揮しているかどうか評価した上で，改革案が提示されているのだろうか。

　この疑問に加え，博士論文を執筆以前（2010 年）の政治状況として，2007年・2008 年の福田・麻生内閣では，与党が参議院で過半数の議席をしていないという不完全ねじれ国会（衆議院で 3 分の 2 以上の議席を占める）を経験し，新テロ特措法等に関して再議決権を行使したことが，研究の動機の一つとなっている。安全保障政策という国の重要政策が，政府与党の強権的な決定により実施され，与野党による合意がないことに疑問を感じていた。衆議院の 3 分の 2 以上という高いハードルであるが，この再議決要件をクリアした場合，参議院は無用の長物になってしまうのではないだろうかと考えた。これらの疑問を考えた場合，参議院の機能及び効果を再考し，検証する必要があると感じた。そこで二院制をテーマとして，博士学位論文を執筆することに着手した。

　先行研究を読み進めるうちに，日本の参議院の権限は，衆議院と同程度であり，比較政治学から見て相当程度に強い権限を持っていることを認識した。衆議院の 3 分の 2 以上による再議決で，衆議院の意思が尊重される国は日本を除いて他になく，政治制度自体に問題があることを認識した。次に，それでは政治制度のうち，どこに問題があるのか考えることとなった。しかし日本の国会は，会期制を採用しており会期が終われば法案が廃案になること（継続審査を除く），またアメリカと同様に委員会制を採用しており専門分野に近い議員が効率的に法案を審査していること，政府与党の事前審査制により法案修正率が低いこと，委員会の中でも理事会では全会一致が原則とされていること等，制度と慣習，実態が複雑に絡み合っており，国会という領域の特殊性を認識する

はしがき

に至った。こうした複雑性から，問題の切り口を二院制と参議院に分けて考え，そもそも二院制が有効であるのか（第2章），なぜ二院制が採用されているのか（第3章），参議院は行政府監視という機能を果たしているのか（第4-7章）を検証することとした。

第1章は理論的考察として，民主主義理論の立場から参議院を検討している。具体的には，競争的民主主義論，参加民主主義論，ポリアーキー型デモクラシー，多数決型・コンセンサス型デモクラシー及び熟議民主主義論という近代以降の民主主義論を整理し，その上で，参議院の存在が参加民主主義論や熟議民主主義論と整合的であり，他方で競争的民主主義論とは相容れないことを示している。

第2章の二院制が有効であるのかについては，民主主義の質に対して，第二院の存在がプラスの影響を与えているのかどうかを検証した。OECD19カ国におけるクロスセクションデータ分析の結果，第二院の存在は民主主義の質を引き下げることを明らかにした。ただし，サンプルの数が少なく，ノルウェー・スウェーデンといった民主主義の質が高い，一院制国家の国が入っていることに注意しなければならない。しかし，この分析結果は，レイプハルトの『民主主義対民主主義（第2版）』（勁草書房，2014年）の分析結果とは正反対の結果であり，興味深い結果であるといえる。また，本章の結果と同様の結果として，坂井・岩井・浅田「二院制度が民主主義の質と経済的パフォーマンスに与える効果に関する研究」（『政経研究』第50巻第1号，2013年）の研究があり，二院制のみを取り出して考慮した場合，民主主義の質を引き下げるものであると考えられる。

第3章の二院制の採否では，二院制が採用される理由として，国民性を提示している。二院制の採用理由が，人口・経済規模と連邦制だけでは十分に説明できないことから，別の要因が考えられる。その要因を仮にXとし，人口・経済規模，連邦制をコントロールした上で，Xが二院制を採用する要因であると判明した場合，二院制採用の新しい知見が発見されたといえる。本章では，Xを権力の集中を嫌う国民性であると仮定し，Xの代理指標を検討することとした。分析の結果，メディアへの信頼が有意であったことから，メディアを信頼する国民性が二院制採用を高めているとした。ただし，本章の分析では，歴史的経緯が二院制採用の理由であるとの可能性を払拭しきれていない。

はしがき

　第4章では，国政調査権の行使について，政治学的観点より，国政調査権の行使は与野党の政争の具として用いられていること，与野党の一致がなければ実施されないこと，実施されたとしても有効な手段として機能していないことを明らかにしている。その上で，国政調査権を有効な手段とするため，議決要件の引き下げ，スタッフの拡充，国政調査権実施後の報告書作成を提言としている。

　第5章では，与野党対立の構造を明らかにすることにより，衆参両院の行政府監視機能の一端を明らかにしている。審議空転及び速記中止という尺度に注目したことで，これまでの研究とは異なる政治過程の一面を明らかにしている。それは審議空転が速記中止を招き，審議過程において，行政府監視の役割を担っているという点と，ねじれ国会下においては衆議院での審議を効率化させ，参議院において与野党の論争が行われているという点である。

　第6章では，国政調査に関する国会議事録のコーパス研究を行っている。国会審議は審議量自体が膨大であるため，言語学的手法を用いて研究を行うことに適している。しかしながら，これまでの議会研究では，立法機能に着目した研究が中心であったため，行政府監視機能に着目したコーパス研究がなされてこなかった。本章では消えた年金問題など何らかの事故が起こったときに，行政府監視機能が強まっているのかを検証している。

　第7章では，国政調査に関して，政治コミュニケーション論の枠組みを用いて分析を行っている。衆参の国会議員は選出基盤が異なるため，違う観点から質疑を行なっていると想定し，比較を行っている。政治コミュニケーション論のどっちつかず理論及びフェイス理論を日本の議会において実証し，衆参の質疑・答弁が異なることを明らかにしている。ただし，参議院より衆議院の方が厳しい追及をしていることから，参議院議員の質疑能力が疑われ，厳しい質疑を行なうことが出来るような制度改革が求められているといえよう。

　第8章では，国会審議における首相答弁が内閣支持率を引き下げるかどうかを検証している。国会答弁と内閣支持率の関係は未だ十分に明らかにされていない。本章では，現状に関する答弁が多いほど，有権者は悲観的になり内閣支持率が低下するという仮説を衆参において検証している。

　本書を執筆するにあたり，様々な方々からご助言，ご協力を賜った。私が学

はしがき

問の世界に足を踏み出すきっかけとなったのは，武蔵勝宏教授との出会いがあったからこそである。政治の中でも議会に関して，全く無知であった私を手取り足取り導いて下さったことを心から感謝したい。大学院進学に際して，必読文献として挙げられた著書が建林・曽我・待鳥『比較政治制度論』（2008 年，有斐閣アルマ）及び大石『議会法』（2001 年，有斐閣アルマ）であったことを鮮明に覚えている。『比較政治制度論』は比較政治学の方法論及び制度について幅広く網羅しており，政治学の全体像を把握する基礎となった。また『議会法』は議会研究を行う上で，法律学，憲法の観点から難解な議会の制度・手続きを学ぶ上で大変ためになった。今にして思えば，大学院修士課程に進学する時点において，武蔵勝宏教授は，私の研究の中心となる政治制度，議会，憲法を理解した上で，これらの本を推薦してくれていたのではないかと思う。その後，大山礼子『国会学入門』（1997 年，三省堂），『比較議会政治論 ── ウェストミンスターモデルと欧州大陸型モデル』（2003 年，岩波書店），増山幹高『議会制度と日本政治 ── 議事運営の計量政治学』（2003 年，木鐸社），福元健太郎『日本の国会政治 ── 全政府立法の分析』（2000 年，東京大学出版会），『立法の制度と過程』（2007 年，木鐸社），川人貞史『日本の国会制度と政党政治』（2005 年，東京大学出版会）といった日本における議会研究の主要文献を指示して頂いた。これらの研究に大きく影響を受け，私の研究が進められることとなった。

また研究方法論に関しては，西澤由隆教授の「計量政治学」，建林正彦教授の「リサーチ・デザイン」の講義で多くを学ばせて頂いた。西澤由隆教授の講義では，統計学を基礎から勉強させて頂き，統計ソフト SPSS の使い方を学ばせて頂いた。また建林正彦教授の授業では，論文の骨格となるリサーチ・デザインについて学ばせて頂くと同時に，3 つの I（Institute, Interest, Idea）の重要性を認識させて頂いた。つまり制度的要因，社会経済的要因，文化的要因という大きく 3 つの概念をコントロールした上で，自らの重視する仮説（変数）が検証されるかどうかである。これらの講義において学ばせて頂けたのも同志社大学という環境の賜物である。

その他，同志社大学政策学部・総合政策科学研究科の諸先生方には多大なるお世話になった。特に Feldman Ofer 教授および田中宏樹教授には，SA・TA

はしがき

を通して多くのことを学ばせて頂いた。Feldman Ofer 教授のもとでは，ゼミの国会見学に同行し，3 人の国会議員から直接お話を聞く機会を頂いた。また本稿の第 7 章を執筆するにあたり，研究方法・先行研究について，深く学ばせて頂いた。田中宏樹教授のもとでは，学部演習の時間に本論文を報告する機会を頂き，その際，有益なコメントをたくさん頂いた。そのほか，博士論文の副査を担当頂いた井上恒男教授および川井圭司教授から，研究発表会，資格審査および学位論文審査にわたって有益なコメントを多く頂いた。また徳島文理大学の橋本誠志先生には日頃より激励の言葉を賜り，公私にわたり相談に乗って頂いた。それに加え，政策学部および総合政策科学研究科の研究雑誌である「同志社総合政策科学研究」に投稿することを通じて，査読を担当した先生方から個別論文について厳しい指摘を多く頂き，その都度修正させて頂いた。さらに当時の先輩，同期，後輩である総合政策科学研究科博士課程（後期課程）の北村知史様，菊池弥生様，加藤洋平様，橋本圭多様には日頃から，研究に関して議論させてもらい，理解を深めることができた。

そして，信山社の袖山貴様，稲葉文子様，今井守様には本書の出版にあたり，原稿に目を通して下さり，タイトルや構成など編集に関して貴重な提言を頂いた。本当に多くの方々から指導・コメントを頂き，少しずつ論文を書き進められたことを実感しており，心より感謝している。拙いながらも，本書をまとめられたことを感謝し，ここに厚くお礼申し上げます。

2015 年 6 月

木下　健

◆ 本書の構成と概要 ◆

　本書の目的は，参議院の強大さが指摘される中，二院制及び参議院が機能しているのかどうかを実証的に検証することにある。参議院改革の必要性については，かねてより指摘されているものの，十分に進展していないのが現状である。また，参議院に関する研究は多数存在するものの，一貫した整理がなされておらず，参議院の機能を検証した研究は不十分である。

　本書では，第1章から第3章において，二院制が機能しているかどうかを検証する。二院制が機能しているかについては，連邦制国家ではなく，単一国家である日本が参議院を採用する理由はなぜかを検証し，二院制を堅持する必要性があるのかを確かめる。また二院制が有効に機能しているか論じるにあたり，二院制が民主主義の質に貢献しているのかを検証する。本書においては，民主主義を①市民の自由，②政治文化，③選挙の手続きと多元性，④政府の機能，⑤政治への参加という五つの側面から捉えたデモクラシー指数を用いている。

　第4章から第8章において，参議院が機能しているかを検証するにあたり，参議院の機能の重要な一つである行政府監視機能に焦点を当て，与野党対立，国政調査及び首相答弁について取り上げ，衆参の比較を行っている。

　具体的には，まず第1章では参議院の機能および役割を整理し，近代以降の民主主義理論を概観した上で，参議院及び参議院改革が民主主義論からみて，整合性を持つのかを検討している。民主主義論として，競争的民主主義論，参加民主主義論，ポリアーキー型デモクラシー，多数決型・コンセンサス型デモクラシー及び熟議民主主義論の考え方を明らかにしている。

　参議院改革の歴史を踏まえ，参議院の位置づけは，参加民主主義や熟議民主主義とは整合的である一方，競争的民主主義とは非整合的であることを確認している。ただし，これまでの参議院改革は憲法改正を伴わないものであり，参議院改革は限界に近づいていることを明らかにした。

　次に第2章では，比較議会の観点からOECD19ヵ国において，なぜ民主主義の質が異なるのかという問いに対し，二院制であるが故に民主主義の質が向上しているという仮説を設定し，検証を行っている。民主主義の質を考えるう

えで重要となるのは，多数決型デモクラシーとコンセンサス型デモクラシー，そして拒否権プレイヤーの議論である。

そして第3章では，なぜ二院制が採用されているのかという問いに対し，権力の集中を嫌う国民が二院制を求めているという仮説を設定した。本書では権力の集中を嫌う国民性を，どの程度メディアを信頼しているかで捉え，その検証を行っている。これまでの研究では，二院制は人口・経済規模に加え，連邦制であるがゆえに二院制が採用されていると指摘されてきた。分析の結果，権力の集中を嫌う国民性仮説は支持される結果が得られた。メディアを信頼している国民性は二院制を志向していることが明らかとなった。

本章の仮説はライカーの空間モデルによる二院制であれば，とりうる政策領域が狭まるという安定性が増すことに裏付けられている。また対抗仮説として，レイプハルトの多数決型デモクラシーであり，多数決型を測定するため，多数主義的議事運営の指数を用いている。分析の結果，二院制より一院制の方が民主主義の質に寄与しており，多数主義的でない議事運営が好ましいといえ，拒否権プレイヤーについては，その数が多いほど民主主義の質を向上させるという結果が得られた。

前段において，第1章から第3章を通して，二院制が機能しているかどうかを検証してきた。その結果，二院制は国民によって求められているといえるものの，民主主義の質を引き下げる要因であるということが明らかとなった。しかし，我が国において，一院制を導入するという性急な結論を導いて良いのかどうか，慎重に検討する必要がある。それは，我が国の参議院は，法案に関して衆議院と同様の強い権限があり，これまでの政府与党は，参議院での過半数を占めるため，連立工作を行ってきたという経緯があるためである。参議院で過半数を占めるための連立政権の存在は，参議院が拒否権プレイヤーとなっていることを示すものであるといえる。そのため，より慎重に参議院機能を検証する必要があると考えた。

参議院の役割の一つとして行政府監視機能が挙げられ，参議院には任期や構成から衆議院よりも行政府監視機能が求められている。本書では，後段において，行政府監視機能の検証を行い，参議院の行政府監視機能が衆議院にすら劣るといえるような現状であるならば，参議院廃止を含めた抜本的な改革が必要

であるとの結論を導く。一方で，参議院には衆議院よりも行政府監視機能があるといえるのならば，さらなる行政府監視に特化した参議院改革が求められるという結論を導くこととする。

第4章では国政調査権に関する行使の様態を事例より明らかにしている。本章では，国政調査権の性質を概観した後，国政調査権の行使を証人喚問と資料提出要求に分けて論じている。そして国政調査権の行使の様態が衆参両院で異なっているのか，ねじれ国会における国政調査権の行使・不行使について論じている。事例からの考察の結果，国政調査権は，政争の具として用いられており，与野党の利害が一致した場合にのみ活用されることになり，活用の機会が少なくなっていることが明らかとなった。また，政府の不正を追及する場合，世論が後押しすることによって，政府対与野党の対立構造が生まれ，政府から資料が出されやすくなり，証人喚問も実施されやすいということが判明した。

第5章では，予算委員会において，行政府監視機能が機能しているのかを衆参の比較を通じて検証する。本章では，行政府監視機能を「速記中止回数」として捉え，与野党が対立しているほど，議論が紛糾し，速記が止められ，行政府監視がなされているという仮説を設定した。与野党の対立を審議の空転で捉え，与野党の多数派が異なっているかどうかで，速記中止回数が増えているかを分析した結果，審議空転は速記中止回数を増やす一方で，参議院の議決形態（ねじれダミー）については，マイナスの結果が得られた。マイナスの結果が得られたのは衆議院予算委員会の方であり，参議院予算委員会の方は有意となっていないことから，政府与党はねじれ国会の場合，衆議院予算委員会を早期に通過させようとする思惑があることがうかがえる。

第6章では国会審議における国政調査について取り上げ，その実態を明らかにしている。本章の仮説として，何らかの事故が起こった場合に，国政調査量が増加する火災報知器型の監視がなされていること，および通常のパトロール型監視では国政調査は不活発であるという仮説を設定した。分析の結果，参議院経済産業委員会のみ火災報知器型監視がプラスで有意という結果が得られ，パトロール型監視については，衆議院農林水産委員会，衆議院厚生労働委員会，参議院厚生労働委員会，参議院経済産業委員会においてマイナスの係数が有意に得られた。このような結果は委員会ごとによって，かなりの多様性を持つこ

とを示すものであり，参議院であるため，行政府監視をより行っているといえるような結果とはなっていない。

　第7章においては，予算委員会における国政調査についての談話分析を行い，衆参について異なる観点から質疑が行われているかを質問の分類，質疑の話題に関する分類，及びフェイスへの脅威という三つの観点より検証した。また，答弁に関して，送り手，受け手，内容及び脈絡の観点より，衆参に違いがあるか検証を行った。分析の結果，質疑に関しては，三つの観点が全て衆参において異なっていることが明らかとなった。一方，答弁に関しては，受け手のみが衆参において違いがあることが明らかとなった。これらの結果より，衆参は異なる質疑を行っており，答弁においても受け手については異なる答弁が得られていることが明らかとなった。

　第8章では内閣支持率と首相答弁の関係として，有権者による行政府監視機能が議院内閣制のもとでどのように機能しているのかを衆参の比較を通して把握する。具体的には，議院内閣制は衆議院に基盤を置くものであるため，参議院での首相答弁が内閣支持率に影響を及ぼし，強い参議院に拍車をかけることになっていないのか確認している。

　本章では，民主党政権において国会における首相の答弁が内閣支持率に影響を与えているのかを調べた。とりわけNHKの国会中継が入ることが多い本会議及び予算委員会での首相答弁を取り上げ，「現状」に関する答弁をしているのか，あるいは「将来」に関する答弁をしているのかにより，内閣支持率に影響を与えているのかを検証した。分析の結果，衆議院における「現状」に関する首相答弁は有意に内閣支持率を低下させるということが判明した。また参議院における首相答弁は内閣支持率に対して有意な影響を与えているとはいえないことが分かった。

　後段において，第4章から第7章を通して，参議院の行政府監視機能を検証した結果，参議院は十分であるとまではいえないものの，一定の行政府監視を行っているといえるのではないだろうか。この結果を踏まえ，参議院改革を検討するならば，参議院を存続させ，さらなる行政府監視が行えるような制度改革を行っていくべきであるといえる。

　おわりに，二院制は国民によって求められているものの，民主主義の質を引

き下げるといえる。しかし，我が国の参議院の行政府監視機能を検証した結果，一定の効果をあげているといえ，早急な一院制への移行は取るべきではないと考えられる。ただし，現行制度のままでは，ねじれ国会に見られる決められない政治という問題が残ることとなる。そこで，本書の提言として，第一に参議院の権限を弱めることで，決められない政治を回避する。具体的には憲法59条2項の再議決要件を過半数まで引き下げ，その代わりに参議院には引き延ばし権を与える。第二に，参議院の行政府監視機能を強化するため，予算委員会以外の他の常任委員会においても，片道方式を導入することとし，より多くの質疑を行えるようにする。第三に多様な民意を反映するため，参議院の選挙制度に全面的に比例代表制を導入する。これらの改革を行うことで，決められない政治から脱するとともに，参議院は行政府監視の院として，存在感を増すこととなる。

目 次

はしがき（v）

◆ 本書の構成と概要（x）

◆ 序　章 ——————————————————————— 3

◆ 第1章　参議院と民主主義 ——————————————— 9

　はじめに（9）
　第1節　民主主義とは何か（10）
　第2節　参議院の役割と影響力（19）
　第3節　民主主義理論からみた参議院（24）
　第4節　参議院改革は民主主義に適っているか（28）
　小　括（33）

◆ 第2章　二院制はデモクラシーにとって有効な制度であるか — 37

　はじめに（37）
　第1節　二院制に関する理論研究（38）
　第2節　二院制類型論（44）
　第3節　二院制の実態及び分析手順とデータセット（46）
　第4節　民主主義と多数主義的議事運営及び拒否権プレイヤーの関係（50）
　第5節　民主主義の質を向上させる要因とは（58）
　小　括（60）

xv

目　次

◆ **第3章　二院制の採否と国民性** ────────── 65

　は じ め に（65）
　第1節　仮説の提示とデータセット（66）
　第2節　対抗仮説 ── 連邦制と人口・経済規模（69）
　第3節　二院制を求める国民性とは（71）
　第4節　分 析 結 果（73）
　第5節　経路依存性の検討（77）
　小　括（79）

◆ **第4章　国政調査権行使の態様とその限界** ──────── 83

　は じ め に（83）
　第1節　国政調査権とは（85）
　第2節　国政調査権の行使（88）
　第3節　証人喚問に対する衆参の対応の差異（95）
　第4節　国政調査権の行使とねじれ国会（96）
　小　括（100）

◆ **第5章　予算委員会における与野党対立構造の分析**
　　　── 国会による行政府監視機能 ──────── 105

　は じ め に（105）
　第1節　日本における国会研究（107）
　第2節　予算委員会の役割と特徴（110）
　第3節　与野党対立の指標（115）
　小　括（127）

目　次

◆ 第6章　国会における行政府監視機能の検証
　　　　── 国政調査に関する量的分析 ──────── 131

　は じ め に（131）
　第1節　行政府監視に関する先行研究（132）
　第2節　仮説の設定と国政調査の現状（137）
　第3節　仮説の検証（142）
　小　　括（151）

◆ 第7章　予算委員会における談話分析
　　　　── 国政調査に関する質的分析 ──────── 155

　は じ め に（155）
　第1節　理論研究及び先行研究（156）
　第2節　方法論及びデータセット（162）
　第3節　仮説の設定（167）
　第4節　分　析　結　果（169）
　小　　括（176）

◆ 第8章　内閣支持率と首相答弁の関係
　　　　── 有権者による行政府監視機能 ──────── 181

　は じ め に（181）
　第1節　内閣支持率とデータセット（182）
　第2節　日本語テキスト型データ分析（186）
　第3節　仮説の設定と検証（191）
　小　　括（198）

xvii

目　次

◆ 終　章　参議院改革案の検討 ─────────── 201

第 1 節　本書の要約（201）
第 2 節　参議院改革案の検討（205）
第 3 節　結　び（213）

【参 考 文 献】（219）
事 項 索 引（231）

二院制論

序　章

　本書においては，二院制に関する実証研究を通して，参議院改革への視座を提示することを試みる。まずなぜ二院制を取り上げる必要があるのかについては，大きく二点の理由がある。一点目はねじれ国会が近年出現したことにより，参議院が否定的な評価をなされるようになってきたためである。二点目は，参議院改革について求められる内容が変容してきたためである。1970年代の河野謙三議長や斎藤十朗議長の時代においては，参議院は衆議院のカーボンコピーであると揶揄されてきたがゆえに，参議院の独自性を求める改革が必要とされた。これに対し，近年求められる参議院改革は参議院の存在意義を含む改革が求められていると考えられる。この背景にはねじれ国会出現のほか，一票の較差の問題があり，選挙制度の見直しが迫っているからである。またそれに加え，衆議院選挙こそが政権を担う選挙であると考える国民内閣制の議論が根底にあり，参議院は存在意義を求める必要が出てきたといえる。

　実際の問題として顕在化したのは，ねじれ国会の出現により，参議院の行動が国民生活と直結していることが明らかとなったからである。具体的には立法の遅延であり，国会同意人事の問題である。立法の遅延に関しては，2008年のガソリン税の暫定税率を延長する税制関連法案について，野党が期限切れに追い込む戦略を取ったため，ガソリン税の暫定税率が短期間の間に上下し，国民が混乱したことが記憶に新しい[1]。また国会同意人事については，日銀総裁のポストに20日間の空白が生じた。

　こうした問題の所在については多岐にわたり，それぞれが複雑に関係している。具体的な問題の所在に入る前に，二つのトレードオフの関係について触れておく。一つ目は，上院の権限の強さ（両院の対称性，抑制の強さ）と多様な民意の反映（選挙制度の問題）はトレードオフの関係にあるということである。

---

[1] 武蔵勝宏「小泉政権後の立法過程の変容」『北大法学論集』第59巻第5号, 2009年, 2540-2541頁。

序　章

　二つ目は，立法の効率性と両院がともに公選で選出されるという民主的正統性はトレードオフの関係にあるということである。立法の効率性を追求する場合，一院制の方が望ましく，政府与党には強い議事運営権が存在している方が好ましいということである。それゆえ，効率性を追求した場合，民主的正統性は弱いものにならざるを得ない。他方，民主的正統性を重視するのであるならば，多少の立法の遅延には目をつぶらざるを得ないといえる。こうしたトレードオフの関係について，サルトーリは両院の権限と構成という二つの変数をいかに理想的に組み合わせ得るかが問題であるとし，二院が類似している場合，統治可能性を促進するがチェックの目的には使いものにならないとする一方，両院が異なるならばより強力なコントロールが保障されるが，それは停滞と行き詰まりを再現すると指摘している(2)。

　この二点のトレードオフの関係を踏まえた上で，具体的な問題の所在について指摘しておく。大きく問題は五点あり，それぞれが関係していると考えられる。まず一点目は，1983 年の参議院の選挙制度改革により，全国区制が比例代表制に変更されたことで，参議院の政党化が一層進んだことにある。政党化が進む以前の参議院では緑風会が活躍し，是々非々の態度で臨んでいたため，抑制が強くとも否定的な評価はなされなかった。

　二点目は一点目と関係して，1994 年の衆議院選挙制度改革により，多党制から政党化が進み，二大政党制に近づき，与野党の対立構造が生じやすくなったことである。小選挙区制は二大政党化を生み出し，与野党が対立的となる。一党優位体制のもとでは，与野党の対立というよりも，自民党政権の譲歩を引き出す戦術が取られ，自民党政権もそれに応えてきたと考えられる。

　三点目は，上記二点と関係し，日本の多くの政党では党議拘束が衆参の両院に及ぶことである。党議拘束の及ぶ範囲が広く，強いゆえに，政党化の影響，二大政党化の影響を強く受けたと考えられる。そのため参議院では党議拘束を緩和すべきという議論がなされているが，党議拘束の緩和は政府与党の立法の予見可能性を著しく引き下げ，効率的な立法活動を阻害することになるため，

---

(2) ジョバンニ・サルトーリ（岡沢憲芙・工藤裕子訳）『比較政治学 ―― 構造・動機・結果』早稲田大学出版部，2000 年，205 頁。

政府与党としては取り入れ得ないであろう。

　四点目は衆議院での3分の2以上の再議決要件は，世界的に見ても強すぎるということである。両院ともに公選であり，上院の権限が強い場合，デッドロックに陥るのは必然である。再議決要件の引き下げには憲法改正が必要であるため，容易には変更することが難しいのが現状である。そのうえ3分の2以上の議席を持っていたとしても，細切れの会期制を採用していること及び世論の反対から，再議決の行使を容易に行い得ない。

　五点目は，四点目と関係して，両院が公選であることに加え，選挙を実施する時期が異なっていることに問題があるといえる。イタリアやオーストラリアのように選挙時期を同一とすればねじれ国会は生じにくくなる。しかし選挙時期を同一にすることは，サルトーリのいう構成を類似させることであり，チェックの目的には使いものにならなくなる。

　本書の目的は，参議院の強大さが指摘される中[3]，二院制が機能しているのかどうかを実証的に検証することにある。参議院改革の必要性については，かねてより指摘されているものの，参議院改革は十分に進展していないのが現状である。二院制及び参議院に関する研究は多数存在するものの[4]，参議院の機能に関する一貫した整理がなされておらず，機能を検証した研究は十分にあるとはいえない。2007年及び2010年の参議院選挙で，衆議院と参議院の多

---

(3) 参議院の強大さを示す研究として，朝日恒明「参議院と政党政治 —— 日本政治における参議院の諸問題」『学習院大学大学院政治学研究科政治学論集』第14号，2001年，竹中治堅『参議院とは何か 1947〜2010』中央公論新社，2010年，松浦淳介「分裂議会に対する立法推進者の予測的対応 —— 参議院の黙示的影響力に関する分析」『法学政治学論究』第92号，2012年等がある。

(4) 二院制に関する研究としては，George Tsebelis and Jannette Money, *Bicameralism*, Cambridge University Press, 1997., Samuel Patterson and Anthony Mughan, *Senates : Bicameralism in the Contemporary World*, Ohio State University Press, 1999., William Riker ,"The Justification of Bicameralism," *International Political Science Review*, Vol.13, No.1, 1992., Saul Levmore, "Bicameralism : When Are Two Decisions Better Than One?," *International Review of Law and Economics*, Vol.12, No.2, 1992.等があり，参議院に関する研究としては，佐藤立夫『ポスト政治改革の参議院像』高文堂出版社，1993年，竹中・前掲書，福元健太郎『立法の制度と過程』木鐸社，2007年，大山礼子「参議院改革」『法学セミナー』第548号，2000年，及び増山幹高「参議院の合理化：二院制と行政権」『公共選択の研究』第46号，勁草書房，2006年等がある。

序　章

数派が異なるいわゆる「ねじれ」国会が出現したことにより，近年，二院制に関して憲法学者及び政治学者の間で様々な議論がなされている。二院制を考える際，しばしば言及されるのが，フランスの政治思想家シェイエスの「もし上院が代議院と一致するときは，それは無用であり，もし代議院に反対するならば，それは有害である」という格言である。これまで参議院が衆議院に賛成すればカーボンコピーと揶揄され，逆に参議院が反対して法案が通らないと二院制の弊害が論じられるのが常であった。しかし，このような議論は以前から存在していたものである。最近のように，参議院が実質的な拒否権を持つため，二院制が機能不全に陥っていると考える否定的評価が定着しつつあるのは，衆議院こそが政権選択選挙によって国民と内閣を直結する役割を持つとする「国民内閣」制的議論が背景にある。しかし，総選挙で多数を得た内閣が法案の成立を性急に進めようとするときに，参議院が慎重審議を行うことでその是非を論じることは国会が国民の合意形成の場である以上，決して有害なものであるとはいえないだろう。イギリスの法学者ブライスは，上院権限の源泉として，人々が伝統的に上院を尊敬すること，直接選挙に限らず間接選挙であっても人々を代表すること，そして上院議員に個人的才能と見識があることの三つを挙げている[5]。このことを踏まえると，上院が均衡と抑制の機関であるためには，国民から尊敬されており国民が上院を必要とすることが必要であり，そうなれば下院の性急な行動に対して制限を加えたとしても，上院は不要とはされず安全装置として受け取られると考えられる。

　本書では，第1章から第3章において，民主主義の質に対して二院制が有効な制度であるのか，及びなぜ二院制が採用されているのかという問いを設定し，二院制が有効に機能しているか論じる。第4章から第7章では参議院の行政府監視機能に着目し，現実に機能しているのか検証することを試みる。

　本書の構成として，第1章では近代以降の民主主義論を整理し，その上で参議院と民主主義の関係を把握する。第2章では，二院制に関する理論的展開と実態として，二院制に関する先行研究について概観した後，デモクラシーにとっ

---

[5] James Bryce, *Modern Democracies*, New York : The Macmillan Company, 1921, pp.405-406（ジェームス・ブライス（佐久間秀雄編）『現代民主政治』日本読書協会，1921年，205頁。）．

て二院制は有効な制度であるのかを検証する。第3章では，新制度論の立場に基づきなぜ二院制が採用されているのかを論じ，権力の集中を嫌う国民性が第二院を求めていることを明らかにする。第4章では参議院の役割である審議機能及び行政府監視機能に着目し，予算委員会における与野党対立を衆参両院の比較を通じて検証する。第5章では国政調査について取り上げ，パトロール型監視機能が軽視されていることを指摘した上で，衆参両院での国政調査量の比較を行う。第6章では予算委員会における国政調査の質について取り上げ，衆参両院での比較を行う。第7章では内閣支持率と首相答弁の関係に着目し，有権者による行政府監視機能が議院内閣制のもとでどのように機能しているのかを衆参両院の比較を通して把握する。具体的には，議院内閣制は衆議院に基盤を置くものであるため，参議院での首相答弁が内閣支持率に影響を及ぼし，強い参議院に拍車をかけることになっていないのかを確認している。

　こうした議院内閣制下における二院制の機能を検証する作業は，二院制議会の在り方を巡る論争に決着をつける一助となるものである。

第1章　参議院と民主主義

はじめに

　まず，現代日本の政治を考えるにあたっては，民主主義の理論・枠組みから参議院を捉え直すことが必要であろう。それは1994年の一連の選挙制度改革以降，二大政党化が進み，アドバーサリアルポリティクス（敵対の政治）が見られ始め，参議院が決められない政治を引き起こしていると認識されるようになったためである。具体的にどのようなことが起きたのか，近年の例を少しみてみると，2007年の第21回参議院議員通常選挙において，自公連立政権が参議院で過半数を獲得できず，不完全ねじれ国会となった。その際は，ガソリン税の暫定税率を延長する税制法案及び日銀総裁人事に関して，与野党間で対立が生じた。また2010年の第22回参議院議員通常選挙においては，民主党連立政権が過半数を確保できず，ねじれ国会が生じた。そのため2011年度の予算関連法案に関しては年度内に成立することが危ぶまれた。とりわけ民主党の目玉政策であった子ども手当法案に関しては，3月29日に政府案を撤回することが決められ，議員提出のつなぎ法案が31日に何とか成立にこぎ着けたものの，続く2012年から児童手当と名称の変更を余儀なくされた[6]。ねじれ国会においては，こうした与野党間の対立が如実に現れていると言え，国民生活を混乱させる要因となっている。

　2012年12月に行われた第46回衆議院総選挙においては，民主党連立政権から自公政権へ揺り戻しが起こり，自民党及び公明党による連立政権が再び始

---

[6] 武蔵勝宏「政権交代後の立法過程の変容」『国際公共政策研究』第17巻第2号, 2013年 a, 18-24頁。

第1章　参議院と民主主義

まることとなった。民主党は公示前231議席あったものが57議席となり，大きく議席を失うこととなった。こうした衆議院選挙の結果をみると，1994年の政治改革において構想された二大政党制は根付いているとは言い難い。さらに，こうした政治の動きをみる限りにおいて，その都度支持と呼ばれるような無党派層の増大に伴い，有権者の票が大きく揺れ動くことは，政治が不安定化しているといわざるを得ない。このような政治の不安定化やねじれ国会における敵対政治が引き起こされる要因の一つには参議院の存在が大きい。

参議院には多様な民意の反映，専制の防止，行政府監視，熟慮といった機能が期待されているが，民主主義の観点からは参議院が十分に捉えられていない。それは自民党を中心とする連立政権が長期にわたり続いていたため，参議院の影響力が顕在化せず，注目を浴びなかったためである。近年，竹中により参議院の政治過程に与える影響が論じられているが，民主主義論の視点をカバーしきれていない[7]。本章の目的は次の三点である。一点目は，民主主義の理論から参議院を捉え，参議院と整合的な民主主義論・非整合的な民主主義論を明らかにすることである。二点目は参議院改革史を民主主義の観点から概観し，参議院で運用されている制度・システムが民主主義に適っているかどうかを検証することにある。

◆　第1節　◆　民主主義とは何か

民主主義が何かを議論する場合には，デモクラシーの起源である古代ギリシャまで遡らなければならないが，本章においては近代民主主義理論としてシュンペーターによるエリート競争的民主主義論及びマクファーソンによる参加民主主義論を取り上げ，さらに現代民主主義論としてダールによる多元的民主主義論及びレイプハルトによる多数決型・コンセンサス型デモクラシーを取り上げることとする。古代のデモクラシーは民主制であり，自由主義的要素が含まれていない。それが時代の変遷とともに直接民主制ではカバーしきれない国家規模となり，経済学的な思想が入り，自由民主主義が現代ではデモクラシー

---

[7] 竹中，前掲書，2010年。

第1節　民主主義とは何か

とされるようになった。民主主義理論を大きく進めた近代経済学者のシュンペーターから概観することとする。

(1) シュンペーターによる競争的民主主義

エリート競争的民主主義と評されるシュンペーターの民主主義に対する理解は極めて明快である。民主主義の命題を，代表を選出することによって自分の意見を実行に移すことであるとしながらも，人々の役割は政府をつくることであるとしている[8]。それゆえ政治家が人々の投票を獲得するための競争的闘争を行うことにより，決定力を得る制度的装置が民主主義的方法であるとしている。シュンペーターは経済における競争の概念を民主主義にも当てはめ，政治においても人々の賛同を得るための何らかの競争が常に存在しているとしている。

シュンペーターによると民主主義的方法を成功させるためには四つの条件がある[9]。第一の条件は，政治家が十分に高い資質を持っていることである。十分な能力と道徳的品性を必要とし，競争的闘争の過程において，政治に従事する社会階層が淘汰されるとしている。

第二の条件は有効な政治的決定の範囲が広すぎてはいけないということである。政治的決定の範囲は，政府によって処理されうる事柄の種類と分量とによって定まる。さらに時の政府を形成している人々の能力や政治機構の型，世論の類型等によっても定まる。

第三の条件は現代の産業社会における民主主義的政府は公的活動の領域に含まれているあらゆる目的のために，しっかりとした身分と伝統，義務観念と団体精神を持ち，よく訓練された官僚サービスを把握していなければならない。シュンペーターは政治家のエリートを求めると同時に，官僚においてもエリートを求めている。エリート官僚の存在は政治的決定の範囲を決める際の助けになることも指摘しており，第二の条件を満たすための条件である。

第四の条件は法律や行政命令を受け入れることにより民主主義的自制が必要だということである。政治家に知性と道徳を求める以上，人々にも自制が求め

---

[8] Joseph Schumpeter, *Capitalism, Socialism and Democracy 2nd ed.*, Harper and Brothers Publishers, 1947, pp.269–273.
[9] *Ibid*, pp.289–296.

第1章　参議院と民主主義

られる。人々は選挙と選挙の間に無造作に信任を撤回してはいけない上，政治活動はその人々の仕事であって，自分たちの仕事ではなくなることを了解しなければならない。

(2) マクファーソンによる参加民主主義

マクファーソンはシュンペーターのエリート競争的民主主義に関して，現実的であり，実行可能であると評しながらも，二つの疑いを持って見ている[10]。一つ目は，エリート競争的民主主義は証明不可能な仮定に依拠していることに対してである。それは市場社会における一般人の政治的能力が所与のものとされており，変化しそうにないという仮定である。人々の政治的能力は時代制約的であり，文化制約的であるため，変化するのかどうか分からない。二つ目は競争的エリートからなる政党制度が受給の最適均衡をもたらし，ある程度市民の消費者主権を提供するという主張への批判である。最適均衡や消費者主権の提供というのはよい種類の市場ということに留まるだけであり，市場は必ずしも民主主義的ではないということである。つまりエリート競争的民主主義が主張するほど民主的ではないこと，そして市場が生み出す均衡は不均衡における均衡であること，消費者主権は相当程度幻想であるとして批判している。さらにエリート競争的民主主義は政治的無関心を引き起こすとしている[11]。エリート主義になるに従って，下層階級は無関心になり，民主的とはいえなくなるのである。

参加民主主義とは，マクファーソンが提唱したモデルの一つであり，間接民主主義でありながらも，有権者が一定の参加をするものである[12]。参加民主主義には二つの条件があり，それは人々の意識が消費者から権利の行使者・享

---

(10) Crawford Brough Macpherson, *The Life and Times of Liberal Democracy*, Oxford University Press, 1977, pp.84-87.
(11) *Ibid*, pp.88-89.
(12) *Ibid*, pp.93-115. マクファーソンは民主主義のモデルには四つの段階があり，防御的民主主義，発展的民主主義，均衡的民主主義（多元的エリート主義的均衡モデル），参加民主主義があるとしている。防御的民主主義は民主主義創建期のモデルであり，人々は政府から保護されることが必要であると考えられ，人間を変えられないものであると仮定していた。発展的民主主義は防御的民主主義から発展したものであり，人間を道徳的に向上させるものであると捉えている。均衡的民主主義はシュンペーターの議論が基盤にあり，道徳目的でなく，エリート間の競争からなるものである。

受者へ変化することと社会的・経済的不平等を減らすことであるとしている。しかし，この二つの条件を満たすためには，人々の参加が必要であるため，悪循環に陥っているとしている。この悪循環を脱する一つとして，マクファーソンは政治的無関心のコストについての自覚を増大させることを指摘している。市民の選挙に対する不参加あるいは低い参加が，特定の団体の支配を許していると指摘しており，政治的無関心の自覚が高まれば，参加が促されるとしている。

(3) ダールによるポリアーキー型デモクラシー

近代民主主義理論を考える上で，多元主義的概念を主張したダールの存在を無視することはできない。ダールは普通選挙が実施されている近代代表デモクラシーをポリアーキー型デモクラシーという言葉を用いて説明している。ダールによれば，デモクラシーは理念と現実が混在した概念であり，理念のデモクラシーを指す場合，五つの規準が必要になるとしている[13]。一つ目は実質的な参加であり，集団で意思決定される前に，すべてのメンバーが自分の見解を他のメンバーに知ってもらう機会が確保されていなければならない。二つ目は平等な投票であり，メンバー一人ひとりが投票する機会を平等かつ実質的に持ち，すべての票が平等な重みを持つものでなければならない。三つ目は理解の可能性が開かれていることであり，代替案を検討する機会がなれければならない。四つ目がアジェンダの調整であり，各メンバーがアジェンダ設定に関して関与できるようになっていなければならない。五つ目が全成人の参画であり，永久居住権を持つ成人居住者のすべての人が完全な市民権を持ち，前四つの規準の行使を享受していなければならないとするものである。

一方で，現実のデモクラシーを考える場合，六つの政治制度がポリアーキー型デモクラシーに必要であるとしている。それらは①選挙によって選出された公務員，②自由で公正な選挙の頻繁な実施，③表現の自由，④多様な情報源にアクセスできること，⑤集団の自治・自立，⑥全市民の包括的な参画であり，我々が日本国憲法において享受している権利であるといえる。

ダールの民主主義論を取り上げるにあたり，最も着目すべき点は全市民の包

---

[13] Robert Dahl, *On Democracy*, Yale University Press, 1998, pp.35-43（ロバート・ダール，(中村孝文訳)『デモクラシーとは何か』岩波書店，2001年，50-52頁。）.

括的な参画であると考えられる。それはマクファーソンの参加民主主義から一段階発展したものであり、単なる参加から、平等かつ実質的な参加になっており、正確な民意が反映されるように意図されている。

(4) レイプハルトによる多極共存型デモクラシー、多数決型・コンセンサス型デモクラシー

レイプハルトは多元主義的民主主義の概念を発展させ、ヨーロッパにある小民主主義国において多極共存型デモクラシーが存在することを示した(14)。レイプハルトによると、宗教的あるいは文化的亀裂が存在する多元社会においても、少数者と協調関係が築かれ、安定的な民主主義が存在しているとしている。多極共存型デモクラシーの特性として、政治指導者達の大連合、少数者の利益を守るための相互拒否権あるいは全会一致の多数決、比例性原理、自律性の四つを挙げている(15)。

レイプハルトはこの多極共存型デモクラシーの議論を押し進め、イギリスのウェストミンスター型の多数決型デモクラシーとヨーロッパのコンセンサス型デモクラシーの大きく二つに大別できることを示している(16)。

表1-1. 多数決型とコンセンサス型デモクラシーの対比

多数決型デモクラシー	コンセンサス型デモクラシー
政府・政党次元における5変数	
単独過半数内閣への執行権の集中	広範な多党連立内閣による執行権の共有
執行府首長が圧倒的な権力をもつ執行府・議会関係	均衡した執行府・議会関係
二大政党制	多党制
単純多数制	比例代表制
集団間の自由な競争に基づく多元主義的利益媒介システム	妥協と協調を目指したコーポラティズム的利益媒介

---

(14) Arend Lijphart, *Democraacy in Plural Society : A comparative exploration*, Yale University Press, 1977, pp.1-5.
(15) *Ibid*, pp.25-52.
(16) Arend Lijphart, *Paterns of Democraacy : Government Forms and Performance in Thirty-Six Countries 2nd ed.*, Yale University Press, 2012.

第1節　民主主義とは何か

連邦制次元の5変数	
単一で中央集権的な政府	連邦制・地方分権的政府
一院制議会への立法権の集中	異なる選挙基盤から選出される二院制議会への立法権の分割
相対多数による改正が可能な軟性憲法	特別多数によってのみ改正できる硬性憲法
立法活動に関し議会が最終権限をもつシステム	立法の合憲性に関し最高裁または憲法裁判所の違憲審査に最終権限があるシステム
政府に依存した中央銀行	政府から独立した中央銀行

（注）Arend Lijphart, Paterns of Democraacy : Government Forms and Performance in Thirty-Six Countries 2nd ed., Yale University Press, 2012, pp1-8.より作成。

　レイプハルトの業績は複雑に関係し合う制度をそれぞれ分析し，多数決型とコンセンサス型という二次元への単純化を行ったことにあるといえる。ただし，民主主義を二つへ単純化したため，多くの批判を招いたことも指摘しておく[17]。

　アーミンジョンは多極共存型民主主義，コーポラティズム，連邦制次元の三つに分離すべきであると指摘している[18]。政府政党次元において，コーポラティズムのみは利益集団に関するものであり，政治制度と関係するものではないため，論理的なつながりが疑問視されている[19]。

　またヴァッターとフレイターグはコンセンサス型デモクラシーに関して，政府の大きさによって，相反する影響を及ぼすことを指摘している[20]。ヴァッ

---

[17] レイプハルトの批判に関しては小堀眞裕『ウェストミンスター・モデルの変容——日本政治の「英国化」を問い直す』法律文化社，2012年，227-236頁が詳しい。小堀は，とりわけウェストミンスター・モデル（多数決型民主主義）に関して，イギリスでは戦後，二大政党の間にコンセンサスがあったと評されることを論じている。本章では民主主義論を理論的側面から論じるため，国ごとの多数決民主主義やコンセンサス民主主義の程度のばらつきを考慮し，個々の国については，本章で取り上げない。なお，アーミンジョンは，レイプハルトの分析に対しサンプルに問題があることやコントロール変数が足りないこと等を指摘している。

[18] Klaus Armingeon, "The Effects of Negotiation Democracy : A Comparative Analysis," *European Journal of Political Research*, Vol.41, 2002, pp.81-105.

[19] Nils-Christian, Borman, "Patterns of Democracy and Its Critics," *Living Reviews in Democracy*, Vol.2, 2010.

第1章　参議院と民主主義

ターとフレイターグによると，多数決に基づく制度的障壁と多党制の特徴という異なる側面がコンセンサス型デモクラシーに存在していると指摘している。その影響として，分権化や直接民主制という制度的拒否権プレイヤーは歳入及び歳出に対して足かせとなる。他方，過大連合や議会での多党制という党派的な拒否権プレイヤーは公共部門を拡大することを，スイスの州をサンプルとし，実証している。この議論はレイプハルトに対する批判というよりも，コンセンサス民主主義の正の効果ばかりに焦点を当てたレイプハルトの議論を精緻化したものと考えられる[21]。

(5) 熟議民主主義

シュンペーター，マクファーソン，ダールといった民主主義論は，人々の選好を所与のものと捉え，その上で民意をいかに反映させるかという点で，ルソーの議論の延長にあると考えられる。ルソーは社会契約論のなかで，人々の意志を一般意志と捉えようとしている。これに対し，熟議民主主義は，人々の選好が変わりうるとする点で，アリストテレスの議論の延長にあると評されている[22]。

エルスターは集合的意思決定の方法として「討論」「取引」「投票」の三つの方法があるとしている[23]。これまでの政治学では取引や投票に傾倒して発展してきたため，討論については軽視されてきた。取引や投票については，これまでの国対政治や得票最大化行動であると考えられる。そして今日では熟議民主主義が潮流となり，注目を集めている。熟議に注目が集まっているのはこれまでの利益政治ではなく，意思形成過程に対する重視の表れであると考えられる。熟議が求められる理由として挙げられるのは，①手続き正当性を付与すること，②選好変容の可能性があることである。選好については，マルゴリスの

---

[20] Adrian Vatter and Markus Freitag, "The Contradictory Effects of Consensus Democracy on the Size of Government: Evidence from Swiss Cantons," *British Journal of Political Science*, Vol.37, No.2, 2007, pp.359-367.

[21] ただし，州政府でのサンプルを用いているため，この議論がどこまで影響力を持っているかは，別途検討する必要があるだろう。

[22] イアン・シャピロ（中道寿一訳）『民主主義理論の現在』慶應義塾大学出版会，2010年，4頁。

[23] Jon Elster, Introduction, in Jon Elster, ed., *Deliberative Democracy*, Cambridge University Press, 2007.

第1節 民主主義とは何か

二重効用論を参考にすることができる[24]。二重効用論とは合理的選択論の修正モデルであり，個人は自己利益の最大化を追求する一方で，社会的善に貢献することを望むと考えるものである。いわば，選好を私的選好と公的選好の二種類を考えるものである。この私的選好について後藤は，個人の私的選好の情報的基礎が本人の状態のみならず，他者の状態や他者の厚生を含むものへと拡張される場合，私的選好とは質的に異なるものへと変化するとし，選好変容のメカニズムとして説明している[25]。これは他者の観点を考慮に入れることにより，私的選好が洗い出され公的選好に近づくものであると考えられる。

選好に関して，ドライゼクとニーマイヤーは，選好形成を価値・信念・表明された選好の三要素に分類している[26]。そして合意形成に至るまでの過程に価値レベルのメタコンセンサス，信念レベルのメタコンセンサス，表明された選好レベルのメタコンセンサスがあることを主張している。価値レベルのメタコンセンサスとは，争う諸価値の正当性の承認を表している。また信念レベルのメタコンセンサスとは，相争う信念の信頼性についての同意を表している。ここでの信頼性とは当該信念を保持することが他者によって道理に適っていると受け入れられることを意味している。現象が複雑で不確実性が存在する場合，競合する複数の説明が共存することが許されるとしている。そして表明された選好レベルのメタコンセンサスとは，相争う選択肢の性質についての同意を表している。これは諸個人にとって受け入れ可能な選好の範囲についての同意，またはその論点に諸個人が同意することによって選考が特定の順序で構造化されるようなそういう論点への同意を意味している。価値レベルのメタコンセンサスは，争う諸価値の正当性の承認であるとしている。

こうした熟議民主主義は，広く国民での熟議を指す場合と，国会での熟議を指す場合に分けることが出来る。国民での熟議は，討論型世論調査やコンセンサス会議といったミニパブリックス型討議であり，熟議民主主義の主流となっている[27]。国民によるミニパブリックスが主流となっているのは，政策立案

---

[24] Haward Margolis, "Dual-Utilities," *Harris School Working Paper Series06-05D*, 2007.
[25] 後藤玲子『正義の経済哲学――ロールズとセン』東洋経済新報社，2002年，204-205頁。
[26] John Dryzek and Simon Niemeyer, "Reconciling Pluralism and Consensus as Political Ideals," *American Journal of Political Science*, Vol.50, No.3, 2006.

第1章　参議院と民主主義

をエリートが担うエリート主義に対するアンチテーゼであると考えられる。

　国会での熟議に関する研究として，シュタイナーらによって談話の質指標（Discourse Quality Index）が提示されている[28]。談話の質は，話し手の①参加，②正当化のレベル，③正当化の内容，④敬意の表明，⑤建設的政治により測定される。①の参加については，話しが遮られるかどうかを測定する。②の正当化のレベルについては，何らかの主張を述べる際に，根拠づけられているかどうかを，四段階（理由なし，不完全，限定的，洗練）で判断している。③の正当化の内容については，集団の利益への主張，中立的主張，共通善への主張に分けられている。④の敬意の表明については，三つに分けられ，そのうちの二つは集団に対する敬意と異なる主張を持つ人々への敬意に分けられ，それぞれ三段階で判断される。また三つ目は反論に対する敬意の表明であり，反論に対して，無視する，否定をする，中立的に振る舞う，価値あるものして扱うという四段階に分けられている。⑤の建設的政治は（1）妥協や合意に注意を払わない党派的な政治，（2）代替案の提示，（3）最新の議事を加味し調整案を提示するという三つに分けられている。

　談話の質指標を用いて，シュタイナーらは八つの仮説を立て，それぞれを検証している。そのうち，コンセンサス型議会と第二院に関して検証しているものがあるため，ここではその二つに絞り，その分析をレビューすることとする。シュタイナーらは合意型議会（スイス）と競争型議会（イギリス，アメリカ及びドイツ）を比較し，熟議に差があるか検証している[29]。建設的政治を除いて，スイス議会とイギリス議会の議論は有意に差があることが示されている。同様にスイス議会とドイツ議会を比較したものについても，正当化と敬意の面の差については有意が出ているものの，建設的政治については有意となっていないことが示されている。スイス議会とアメリカ議会・ドイツ議会の対比に関して

---

(27) 篠原一『討議デモクラシーの挑戦――ミニパブリックスが拓く新しい政治』岩波書店，2012年。ジョン・ギャスティル・ピーター・レヴィーン（津富宏・井上弘貴・木村正人監訳）『熟議民主主義ハンドブック』現代人文社，2013年。本章では，国会での熟議を取り上げるため，国民による熟議は取り上げない。

(28) Jürg Steiner, André Bächtiger, Markus Spörndli and Marco R. Steenbergen, *Deliberative Politics in Action*, Cambridge University Press, 2004, pp.43-73.

(29) *Ibid*, pp.111-119.

は，敬意の面の差は有意になっているが，正当化及び建設的政治の面は有意となっていない。

また第二院は特に敬意や建設的な政治という面において，第一院より熟議を備えていると仮説を立て，検証している[30]。その結果，実際，談話は第二院の方が第一院より質が高くなっている。敬意の全体の平均値の差は0.37であり，主張及び反対意見に対する平均値の差は0.35となっている。これらの議院の効果は統計学的に有意となっている。ただし，第一院と第二院の正当化のレベルの差は有意となっていない。

熟議民主主義に対する批判として，熟議によって意見の相違が狭められるというより拡大する可能性があることや，熟議から締め出されている人が政策決定の影響を受ける可能性があることが指摘されている[31]。

◆第2節◆　参議院の役割と影響力

(1)　参議院に求められる役割

第1節で指摘した民主主義の諸概念を敷衍して，以下の節では，民主主義における参議院の役割を検討することとする。まず，野中らは民主的第二次院型の存在理由として四つを挙げている[32]。①立法権能の分割により，立法府が全能となることを抑制しうること，②第一院の衝動的な行動をチェックしうること，③国民の数を代表する第一院に対して，その構成に工夫を加えることにより，第二院に国民の「理」ないし「良識」を代表させうること，④国民の多様な意見や利益をきめ細かに代表させうることである。この中でも最も本質的な理由は④の多様な意見や利益をきめ細かに代表させうることであるとしている。

また，参議院憲法調査会では，二院制と参議院の在り方に関する小委員会が2004年に設置され，2005年に報告書を提出している[33]。小委員会では国民の

---

(30) *Ibid*, pp.125-128. その他，シュタイナーらは強い拒否権と弱い拒否権を比較し，熟議に差があるか検証しているが，有意な差は得られていない（*Ibid*, pp.119-122.）。
(31) シャピロ，前掲書，30-46頁。
(32) 野中俊彦・中村睦男・高橋和之・高見勝利『憲法Ⅱ』第4版，有斐閣，2006年，81頁。

第1章　参議院と民主主義

総意を慎重な審議を通じて正確に反映し，また，一院の専断を抑制し，衆議院の審議を補完し，世論の帰着について判断を的確にすることを目的とする二院制の趣旨は今日においても適切妥当などの理由から二院制の堅持を表明している。ただし二院制を堅持するといっても，迅速な政策判断が求められる現代にあっては，効率的な意思決定と円滑な政権交代を可能にすることは忘れてはならないとの指摘がなされている。その他，参議院の機能を独自に発揮すべき分野として，長期的・基本的な政策課題を重点的に行う，決算審査を重点的に行う，決算と並んで国政調査や政策評価をさらに充実させ，監視の院としての権威を高めることなどが主張されている。

その他，比較議会研究の観点からも，制度的な安定性や多様な民意の反映，熟慮といった機能が第二院に求められる役割であると指摘されている[34]。これらのことを要約すれば，設置目的から①慎重審議を行うこと，②多様な民意を反映すること，③監視機能を高めることが参議院に求められる役割であるといえるだろう。

民主主義の観点からこれらの役割をみると，慎重審議を行うことは，熟議民主主義から肯定されるであろうし，多様な民意を反映することは参加民主主義やコンセンサス型民主主義から肯定されるであろう。また監視機能を高めることは政党間の競争を促すという面で競争的民主主義から肯定される一方，衆議院との差別化を図るための生き残り策であるとも考えられる。

まず①の慎重審議を行うことに関しては，審査回数の面から慎重ではなく拙速であると評されている[35]。これまでの参議院改革では十分な審議期間を確保しようと心がけてきたが，福元によれば，実際にかけた審議期間が短いままで，法案の送付時期を早めるだけでは逆効果になると指摘している[36]。参議

---

(33) 参議院憲法調査会「二院制と参議院の在り方に関する小委員会調査報告書」2005年。
http://www.sangiin.go.jp/japanese/aramashi/ayumi/zenbun.html（2013年11月29日確認）

(34) Patterson and Mughan, *op.cit.*, p.52.
Philip Norton, "Adding Value?: The Role of Second Chambers," *Asia Pacific Law Review*, Vol.15, No.1, 2007, pp.6-8.

(35) 福元，前掲書，2007, 111-134頁。審査回数の平均は先議院衆議院で4.2回，先議院参議院で3.3回，後議院衆議院で3.2回，後議院参議院で2.9回となっており，有意に差があるとされている。

院では十分な審議期間を確保することと同時に効率的な審議を行うことを目的として，予備審査制度の活用が必要であるとされてきた。しかし，実態は1970年代以降にほとんどが予備審査されておらず，されたとしても平均1.74回となっており，低調であるとされている[37]。その他，慎重審議に資するものとして考えられるのは，参議院予算委員会における質疑が片道方式であるということである。片道方式とは，質疑時間の割当てに答弁時間を含めないという取り決めであり，1952年より導入されている[38]。このように慎重審議に関して，実態としては十分な審議期間が確保されていないこと，予備審査が低調であることから，慎重な審議がなされているとはいえない状況にある。しかし今日の政治学における潮流は熟議であり，参議院は今後慎重審議としての熟議を求められることになるであろう。

　次に②の多様な民意を反映することを論じる上で，問題の一つとなるのは職能代表制を採用するのか，地域代表制を採用するのかという論点である。この点については，政府が1946年7月の「臨時法制調査会」において取り上げている[39]。職能代表制に関しては，全国民の代表といえるのかという懸念があり，更に職能を技術的に分類することが困難であったため，全面的に採用されることはなかった。同様に，地域代表制といっても，必ずしも地域の利益を代表していないという考えから，議員定数を二分して，地域代表として都道府県を一選挙区とし，その他を全国代表として全国一選挙区とする選挙方法が採用された。このように全国区制として職能代表的要素が取り込まれることとなったが，1982年に比例代表制（拘束名簿方式）が採用され[40]，全国区制は廃止された[41]。拘束名簿方式に改められたことにより，参議院は政党化が一層進むこととなった。政党を介して反映されていた職能代表的利益は，2000年に

---

(36)　同書，137-138頁。
(37)　同書，124-125頁。
(38)　小林秀行・東海林壽秀「参議院の発言——変遷と現状」『議会政治研究』第24号，1992年，22頁。
(39)　佐藤，前掲書，11-14頁。
(40)　比例代表制を導入した理由は，政党化は避けられないため，政党化を前提として参議院本来の機能を発揮できるような制度設計がなされるべきという考え方が支持されたためである。市村充章「参議院比例代表制の経緯とその評価」『議会政治研究』第381号，1996年，48-58頁。

第1章　参議院と民主主義

拘束名簿方式から非拘束名簿方式に変更されることになり，職能代表的要素が幾分か直接反映されることとなった。2000年の公職選挙法の改正の狙いは，参議院の党派色を弱め，有能な個人を選出することにあったと考えられる。このように，参議院では職能代表的要素が多分に含まれており，今日においても少なからず反映されているといえるだろう。全国区制が廃止されてからは，政党が職能代表的利益を反映してきたこともあり，参議院改革において声高に職能代表制を導入すべきという主張はなされなくなった。そうすると今度は，道州制や地方分権議論と相まって地域代表的要素を強める改革をすべきであるという主張がなされるようになる[42]。地域代表制に関して，佐藤は地域代表に基づく政党及び政治指導者は素人である可能性を指摘している[43]。

　地域代表的要素を導入すべきであるという主張は，連邦制国家における二院制の存在理由を単一制国家に援用するものであり，道州制や地方分権の進展からは地域的利益を反映する場が必要となることは多くの人に受け入れられることになるであろう。そして都市と地方の利害調整も国会において果たさなければいけない問題として取り上げられることになる。しかし，職能代表的要素を看過した改革を行うことは難しいと考えられる。それは経済的利益団体が政党の重要な支持基盤として根ざしており，政党利益ひいては職能的利益を無視した改革はなし得ないからである。

　そして③の監視機能を高めることについては，参議院はこれまで様々な改革を行ってきた。1997年の国会法改正（平成9年法律第122号）では，常任委員会再編がなされ，決算委員会とは別に行政監視委員会が設置された。国会の行政監視機能を高める必要性が指摘され[44]，参議院として独自性を発揮すべきであるとして設置がなされた。参議院の決算決議に関しては，決算を是認するか否かの議決を行ない，第二に内閣に対する警告の議決を行なうこととしてい

---

[41] 全国区制が廃止された主な理由は，選挙活動に多額の資金が必要となり，多くの死票が出るためである。

[42] 『朝日新聞』2011年4月5日「参院選「9ブロックで大選挙区」案西岡議長が修正案」。西岡議長案の狙いは一票の較差是正に狙いがあるが，地域代表的要素を採り入れようとする狙いもあると考えられる。一方で，竹中は全国を10ブロックとする地域ブロック制を提案している（竹中・前掲書, 352-353頁。）。

[43] 佐藤・前掲書, 67-68頁。

第 2 節　参議院の役割と影響力

る(45)。決算委員会の警告決議は 1959 年からなされてきたものであるが，議決の意義が不明確であるという理由により改められた。さらに 2003 年からは，警告決議とともに措置要求決議がなされることとなり，内閣に対し具体的な措置を要求した上で，報告を求めることとなっている(46)。このような決算審査の充実化は，内閣への説明責任を追及し，決算を予算へ反映させようとするものである。

(2) 日本における参議院の影響力

マネーとツェベリスによると，上院の影響力は，上院と下院どちらから法案が提出されたか，そして議院間の法案の行き来の回数が上院の影響力を規定しているとする(47)。この観点から上院の影響力を考えた場合，日本において当てはまるのかというと，参議院の影響力は強いとはいえないであろう。参議院先議で提出される法案は，件数も提出数の一割程度になっており，重要ではない法案が多くなっている(48)。参議院先議が少ない理由については，与党国会対策委員会，衆議院の議院運営委員会，各省庁がどちらの議院で先議するかについての決定権を握っており，円滑な委員会運営が阻害されることや衆議院の再議決権が抑制されるからである(49)。

またツェベリスとマネーによると，日本はナベット制度を採用していると評価されているが(50)，実際に日本において二院間を法案が行き来することはほとんどないといえる。両院の意思に不一致が生じた場合は両院協議会を開くこ

---

(44) バブルの発生と崩壊に見られるような経済や行財政運営の失敗，あるいはエイズ問題，官官接待問題・汚職事件など中央官僚を巡る不祥事が相次いで発生したことが行政監視機能の必要性の指摘として挙げられている。
鴨谷潤「参議院・決算審査の新たな方向 ──「決算審査の充実」の検証と今後の課題」『議会政治研究』第 51 号, 1999 年, 20 頁。
(45) 『第 57 回国会参議院決算委員会会議録』第 3 号, 1967 年 12 月 21 日。
(46) 野澤大介「政権交代が提起した決算制度の課題 ── 決算審議の更なる充実に向けて」『立法と調査』第 316 号, 2011 年, 90-101 頁。
(47) Jeannette Money and George Tsebelis "Cicero's Puzzle : Upper House Power in Comparative Perspective" International Political Science Review, Vol.13, No.1, 1992, pp.31-35.
(48) 岩井奉信『立法過程』東京大学出版会, 1988 年, 64 頁。
(49) 谷勝宏『現代日本の立法過程 ── 一党優位制議会の実証研究』信山社, 1995 年, 219-221 頁。

第1章　参議院と民主主義

とを憲法では想定しているが（憲法第59条3項），法律案に関してしも両院協議会の開催を必要とはしていない（国会法第84条）。制度上はナベット制度を採用していたとしても，実態は両院の行き来もほとんどなく，両院協議会を開いてもなかなか成案を得られない状況となっている。第16回国会（1953年）まで両院協議会はたびたび開かれており，法律案については27法案のうち24法案が成案を得ている[51]。しかし第16回国会以降は両院協議会の開かれる回数が減っていき，法律案の議決に関しては128回国会（1993年）の公職選挙法の一部を改正する法案外3件において成案を得て以来，機能していない。このように比較政治学の視点から日本の参議院の影響力を測ろうとすると，参議院先議件数も少なく，両院間における法案の行き来もほとんどないため，上院の影響力は弱いと認められることになるだろう[52]。しかし，実際は参議院の権限が強いため，政府与党がその影響力を押さえ込んできたとも考えられている。

◆第3節◆　民主主義理論からみた参議院

(1) 参議院と競争的民主主義

シュンペーターのエリート民主主義から参議院を考えた場合はどのように捉えられるのか整理しておく。人々の役割が政府をつくることであると考えるならば，参議院は不要であるといえるだろう。ただし，日本の参議院の前身が貴族院であったことを考えると，参議院議員にはエリートといえる社会階層が期待されているともうかがえる。有権者の期待するエリートと現実の参議院議員の属性には期待ギャップが生じているといえる。この期待ギャップに関しては福元が分析しており，参議院は期待される役割を果たしていないと結論づけて

---

(50) Tsebelis and *Money, op.cit.*, p.50. ナベット制度については，第2章第1節第3項で触れる。
(51) 浅野一郎・河野久編『新・国会事典』第二版，有斐閣，2010年，176-178頁。
(52) Samuel Patterson and Anthony Mughan, "Fundamentals of Institutional Design : The Functions and Powers of Parliamentary Second Chambers," *The Journal of Legislative Studies*, Vol.7 No.1, 2001, p.42. パターソン及びムーガンの2001年の論文では，日本の参議院は下院に付随するものとして分類されている。

第3節 民主主義理論からみた参議院

いる[53]。具体的にみると、福元は参議院議員より衆議院議員の方が、大卒割合が高く、法曹三者の割合も高いことを示している[54]。一方で医師や大学教授に関しては参議院議員の方が多く、その要因としては全国区・比例区の影響であるとしている。また医師に関しては日本医師会の組織力が挙げられている。医師及び大学教授に関しては参議院議員の方が多いものの、衆議院議員の初当選年齢が低いことから、在職期間に関しては衆議院議員の方が長いことを明らかにしている。このことから衆議院議員の方がエリート層としてより固定化された社会階層が形成されていると考えられる。参議院の選挙制度に関しては1980年に全国区制が比例代表制に改められたことから、選挙制度においても衆参で類似してきており、属性の差異は狭まっていると考えられる。選挙制度が類似しているといえども、比例代表制の割合はやや参議院の方が多くなっている。

　ただし、シュンペーターは比例代表制に対して、批判を行なっている。政治的指導力の承認こそが有権者の投票の真の機能であると考えるならば、比例代表制はその前提自体が拘束力を持たないとし、さらに比例代表制は有能な政府をつくることを妨げ、非常の事態において危険をもたらすとまで批判している[55]。こうした批判の背景には、エリートが効率的に政治を行うことが良いという考えがあり、シュンペーターからすれば第二院の存在は不要で余分なものとみなされるであろう。

(2) 参議院と参加民主主義・ポリアーキー型デモクラシー

　マクファーソンの参加民主主義やダールのポリアーキー型デモクラシーからは参議院はいかに捉えられるのか考えてみることとする。参加・参画という観点から参議院を考える場合、肯定的に捉えられるだろう。衆議院のみが存在する場合と比べ、参議院が存在することで、政治への参加経路が多くなっているといえる。参議院が内閣を構成するわけではないものの、両院が公選で選出さ

---

[53] 福元、前掲書、2007、94-111頁。
[54] 福元のデータは1947年4月から1990年6月までの議員データであり、時代背景が変化してきていることに伴い、大卒が高学歴であるとは認識されないようになっていることに留意しなければならない。
[55] Schumpeter, *op.cit.*, pp.272-273.

第 1 章　参議院と民主主義

れるため，一院制議会より頻繁に選挙が行われる。それに加え，参議院は少なからず内閣の政策形成に影響を与えているとされており(56)，その意味では参加民主主義やポリアーキー型デモクラシーの理念に照らし合せて考えると，参議院は意味のあるものであるといえる。

　理念においては，肯定的に捉えられるとしても，ダールに対していくつか批判がなされている。それはプルーラリズム理論による現状追認であるという点，シュンペーター流民主的エリート主義であると評価される点，非民主的エリート主義者という評価がされている点で批判がされている(57)。ダールは現実の政治の中からプルーラリズム理論のイメージに合致する断面だけを取り出して，多元主義的権力観の妥当性を検証しているという批判がなされている。またダールはアクターが行動する動機を主観的な利益関心に依拠したものに限定しており，アメリカ政治における市民の参加の現状を捉えられていないと批判されている。そしてダールは古典的民主主義論の参加の問題を軽視しており，政治制度を通じて共同体のメンバーが道徳的に発展するという理念がなくなっているという批判がなされている。

　ここで，考えられる疑問は実際に参議院が参加を促進しており，多様な民意を反映しているかという問題である。そして古典的民主主義論からすると，参加により人々が道徳的に発展しているのかが測定されねばならない。しかし，道徳的発展については，測定する基準が明確となっておらず，参議院が設置されていることによる国民の道徳的発展は先行研究ではなされていない。多様な民意が反映されているかどうかについては，地方の代表性及び女性の政界進出という点から議論がなされている。ヴァッターはOECD諸国を対象に，地域の代表性と女性の代表性という変数を用いて二院制の代表性を検証している(58)。その結果，二院制は地域の代表に影響を与えている一方で，二院制であれば女性議員が少なくなることを示している。参加民主主義の観点から，地

---

(56) 竹中，前掲書。
(57) 岡田憲治『権利としてのデモクラシー ── 甦るロバート・ダール』勁草書房, 2000 年, 12-36 頁。
(58) Adrian Vatter, "Bicameralism and Policy Performance : The Effects of Cameral Structure in Comparative Perspective," *The Journal of Legislative Studies*, Vol.11, No.2, 2005, pp.194-215.

第3節　民主主義理論からみた参議院

方政府の意向が反映されることは，肯定的に評価がなされるであろう。一方で，女性議員の数が二院制を採用する場合，少なくなるという結果は，否定的に捉えられる(59)。

(3) 参議院と多数決型・コンセンサス型デモクラシー，熟議民主主義

レイプハルトの議論では，二院制はコンセンサス型に位置づけられているため，両院間で合意を求める性質があると考えられる。ただし，熟議民主主義であるかというと，シュタイナーらの研究で示されているように，敬意で差があるとしても，建設的政治に差は出ていない。多数決型かコンセンサス型かという議論は，レイプハルトの理念型の類型を36ヶ国から大別したものであり，個々の議会あるいは個別のケースより捉える必要があるといえるだろう。

日本の議会研究では，多数決型か討議型（熟議型）かという論争が，増山と福元の間によりなされている。増山は議事運営権が与党にあることを主張し，日本の国会を多数決型デモクラシーの観点から捉えている(60)。他方で，福元は政府立法をクラスター分析し，標準型，粘着型，合意型に法案が分けられることを指摘し，国会を討議民主主義の観点から捉えている(61)。

(4) 衆議院との関係

参議院の位置づけを考える上で，衆議院との関係についても触れておかなければならない。衆議院に関しては，選挙を通じて国民が内閣及び政策を選択できるようにする直接民主制的な議院内閣制として，高橋により国民内閣制論が掲げられている(62)。現在の参議院での多数派形成のため，与党が連立政権を築いてきたことは，直接民主制的というより，媒介民主制的であり，高橋の議論では議会中心構想となるだろう。議会中心構想は，議会に民意を反映させ，議会を通じて内閣及び政策にそれが反映されるというものである(63)。

---

(59) ただし，女性議員の数は選挙制度との関係性があると考えられ，ヴァッターは選挙制度をコントロールしていないため，誤った推論を行なっている可能性がある。
(60) 増山，前掲書。
(61) 福元健太郎『日本の国会政治 ── 全政府立法の分析』東京大学出版会，2000年。
　　福元健太郎「国会は多数主義か討議アリーナか？増山幹高著『議会制度と日本政治 ── 議事運営の計量政治学』をめぐって」『レヴァイアサン』第35号，152-159頁，2004年。
(62) 高橋和之『国民内閣制の理念と運用』有斐閣，1994年。
(63) 同書，30-41頁。

第1章　参議院と民主主義

　このような国民内閣制論が民主主義論からいかに捉えられ，参議院とはどのような関係を持つかということを考えると，国民内閣制論は競争的民主主義論の基盤でありながら，参加民主主義論の理念を取り入れていると考えられる。国民が直接，選挙を通じて内閣を選択するというものは，エリートの競争を促すという意味では競争的民主主義であるといえる。他方，国民が議会より内閣と結び付くという考えは，国民の参加が促されている点で参加民主主義の理念を反映している。内閣中心主義は内閣が直接国民に政治責任を負うという点で多数決型デモクラシーに位置するものといえるだろう[64]。また議会中心主義は，議会を通じて民意が反映されるため，多数決型デモクラシーといえるだろう。国民内閣制論からは，衆議院が総選挙を通じて国民による首相の直接的選出に直結する役割を有するのに対し，参議院は野党を中心に多様な民意を政策形成に反映させる場というよりも，政府・与党を監視・批判する機能が求められることになる。

◆ 第4節 ◆　参議院改革は民主主義に適っているか

　果たして参議院改革は民主主義に適っていると考えられるのであろうか，若干の検討を加えることとする。参議院改革を論じるにあたり，参議院がいかなる状況下において成立したのか，参議院史に関して少し触れておくこととする。
　戦前の日本が貴族院制度を採っていたため，参議院は少なからずその流れを受け継いでいると考えられる。それはGHQ草案が一院制を提示していたにも関わらず，日本は二院制堅持にこだわっていたという姿勢からもうかがえる[65]。吉田によると，勅撰議員を残すことや，職能代表制を採用することをGHQ側に打診したものの，多くの提案が否定されたことが指摘されている[66]。こうした日本政府とGHQ側の折衝があり，当時の日本政府の意図が十分に反映さ

---

[64] 同書，42頁。
[65] 参議院制度の成立過程については吉田の研究が詳しい。吉田武弘「戦後民主主義と「良識の府」──参議院制度成立過程を中心に」『立命館大学人文科学研究所紀要』第90号，2008年，155-176頁。
[66] 同論文，163-164頁。

第4節　参議院改革は民主主義に適っているか

れないまま，公選であること及び国民全体を代表することが憲法に定められたという経緯がある。それでも参議院の創設期には，政党に所属しない良識派の議員が緑風会に参加し，政府・与党に対して参議院が監視・批判機能を果たすことが可能であった。しかし，吉田茂内閣以降の政府側の切り崩しにより，1960年代以降の参議院は政党化が進行し，その役割を十分に担い切れなくなっていた。

(1) 1970年代の参議院改革

　参議院改革が始まったのは1971年7月7日，第9回参議院選挙後に河野謙三議員が252人の議員に書簡を出したことが始まりである。その内容は法律改正を伴わない以下の三点に集約されている[67]。第一に，正副議長は党籍を離脱する。第二に，参議院から大臣や政務次官を出さないように自粛する。第三に，党議拘束をゆるめて個々の議員の自由な議論を活発にする。その後，参議院議長に就任した河野謙三は党籍を離脱し，その慣行は今日まで踏襲され，続いている。また河野は私的諮問機関として外部学識者からなる「参議院問題懇談会」を設置し，1971年9月23日「参議院運営の改革に関する意見書」が提出されている。この意見書が参議院に対してなされている批判を最初にまとめたものであるといえる。

　その批判は①参議院が「第二衆議院」に堕し，その独自性を失っていること，②参議院は両院制の存在意義を生かすために，慎重かつ充実した審議の成果により責任を果たすべきであるが，その審議が効率的に，また充実して行われているとはいえないこと，③参議院も強い政党的支配のもとにあり，その独自性・自主性の確保が妨げられていること，④参議院はいわゆる「良識の府」として期待されているにもかかわらず，往々にして審議引き延ばし・強行採決・物理的抵抗などの戦術が取られていることであるとされている[68]。

　続く安井謙議長は1976年11月12日「参議院運営等の改善について」と題する私見を提示し，参議院の運営と政党との関係，立法府と行政府のあり方を挙げ，参議院の役割を果たすため，①参議院独自の審議方式の問題，②参議院

---

[67] 河野謙三『議長一代』朝日新聞社, 1978年, 12-14頁。
[68] 参議院問題懇談会「参議院運営の改革に関する意見書」昭和46年9月23日（参議院『参議院五十年のあゆみ』参友会, 1998年, 319-325頁。）。

第 1 章　参議院と民主主義

にふさわしい問題の提起（長期的視野に立つ問題の提起など），③常任委員会・特別委員会の数及び種類を衆議院と異ならしめるなど組織の見直しの問題，④一定の審議期間内での審議の進め方という問題に取り組んだ[69]。そして参議院の組織及び運営に関する諸問題を調査検討し，その改善策について議長に報告することを目的として，「参議院の組織及び運営の改革に関する協議会（参議院改革協議会）」を設置した。その結果，エネルギーに関する諸問題を調査し，総合的で長期的な対策を立てるため 1979 年 12 月 21 日，第 91 回国会からエネルギー対策特別委員会が設置された。

(2)　1980 年代の参議院改革

その後の徳永正利議長のもとでは，安田議長で出された委員会の組織・運営の問題を主要テーマに位置づけ改革がなされている。その結果，総予算の委嘱審査制度の新設，調査特別委員会の設置がなされた。総予算の委嘱審査制度は，予算委員会以外の各委員会がその所管する各省庁の予算について審査にかかわる参議院独自の制度であり，全議員が予算審査に参画できるようにし，予算審査を十分に行うことを目的に創設された[70]。1982 年 3 月に参議院規則が改正され，1982 年（昭和 57 年）度総予算の審査から実施され，現在も継続されている。また 6 年の任期に着目し，長期的かつ総合的観点から調査を行うため，1983 年 7 月から，国民生活・経済に関する調査特別委員会および外交・総合安全保証に関する調査特別委員会が設置された。

1983 年 7 月に木村睦男議長が就任し，参議院改革協議会では，参議院における議事及び事務処理の合理化・能率化の一環として，電子式投票装置による投票方式（いわゆる押しボタン方式）の検討を始めた[71]。また参議院改革協議会では①委員会の再編等議院の組織の改善，②決算審査の充実，③調査機能の拡充その他事務機構の改善，④常会の 1 月召集の問題，⑤その他議院運営面での独自性発揮の問題・委員会運営の改善等について，提言している[72]。そし

---

[69]　衆議院・参議院『議会制度百年史 —— 議会制度編』大蔵省印刷局，1990 年，221-222 頁。
[70]　「総予算審査方式の改善についての答申」1982 年 2 月 24 日。同書，265-267 頁。
[71]　押しボタン方式については，後の 1996 年 12 月に参議院規則が改正され，斎藤議長のもとで導入されることが決定した。
[72]　衆議院・参議院，前掲書，225 頁。

第4節　参議院改革は民主主義に適っているか

て，調査特別委員会の実績を踏まえ，調査機能の拡充強化のため，1986年に調査会制度が発足している（昭和61年国会法改正（法律第68号））。

続く藤田正明議長のもとでは，参議院を根本から考え直し，私的諮問機関として「二院制下における参議院のあり方を考える研究会」を設置した。そこでは，世界の議会制度の歴史の中における両院制の存在意義は何か，日本国憲法下の両院制における参議院はいかにあるべきか，現行の参議院の選挙制度及び運営に改革すべき点はないかについて，諮問されている。そして1988年11月「参議院のあり方及び改革に関する意見」を答申している[73]。その内容には，参議院に期待される独自の立場と視点として，①長期的・総合的な視点に立つこと，②衆議院のみでは十分に代表されない国民各層の利益や意見を代表し，反映すること，③議員各自の意見をできる限り，尊重し反映することが挙げられている。また参議院の選挙制度については，比例代表制を廃止し，都道府県選挙区のみとすることを提言している。その他，参議院の運営に関して，常会の1月召集，議案の委員会への即時付託，党議拘束の緩和等についても検討している。そして，衆参同日選挙については，違憲ではないとしながらも，同日選挙が慣行化・常例化するに至るならば，参議院の存在意義および参議院の重要性を失わせる恐れがあると指摘しており，参議院はこの問題について適切に対処することが期待されるとしている。

(3) 1990年代の参議院改革

1992年8月に原文兵衛議長が就任し，原議長のもとでは，予備審査制度の活用，委員会公開の問題，自由討議の活用などについて協議が行われている。また1995年，第133回国会で行財政機構及び行政監察に関する調査会等が設置された[74]。

1995年8月に斎藤十朗議長が就任し，従来の参議院改革協議会に代わり，参議院制度改革検討会が設置された。行政機構及び行政観察に関する調査会の中間報告を踏まえ，常任委員会の再編が行われ，1998年より行政監視委員会

---

[73]「参議院のあり方及び改革に関する意見」参議院制度研究会, 1988年11月1日。参議院，前掲書, 326-335頁。

[74] 行財政機構及び行政監察に関する調査会の他，国際問題に関する調査会，国民生活・経済に関する調査会が設置された。

第1章　参議院と民主主義

が設置されることとなった。また1998年1月より，政治責任を明確化し，採決手続きを迅速化するため押しボタン方式が導入された[75]。

(4) **2000年以降の参議院改革**

2004年7月に扇千景議長が就任し，参議院改革協議会で参議院選挙の定数較差問題，決算審査充実のための会計検査院法改正等について協議を行なった。参議院改革協議会は専門委員会を設置し，専門委員会で4増4減案が有力な意見であるとする報告書を取りまとめたものの，専門委員会が提出した報告書の取扱いについては合意に至らなかったことを扇議長に報告している[76]。その後の江田五月議長，西岡武夫議長の元でも定数較差問題について引き続き協議が行われているが，現在まで参議院選挙制度の抜本的改革は行われていない。

江田議長のもとでは，6度にわたり参議院改革協議会専門委員会（選挙制度）が開かれ，2010年5月に報告書が提出されている。報告書では2010年の参議院選挙後に，専門委員会を立ち上げ，2013年の通常選挙に向けた選挙制度の見直しの検討を直ちに開始すべきであるとされている[77]。

西岡議長のもと，一票の較差の是正を協議する「選挙制度の改革に関する検討会」を設置することで合意し，山﨑正昭議長のもと2013年9月12日に「選挙制度の改革に関する検討会」が設置された[78]。なお，参議院の選挙制度は2012年に行われた4増4減の公職選挙法改正によるものであるが，一票の較差は2013年参議院選挙で最大4.77倍に達し，高裁レベルで初の違憲・無効の判決が出されている[79]。

(5) **民主主義論からみた参議院改革**

参議院改革の経緯を概観した結果，参議院は生き残るべく，衆議院との差別

---

[75] 参議院ホームページ「参議院改革の歴史」
　http://www.sangiin.go.jp/japanese/aramashi/ayumi/rekisi.html（2013年12月1日確認）
[76] 2005年6月，自民党及び公明党提出の4増4減を内容とする公職選挙法の一部を改正する法律が成立し，2007年の参議院選挙より適用されている。
[77] 「参議院改革協議会専門委員会（選挙制度）報告書」2010年5月（参議院ホームページ「参議院改革の歩み」）。
　http://www.sangiin.go.jp/japanese/aramashi/ayumi/pdf/100521.pdf（2013年9月14日確認）
[78] 『毎日新聞』2013年9月13日「参院選挙制度改革：検討会に実務者協議会」。
[79] 『朝日新聞』2013年11月28日「「7月参院選は違憲で無効」一票の格差で高裁支部」。

化を行ってきたものであるといえる。しかし，その差別化は憲法改正を伴わない運用レベル，法律，規則レベルの改正に留まらざるを得なかったものである。しかし，1990年代以降の改革構想にみられるように，参議院は衆議院と異なる利益を代表すべく，選挙制度改革を行おうとしてきたことがわかる。未だ選挙制度改革の途上であるが，憲法上の国民代表であるという衆議院との共通した正統性を維持しつつ，選挙制度改革案を幾つか提示してきたといえる。較差是正のため，及び衆議院との差別化を図るためという二つの理由に加え，近年では衆参多数派の異なるねじれ国会が生まれ，立法の停滞，不安定な政権を経験し，参議院改革の必要性が高まっているといえる。斎藤議長以降，運用レベルでの改革案が提示されないのは，運用レベルでの参議院改革の限界が見えていることを示唆している。あるいは，運用レベルの改革では対応しきれない現状があると考えられる。

　参議院改革を民主主義論から捉えるならば，いかに捉えることができるか若干の検討を加えたい。1970年代の参議院改革は，審議の効率性と慎重さという相反する目的を掲げてきたといえる。これは効率性を重視する競争的民主主義論と熟議民主主義論の双方の良いところを求めるものであり，トレードオフの関係にあるといえよう。また1980年代の参議院改革は調査会制度を整備し，行政府監視に力を入れてきたといえる。行政府監視は，直接的な立法活動ではなく，立法活動を補助し，政府を監視し，争点を明らかにするものであるので，参加民主主義論や熟議民主主義論と整合的であるといえる。他方，競争的民主主義論からは不要なものであり，政府の行動を制約しうるものであると考えられる。参議院という存在自体がエリート民主主義論では不要であるため，参議院は参加や合意，熟議を追い求めて，改革してきたといえるだろう。

小　括

　本章では近代民主主義論以降の民主主義論を概観し，参議院改革の経緯を年代順に見てきた。本章の目的に照らし，一点目から考えると，参議院の役割と整合的な民主主義論は，参加民主主義，コンセンサス型デモクラシー及び熟議民主主義であるといえる。他方，参議院の役割と非整合的な民主主義論は競争

第 1 章　参議院と民主主義

的民主主義であるといえる。それは日本が議院内閣制を採用しており，衆議院を基盤として内閣が形成されるため，参議院は意見の集約以外の機能を求めてきたといえるためである。二点目として，参議院改革で導入された制度を民主主義論から捉えると，調査会制度の導入及び行政監視委員会の設置は，参加民主主義論や熟議民主主義論の観点から肯定されるものであると考えられる。三点目として，民主主義論及び参議院改革の経緯を概観した結果，今後の参議院改革の方向性を考えるなら，運用レベルの改革というより，抜本的な改革を伴う選挙制度改革であるといえる。改革の方向性としては多様な民意を反映する，衆議院とは異なる選挙制度を模索するものであると考えられるだろう。

　本章より，参議院はこれまで参加民主主義，コンセンサス型デモクラシー及び熟議民主主義と整合的な改革を行ってきたといえる。ただし，これまでの参議院改革は憲法改正を伴わないものであり，改革の限界がうかがえる。参議院改革の本丸は選挙制度改革であるという認識は，1990 年以降の改革協議会の動向より，明確になってきたといえる。近年，一票の較差是正の問題と相まって，世論の後押しもあり[80]，参議院改革の機運が高まってきたことも，選挙制度改革を進める要因となる。

　最後に，次章では，本章の民主主義論を踏まえ，民主主義の質に対して二院制が有効な制度として機能しているのかを検証することとする。なぜ民主主義の質を取り上げるのかについて，若干の説明をしておく。民主主義を自由のための手段であると考えるか，民主主義自体を達成すべき目的と考えるかという議論があり，本書では，民主主義自体を目的と考えている。民主主義自体を目的と考えるのは，民主主義によって人々の成長が促され，社会が豊かになると考えられるからである。また，この立場からは民主主義の教育機能を肯定することが可能となり，この立場を取ることによって，参議院の目的と合致した参加民主主義の理念を達成することが可能になると考えられる。他方，民主主義

---

[80] 最近の世論調査によると，「二院制を維持し，衆議院と参議院の役割や権限を見直す 40％」が最も高くなっており，役割や権限の見直し論が多いことがうかがえる。世論調査の結果は，「衆議院と参議院を合併して一院制にする 30％」，「二院制を維持し，衆議院と参議院の役割や権限を見直す 40％」，「今のままでよい 24％」，「その他 1％，答えない 6％」となっている。『読売新聞』2013 年 4 月 20 日「憲法・世論調査」による。同調査の n=1472，回収率 49％ である。

小　括

を手段であると考える立場からは，自由を得ることが目的であり，民主主義はそのための手段に過ぎないため，民主主義の教育機能については考慮されない。本論文では，測定可能な民主主義の基準を用いることで，民主主義自体を目的であると考える立場を取る。

次章では，民主主義の質を従属変数とし，二院制，多数決型デモクラシー及び拒否権プレイヤーを独立変数とし，二院制が果たして機能しているのかを検証する。

◆第2章◆ 二院制はデモクラシーにとって有効な制度であるか

はじめに

　55年体制以降，日本の参議院に関して，衆議院のカーボンコピーであると批判され，参議院は絶えず存在意義を模索し続けてきた。参議院には言論の府であることや再考の府であることが求められるが，それらは参議院に対して衆議院とは異なる役割を期待するものであり，現在参議院が十分な役割を担っていないという否定的な評価に起因するものである。さらに近年2007年，2010年の参議院選挙により衆参の多数派が異なるねじれ国会となったことにより，強すぎる参議院と批判され，立法の停滞が問題となっている。こうした参議院に対する否定的な評価がなされてきた理由は，両院の制度設計に問題があるからである。日本の両院関係はほぼ対等の権限であり，衆参ともに民選であり，構成が類似している。サルトーリは，両院の権限と構成という二つの変数をいかに理想的に組み合わせ得るかが問題であるとし，二院が類似している場合，統治可能性を促進するがチェックの目的には使いものにならないとする一方，両院が異なるならばより強力なコントロールが保障されるが，それは停滞と行き詰まりを再現するとしている[81]。こうした二院制に対する疑問が横行する中で，本章では二院制の有効性を検証することを目的とする。二院制の有効性を検証するにあたり，二院制が民主主義の質の向上に寄与しているのか確認することとした。

　民主主義の質に二院制が寄与しているかについては，ヴァッター及び，坂井・

---

(81) サルトーリ，前掲書，205頁。

岩井・浅田の研究がある(82)。ヴァッターはOECD21ヶ国の1971年から1996年のデータを用いて，二院制が行政の支配に対する障壁となっていないこと，民主主義の改善に寄与しないこと及び経済的効率性に寄与しないことを実証している。民主主義の質を検証するために，民主主義の満足度，議会の満足度およびダールの指標が用いられているが，いずれも有意となっていない。またヴァッターは二院制の代表性を検証しており，地域の代表性と女性の代表性を用いて分析している。その結果，二院制は地域の代表に影響を与えている一方で，二院制であれば女性議員が少なくなることを示している。また二院制が政府支出，福祉支出，課税及び公共部門の雇用に与える影響を検証し，二院制により，政府の干渉が減らされているとしている。同様に，坂井・岩井・浅田においても二院制は民主主義の質に有意に正の影響を与えておらず，さらにいえば，二院制は経済的繁栄を犠牲にしていると指摘されている。

　その他，ヴァッターは二院制を拒否権プレイヤーと捉えており，ツェベリスの理論と整合的であるとしている。本章では，二院制と拒否権プレイヤーを別のものと捉え，ライカーの理論と拒否権プレイヤーの理論とどちらがより民主主義の質と関係しているのか検証する。またライカーやツェベリスの理論はコンセンサス民主主義に関する変数であるため，多数決型民主主義の変数として，与党の議事運営権を変数として取り入れることとする。本章は，OECD諸国においてなぜ民主主義の質が異なるのかという問いに対し，二院制であることが一つの答えとなるかを検証するものである。そこで，二院制であるがゆえに，民主主義の質が向上しているという仮説の検証を試みる。

◆ 第1節 ◆　二院制に関する理論研究

(1) ハモンドとミラーによる政策形成の核

　ハモンドらは，マディソンの「二院制は不安定性を回避する(83)」という主張を空間モデル及びゲーム理論を用いて立証している(84)。

---

(82) Vatter, 2005, *op.cit.*, pp.194-215. 坂井吉良・岩井奉信・浅田義久「二院制度が民主主義の質と経済的パフォーマンスに与える効果に関する研究」『政経研究』第50巻第1号，2013年。

第 1 節　二院制に関する理論研究

図 2-1. 政策形成の核

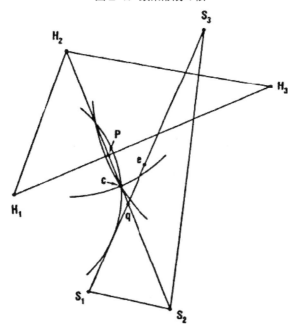

（出所）Hammond, Thomas and Gary Miller, "The Core of the Constitution," *American Political Science Review*, Vol.81, No.4, 1987, pp.1155-1174.

H1〜H3, S1〜S3 という 6 人での二院制議会を考えた場合, 一院制議会では政策が安定しないコンドルセのパラドックスに陥るが, 二院制では政策が安定することが証明されている[85]。一院制議会として考えた場合, H1, H2, H3,

---

(83) Alexander Hamilton, James Madison and John Jay, *The Federalist or The New Constitution*, Dutton, 1911, pp.316-317（ハミルトン・ジェイ・マディソン,（斉藤眞・中野勝郎訳）『ザ・フェデラリスト』岩波文庫, 1999 年, 281 頁。）.
(84) Thomas Hammond and Gary Miller, "The Core of the Constitution," *American Political Science Review*, Vol.81, No.4, 1987, pp.1155-1174.Gary Miller, Thomas Hammond and Charles Kile, "Bicameralism and the Core: An Experimental Test," *Legislative Studies Quarterly*, Vol.21, No.1, 1996, pp.83-103.
(85) Tsebelis and Money, *op.cit.*, pp.35-42. 増山幹高「日本における二院制の意義と機能」慶應大学法学部編『慶應の政治学・日本政治』慶應義塾大学出版会, 2008 年, 267-284 頁。川人貞史「衆参ねじれ国会における立法的帰結」『法学』第 72 巻第 4 号, 2008 年。

第2章 二院制はデモクラシーにとって有効な制度であるか

S3は法案cよりPを好む。他方で、H3, S1, S2, S3ではPよりeを好む。またH1, H2, S1, S2ではeよりcを好むため、多数決ではP, e, cと選好が循環し、意思決定が不安定に陥るというのがコンドルセのパラドックスである。しかし二院制議会であると考えた場合、H2とS2を結ぶ直線が二院等分線（両院二等分線）となり、直線上のいずれかの点が多数派に支持されるようになるとされている。

(2) 二院制がもたらす安定化効果 —— ライカーによる二院制の正当化

ライカーは七人議会を仮定して、一院制における過半数及び超過半数の比較、それに三院制の比較を加え、二院制の正当化を行っている[86]。一院制議会における欠点は、単純な多数派支配により暴政となる恐れがあることである。二院制議会では政策決定が遅延され、取り得る政策の均衡が狭まることで急激な変化が少なくなる。図2-2は七人議会を想定し、単純な多数支配と超過半数を要する多数支配の違いを比較したものである。七人のそれぞれの理想点はa_1〜a_7であり、それぞれをa_0通る無差別曲線となっている。斜線は単なる過半数の領域を表しており、少なくとも7分の4を支配している。また、黒く描かれた領域は超過半数である7分の5が支配している。超過半数の意義は、政策の数が制限されており、代替案を模索することが難しいため、政策決定が遅延することにある。

次に図2-3は先ほどの7人議会であるが、これを二院制あるいは三院制としてみるものである。一院議会は4, 5, 2で構成しており、その過半数は横線の領域で表されている。他方、第二院の構成としては6, 1, 3であり、その過半数は縦線の領域で表されている。また第三院は7のみで構成されていると仮定する。三人で構成される第一院と第二院の均衡は、横線の領域と縦線の領域が交わる網掛けの領域となる。また、第三院を加えた場合の均衡は、黒く塗られた領域となる。ここで注目すべきことは、三院制の場合の領域は、図2-2の7分の5の超過半数と似ているが、異なっているということである。三院制議会の方が、取り得る政策領域の幅が狭くなり、急激な変化が難しくなることを表している。

---

[86] Riker, *op.cit.*, pp.101–116.

第 1 節　二院制に関する理論研究

図 2-2.　七人議会における勝利連合

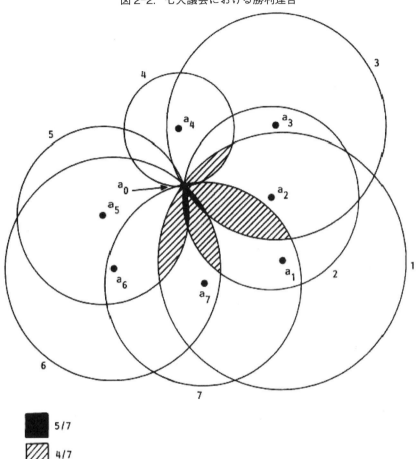

（出所）Riker, William, "The Justification of Bicameralism," *International Political Science Review*, Vol.13, No.1, 1992, p.111.

(3) ナベット制度

　マネーとツェベリスによると，二院制には何とか法案の成立に漕ぎつけようとする性質があり，より法案を成立させたい議院が譲歩し，妥協を導き出すとしている[87]。これは二院間で法案が行き来し，どちらかの議院が譲歩し，妥協を導き出す制度であるためだとしている。この二院間の行き来がある制度を

41

第2章 二院制はデモクラシーにとって有効な制度であるか

図2-3. 七人議会（三院制）における勝利連合

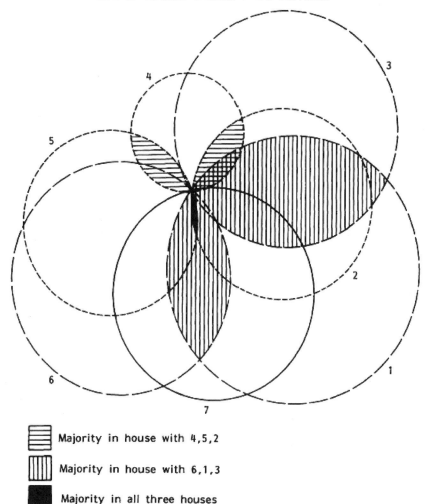

（出所）Riker, William, "The Justification of Bicameralism," *International Political Science Review*, Vol.13, No.1 ,1992, p.112.

ナベット制度（シャトル制度）と呼び，ナベット制度は，法案が両院同一の解

---

(87) Money and Tsebelis, *op.cit.*, p.26.

第1節　二院制に関する理論研究

図2-4．ナベットシステムのもとでの二院制の帰結

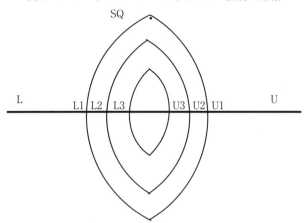

（出所）Tsebelis, George, *Veto Player : How Political Institutions Work*, Princeton University Press, 2002, p.148（ツェベリス（眞柄秀子・井戸正伸訳）『拒否権プレイヤー』早稲田大学出版部，2009年，185頁）。

釈で通過し，可決されるか，あるいは法案が停止する何らかのルールが適用されるまで，二院間を法案が行き来するというものである。ナベット制度は両院の対立を解決する制度として，頻繁に利用されており，ナベット制を採用している国は33カ国あると述べている[88]。

さらに，ツェベリスはライカーの空間理論を発展させ，拒否権プレイヤーの概念を打ち出している。このナベット制度も拒否権プレイヤーの議論から捉えることができ，その場合，図2-4のように表されるとしている[89]。下院をL，上院をUとして考えた場合，上院が拒否権を持つなら，L1で，下院で可決された法案が否決された場合，L2へ移動する。もし両院の行き来が繰り返しなされるのなら，L2で否決された場合は，さらにL3に移動する。こうして二院等分線上を移動し，現状打破集合の中に帰結が位置していると指摘している。

---

(88) Tsebelis and Money, *op.cit.*, pp.64-68.
(89) Tsebelis, George, *Veto Player : How Political Institutions Work*, Princeton University Press, 2002, p.148（ジョージ・ツェベリス（眞柄秀子・井戸正伸訳）『拒否権プレイヤー』早稲田大学出版部，2009年，185頁）。

第2章 二院制はデモクラシーにとって有効な制度であるか

◆ 第2節 ◆　二院制類型論

(1)　レイプハルトによる強い二院制

　レイプハルトによる強い二院制かどうかの類型論は①各議院に与えられている憲法上の権限，②議員の選出方法，③下院とは異なる選挙制度によって選ばれることがある点の三つを考慮することで規定されるとしている。①憲法上の権限が平等であるか否か，そして②議員の選出方法，つまり世襲であるか直接選挙で選ばれるかという民主的正統性の違いの二つ基準から対称的な二院制と非対称的な二院制に分けられる[90]。対称的な二院制とは，ほぼ平等な憲法上の権限を持ち，かつ両院とも直接選挙で選ばれる場合である。また③異なる選挙制度かどうかを基準として，選挙制度の違いから両院の構成が異なる場合を不調和な二院制としている。対称かつ不調和な二院制を強い二院制とし，これら二つのうちどちらかが欠けているものを中程度に強い二院制としている。そして，非対称で調和している場合を弱い二院制としている。日本は対称的・調和な両院関係として中程度に強い二院制に位置づけられている。

　まず①の憲法上の権限について日本の憲法では，衆議院の議決が参議院の議決に優越する場合として，法律案の再議決（憲法第59条2項），予算の議決（同第60条），条約の承認（同第61条），及び内閣総理大臣の指名の議決（同第67条）が定められている。法律の再議決に関しては，出席議員の3分の2以上の多数で再可決しなければならず，みなし否決の60日ルールと相まって再可決が容易ではないことが指摘されている[91]。衆議院において3分の2以上の議席を確保することも困難であるが，政権与党にとって60日ルールは再議決権を発動するための厳しい条件となっている。憲法第59条4項では「参議院が，衆議院の可決した法律案を受け取つた後，国会休会中の期間を除いて60日以内に，議決しないときは，衆議院は，参議院がその法律案を否決したものとみ

---

[90] Lijphart, 2012, *op. cit.*, pp.192-198（アレンド・レイプハルト（粕谷祐子訳）『民主主義対民主主義——多数決型とコンセンサス型の36ヶ国比較研究』勁草書房，2005年，168頁）.
[91] 高見勝利「政権交代と政党政治の行方」『ジュリスト』第1414号，2011年，18頁。
　大山礼子「議事手続再考——「ねじれ国会」における審議の実質化をめざして」『駒澤法学』第27号，2008年，37頁。

なすことができる。」と規定されている。日本では会期制を採用しているため，参議院では野党の抵抗により，すぐに否決せず審議を引き延ばす傾向にあり，60日の期間は政権与党にとって長く，可決される法案の数が制限されることになる。そのため，法律案の再議決は難しく，参議院の憲法上の権限は衆議院と比べてほぼ対等なものであるといえる。

次に②と③の議員の選出方法については，衆議院においては295人が小選挙区，180人が比例代表区（拘束名簿式）となっているのに対し，参議院においては，146人が都道府県を基礎とする選挙区，96人が比例代表区（非拘束名簿式）となっている（公職選挙法第12条〜第14条）。ここで注目すべきことは両院ともに直接選挙で選ばれているという点である。この点についてブライスは，直接選挙は民意を代表する点では結構であるが，下院に対する競争的性質を帯びることを指摘している[92]。そして「選挙時期が異なれば遅きものは早きものより一層国論を代表すると主張するであろう」と述べている。このブライスの指摘は，近年繰り返し主張される「直近の民意論」を表している。高見によると直近の民意は「いま参議院が国民から選挙の洗礼を受けてその民意を代表しているのだから，数年前に民意を受けた衆議院よりも我々の方がより民意に近く，したがって，衆議院は我々参議院の院議に従うべきだ，参議院から提出した法案を衆議院は尊重すべきだといった趣旨のもの[93]」であるとされている。このように，両院ともに直接選挙で選出される場合，どちらも民主的正統性を主張することで競争的性質を帯びるため，野党の対立姿勢は強まり，合意形成が困難となる。とりわけ近年見られるねじれ国会において，競争的性質は法案成立率を引き下げ，二院制の弊害として現れることになる。

(2) **憲法学による類型論**

野中らは二院制を，国民を直接代表する議院であるか，また第二院を設置する目的から三つに分類している[94]。一つ目は貴族院型である。貴族院型は，貴族団体を基礎に第二院を構成し，貴族的要素を代表するとともに，民選の第一院に対して抑制を加えるものであるとしている。例としてイギリスの貴族院

---

(92) Bryce, *op.cit.*, p.401（ブライス，前掲書，294頁）．
(93) 高見勝利「「ねじれ国会」と憲法」『ジュリスト』第1367号，2008年，68頁．
(94) 野中・中村・高橋・高見，前掲書，78-81頁．

第 2 章 二院制はデモクラシーにとって有効な制度であるか

や戦前の帝国議会の貴族院が挙げられている。二つ目は連邦制型である。連邦制型は，連邦国民の全体を代表する第一院の他に，連邦構成国を代表する第二院が要請されるとするものである。三つ目は民主的第二次院型である。民主的第二次院型は，貴族制度も存在せず，連邦国家でもない単一国家において，「一方の院が他方の院の軽率な行動をチェックし，そのミスを修正する」ために，第二院が二次的なものとして，設置される型であるとしている。例としてベルギー，イタリア，そして日本が挙げられている。

◆ 第3節 ◆ 二院制の実態及び分析手順とデータセット

(1) 二院制の規模と任期

表2-1は各国の上院と下院の規模と任期を表したものである。イギリスを除き，上院の規模は下院より小さくなっており，おおよそ半分程度の規模となっている。また上院の任期は下院よりも長く設定されており，より長期的な視野が求められているといえる。なお，上院が拒否権を持つかどうかに関しては，イギリス及びフランスについては下院が最終決定権限を持っており，上院は拒否権を有していない。イギリスについては，予算及び金銭法案に関して上院は一ヶ月の引き延ばし権限を持ち，それ以外の法案については一年の引き延ばし権限を持っている。またフランスについては，両院が不一致であった場合，新たな読会を開いた後，内閣は下院に最終決定を求めることが出来ることとなっている。

表2-1. 各国の上院・下院

	執政制度	下院		上院		立法権限等
		定数(人)	任期(年)	定数(人)	任期(年)	
日本	議院内閣制	480	4	242 (50.4%)	6	予算については衆議院の優越，法案については衆議院での3分の2の再議決
イギリス	議院内閣制	650	5	782 (120.3%)	—	予算，金銭法案については，上院に1ヶ月の引き延ばし権限，法案については1年以上おいて下院の過半数に

第 3 節　二院制の実態及び分析手順とデータセット

						より再議決
イタリア	議院内閣制	630	5	315 (50%)	5	両院が完全に対等，上院に拒否権あり，両院同時解散
ドイツ	議院内閣制	598(622)	4	69 (11.5%)	州政府が定める	各州の利害に関連する法案については，連邦参議院の議決が必要(法案全体の 5.5〜6 割)。一般法案(予算を含む)については下院の再議決により成立。
フランス	半大統領制	577	5	348 (60.3%)	9	両院不一致の場合，新たな 1 回の読会の後，最終議決を国民議会が担う

(注) Meg Russell, *Reforming the House of Lords*, Oxford University Press, 2000, pp.26-28, pp.34-38 を基に作成。各国議会の HP 等により確認した。ドイツに関しては岩崎美紀子「二院制議会 (13) ドイツ (下)」『地方自治』第 747 巻，2-18 頁を参照。ドイツに関しては超過議席が発生しているため，下院議員の数は 622 人となっている。

(2)　分析手順とデータセット

　民主主義の質の向上に貢献している諸要因を検討することとする。二院制の有効性を検証するためには，何が民主主義の質の向上に役立っているのか，二院制以外の要因を検討しておかなければならない。そこで，多数主義的な議事運営及び拒否権プレイヤーの数が民主主義の質に貢献しているか検討を加える。民主主義の質を測定する尺度となるデモクラシー指数の説明を行う。政党制と多数主義的な議事運営の関係をみた後，多数主義的な議事運営がデモクラシー指数に与える影響を確認する。次にツェベリスによる拒否権プレイヤーの議論を踏まえ，拒否権プレイヤーの数がデモクラシー指数に影響を与えていることを確認する。そしてデモクラシー指数を従属変数とした回帰分析を行うことにより，二院制が有効であるのか検討する。

　公開されているデータセットとして，Comparative Political データセット[95]

(95) Klaus Armingeon, Philipp Leimgruber, David Weisstanner, Sarah Engler, Panajotis Potolidis and Marlène Gerber, *Comparative Political Data Set 1960-2009*, Institute of Political Science, University of Bern, 2011.
　http://www.ipw.unibe.ch/content/team/klaus_armingeon/comparative_political_data_sets/index_ger.html (2012 年 7 月 22 日確認)

第2章 二院制はデモクラシーにとって有効な制度であるか

及び Quality of Government データセット[96]がある。Comparative Political データセットでは OECD 諸国 23 カ国を対象に，1960 年から 2009 年までのデータが公開されている。Quality of Government データセットについては，194 カ国を対象に 1946 年から 2010 年までのデータが公開されている。また増山は多数主義的な議事運営の指標化として，イギリス，アイルランド，フランス，ギリシア，スペイン，日本，ポルトガル，デンマーク，オーストリア，ノルウェー，ルクセンブルク，ドイツ，フィンランド，イタリア，アイスランド，ベルギー，スイス，オランダ及びスウェーデンの 19 カ国のデータを提示している[97]。本章では増山の提示した 19 カ国のデータに加え，Comparative Political データセットから有効議会政党数，非比例性指数，二院制及び GDP に対する社会保障費を，Quality of Government データセットからデモクラシー指数，政治文化，選挙の手続きと多元性，政治への参加，市民の自由及び拒否権プレイヤーの数を付け加え，データセットを作成した。

(3) **選挙制度と政党制**

選挙制度は政党制を規定する要因として大きく作用しており，政党制のあり方によって政党間の競争あるいは協調がなされることとなる。政党制に関しては主に，二大政党制と多党制という大きく二つのグループに分けられる。二大政党制の代表としてイギリスの労働党と保守党がしばしば挙げられ，二党間で競い合うことが想定されている。また多党制ついては，3 党以上の政党が存在し，一つの政党が単独で過半数の議席を占めることが出来ない場合，連立して政権を構成することが多くなる。こうした政党制のあり方を比較するべく，政党の数あるいは比例性を示す指標が考え出されてきた。政党の数はラクソーとタガペラによる有効議会政党数を用いて測定することができる[98]。

---

[96] Jan Teorell, Nicholas Charron, Marcus Samanni, Sören Holmberg and Bo Rothstein, *The Quality of Government Dataset*, Version 6, *April 2011*, University of Gothenburg: The Quality of Government Institute, 2011.
http://www.qog.pol.gu.se/data/qogstandarddataset/（2012 年 7 月 22 日確認）
[97] 増山幹高『議会制度と日本政治――議事運営の計量政治学』木鐸社，2003 年，67 頁。
[98] Markku Laakso and Rein Taagepera, "'Effective' Number of Parties: A Measure with Application to West Europe," *Comparative Political Studies* Vol.12, 1979, p.4.

$$N = \frac{1}{\sum_{i=1}^{n} p_i^2}$$

第3節　二院制の実態及び分析手順とデータセット

　また比例性についてはギャラガーの非比例性指数を用いて測定することができる[99]。有効議会政党数は政党の数を示すものであり、二大政党制に近いかあるいは多党制に近いかを比較することが可能となる。また非比例性指数は得票率と議席率の差を見るものであり、代表性（比例性）が高い議会ほど小さい値を採る。

　ここで有効議会政党数と非比例性指数をみておくには大きく二つの理由が存在する。一つ目は、日本において参議院が拒否権を有するゆえに、与党が参議院での過半数を占めるため、長期にわたり連立政権を構成してきたことである。これは衆議院と参議院の選挙制度が異なっているため、政党構成に差が生まれ、与党が参議院で過半数の議席を占められなかった場合、内閣が安定して法案を成立させるためである。二つ目の理由は、二大政党制と多党制という大きな区分において、どちらが規範的に優れた政党制であるかという議論に決着がついていないからである。日本では55年体制以降、一党優位制が長く続いてきたことに加え、中選挙区制による政治腐敗から、政権交代可能な選挙制度を目指すべくイギリスを模範として、小選挙区制が取り入れられるようになった。しかし二大政党制の代表であるイギリスにおいて、2010年5月の選挙で第一党である保守党が過半数の議席を有していないハングパーラメントとなり、連立政権を組まざるを得ない状況となった。意見の集約を重視し、死票が多くなる単純小選挙区制で第一党が過半数に達し得ない状況になるということは、二大政党では十分に意見が反映されないとして、第三政党へ投票したといえる。イギリスのこうした状況を鑑みると、二大政党制そのものが見直される契機となるであろう。

　表2-2は5ヵ国の有効議会政党数と非比例性指数の1989年から2009年までの平均値を算出したものである。有効議会政党数については、イギリスが最も少ない3.28となっており、次いで少ないのが日本の3.88となっている。非比例性指数については、ドイツとイタリアが小さくなっており、より代表制の高

---

[99] Michael Gallagher, "Proportionality Disproportionality and Electoral Systems," *Electoral Studies* Vol.10, 1991.

$$G = \sqrt{\frac{1}{2} \sum_{i=1}^{m} (v_i - s_i)^2}$$

49

第2章 二院制はデモクラシーにとって有効な制度であるか

い議会であることがうかがえる。単純小選挙区制度に近いほど、有効議会政党数は少なくなり、非比例性指数は高まる傾向にある。一方で、比例代表制になるほど、有効議会政党数は多くなり、非比例性指数は小さくなるといえる。

表2-2. 有効議会政党数と非比例性指数

	選挙制度	有効議会政党数	非比例性指数
日本	小選挙区比例代表制	3.88	10.13
フランス	小選挙区二回投票制	5.55	18.88
イギリス	単純小選挙区制	3.28	16.10
ドイツ	比例代表制	4.01	2.87
イタリア	比例代表	6.13	5.62

（注）Klaus Armingeon, Philipp Leimgruber, David Weisstanner, Sarah Engler, Panajotis Potolidis, and Marlène Gerber, *Comparative Political Data Set 1960-2009*, Institute of Political Science, University of Bern, 2011. を基に作成。

◆第4節◆ 民主主義と多数主義的議事運営及び拒否権プレイヤーの関係

(1) デモクラシー指数

デモクラシーに関しては古くから議論されており、デモクラシーに関する様々な基準が作られ、デモクラシーの種類も多岐に渡るが、ここでは代表的なダールのデモクラシーについて触れる。ダールは『デモクラシーとは何か』の中で、民主的手続きのための規準を5つ挙げている[100]。まず一つ目は実質的な参加であり、自分の見解を他のメンバーに知ってもらう機会が平等かつ実質的に確保されていなければならないとする。二つ目は平等な投票であり、メンバー一人ひとりが投票する機会を有することと、全ての票が平等な重みを持つものとして数えられなければならないとしている。三つ目は理解の可能性が開

---

(100) Dahl, 1998, *op.cit.*, pp.35-43（ダール、2001年、前掲書、50-52頁。）。

第4節　民主主義と多数主義的議事運営及び拒否権プレイヤーの関係

かれていることであり，政策の代替案とその政策が引き起こす結果について知る機会が開かれていなければならないとする。四つ目はアジェンダの調整であり，会議の議題や議事日程をどのように設定するかを決める機会に全面的に関与できるようになっていなければならいとする。そして最後の五つ目は全成人の参画であり，永久居住権を有する成人居住者の全ての人，あるいは少なくとも大部分の人が完全な市民権を持ち，一つ目から四つ目の規準の行使を享受していなければならないとする。またダールはデモクラシーの条件をかなり満たした体制をポリアーキーとし，ポリアーキーを公的異議申し立ての程度と包括性（選挙に参加し公職につく権利）の程度という二つの次元で説明している[101]。公的異議申し立て程度は，言論・集会・結社の自由を認め，政府への批判を許すかどうかであり，公的異議申し立ての程度が低い場合は，抑圧体制であるとされる。

　ダールの規準とは少し異なるが，民主主義国家の評価については，イギリスの経済誌であるエコノミストの研究所エコノミストインテリジェンスユニットが発表しているデモクラシー指数（Index of Democracy）を用いることとする[102]。デモクラシー指数は民主主義を①市民の自由[103]，②政治文化[104]，③選挙の手続きと多元性[105]，④政府の機能[106]，⑤政治への参加[107]という

---

(101) Robert Dahl, *Polyarchy : Participation and Opposition*, Yale University Press, 1972, p.7（ロバート・ダール（前田修・高畠通敏訳）『ポリアーキー』三一書房，1981年，10頁）.
(102) *The Economist Intelligence Unit's Index of Democracy*, 2010.
http://graphics.eiu.com/PDF/Democracy_Index_2010_web.pdf（2013年12月1日確認）
デモクラシー指数に関しては先進諸国を対象とする場合，ばらつきが小さくなるため，従属変数として扱えるものは限定されている。
(103) 設問の例として，自由な電子メディアが存在するか，自由な紙媒体のメディアが存在するか等がある。その他，報道の自由，表現の自由，インターネットにアクセスする自由，結社の自由等。
(104) 設問の例として，安定し機能する民主主義を支えるための社会的な合意と結束力が存在するか，議会や選挙を通さない強いリーダーを望んでいる人口割合がどれくらいいるか等がある。その他，軍事政権に対する認識，専門家に支配されてもいいと考えている人口割合，公共の秩序に対する認識，経済システムに対する認識，民主主義を支持する人口割合，国家と教会の分離等。
(105) 設問の例として，選挙が議会や首相・大統領のためとなっているか，投票の過程に障害があるか等がある。その他，参政権，地方選挙の公正性，法律による平等選挙の保証，政党結成の自由等。

第2章 二院制はデモクラシーにとって有効な制度であるか

五つの部門から審査し、それぞれ0から10点で評価し、その平均値をデモクラシー指数としている。先進19カ国のデモクラシー指数は7.73から9.98までの範囲に位置し、平均値は8.79となっている。

表2-3. 5ヵ国におけるデモクラシー指数5部門の得点

	デモクラシー指数	市民の自由	政治文化	選挙の手続きと多元性	政府機能	政治への参加
日本	8.08	9.41	7.5	9.17	8.21	6.11
フランス	7.77	8.53	7.5	9.58	7.14	6.11
イギリス	8.16	9.12	8.13	9.58	7.86	6.11
ドイツ	8.38	9.12	8.13	9.58	7.86	7.22
イタリア	7.83	8.53	8.13	9.58	6.79	6.11

（注）*The Economist Intelligence Unit's Index of Democracy 2010.* より作成。

表2-3は5ヵ国におけるデモクラシー指数の5部門の得点を表したものである。5ヵ国において最も得点の高い国はドイツの8.38であり、最も得点の低い国はフランスの7.77とされている。市民の自由は17問、政治文化は8問、選挙の手続きと多元性は12問、政府機能は14問、政治への参加は9問という全60問で構成されている。例えば、政治への参加の質問の一つ目は2000年以降の国政選挙への投票率の平均であり、常に70%を超えていれば1点、50%から70%の間であれば0.5点、50%を下回っていれば0点という得点となっている。この政治への参加については、非比例性指数と負の相関関係があり、相関係数は-.581（1%有意）となっており、代表度合いが低下すれば（小選挙区

---

(106) 設問の例として、自由選挙で選ばれた代表者が政府の政策を決定しているか、議会は明確な優越性を持つ最高の政治機関であるか等がある。その他、均衡と抑制のシステムの有無、外国人の影響力、特定の経済団体や宗教団体が影響力を行使するか、政府の説明責任のメカニズムの有無、透明性のある情報提供、政府・政党に対する国民の信頼等。
(107) 設問の例として、ある民族、宗教、その他少数派が政治過程において合理的な自律性の程度や発言権を持っているか、国会議員における女性議員の割合が20%を越えているか等がある。その他、政党や政治的組織の人口割合、デモ参加の人口割合、成人識字率、政治参加への促進活動等。

第4節　民主主義と多数主義的議事運営及び拒否権プレイヤーの関係

制の割合が高まれば)，政治への参加の指数が低くなっていると考えられる。

デモクラシー指数を向上させる要因あるいは低下させる要因を考えていくこととする。まず取り上げる変数として，多数主義的な議事運営および拒否権プレイヤーの数について考えることとする。その後，多数主義的な議事運営については，先ほどの政党制との関係性をみておく。選挙制度が政党制を規定し，政党構成が議事運営のあり方に影響を与える。新制度論的な考え方からすると，二大政党制はより有利なように多数主義的な議事運営を行えるように制度や慣行を変更するはずである。多党制が定着しているならば，議会の制度は多数主義とは異なり，全会一致的な議事運営が多くなっていると考えられる。こうした多数主義的な議事運営はデモクラシー指数を低下させる要因であると予想される。次に，拒否権プレイヤーについてはツェベリスの議論を概観する。その後，拒否権プレイヤーの数がデモクラシー指数に影響を与えているのか確認する。予想としては，拒否権プレイヤーが多い国ほど，政策が安定するため，民主主義の質が向上していると考えられる。

(2)　**政党制と多数主義的な議事運営**

政党制度と議事運営については，異なる文脈で考えられてきたため，二大政党制は多数主義的な議事運営を行っている，あるいは多党制は全会一致的な議事運営を行っているというような議論がなされてこなかった。果たして二大政党制に近づくにつれ，国会の議事手続きは多数主義的となっているのであろうか。そしてまた，多数主義的な議事手続きを行う国家は民主主義国家として高く評価されているのか確認する。

デーリングはアジェンダ（議事運営）に関して，ヨーロッパ18ヵ国を7つの基準から政府与党のコントロールがどれ程及んでいるのかを分類している[108]。7つの基準は①本会議における議事運営権の所在，②予算関連法案に関する政府特権，③委員会に対する議院の先決性，④委員会の法案修正権限，⑤委員会における議事運営権の所在，⑥議事妨害の排除，⑦法案の継続性である。増山はデーリングの7基準を参照した上で，日本の国会の位置づけを明ら

---

[108] Herbert Döring, "Time as a Scarce Resource : Government Control of the Agenda," in Herbert Döring ed., *Parliaments and Majority Rule in Western Europe*, St. Martin's Press, 1995, pp.223–246.

かにし,さらに多数主義の度合いを0から100の範囲に配置し,標準化得点及び因子得点として多数主義的な議事運営の指標を提示している[109]。

表2-4. 多数主義的議事運営の指標と有効政党数及び非比例性指数の相関係数

	多数主義的議事運営の標準化得点	多数主義的議事運営の因子得点	有効議会政党数	非比例性指数
多数主義的議事運営の標準化得点	1	.980**	.547*	-.720**
多数主義的議事運営の因子得点		1	.536*	-.730**
有効議会政党数			1	-.500*
非比例性指数				1

(注) CPデータセット及び増山幹高『議会制度と日本政治——議事運営の計量政治学』木鐸社,2003年,67頁より作成。N=19, **p<0.01, * p<0.05

　表2-4は多数主義的議事運営の指標と有効政党数及び非比例性指数の相関係数を示している。多数主義的議事運営の指標と有効議会政党数及び非比例性指数はそれぞれ相関していることが分かる。有効議会政党数に関して正の相関が見られるのは,多数主義的議事運営の標準化得点及び因子得点ともに,小さい値であるほど,政府与党の権限が強くなるように配置されているためである。そのため,有効議会政党数が多くなれば,多数主義的議事運営ではなくなる傾向にあるといえる。また非比例性指数からは代表の度合いが高まる(非比例性指数が小さくなる)と多数主義的議事運営ではなくなるといえる。つまり二大政党制に近づくほど,議事運営は多数主義的である傾向があることが分かる。

　次にこのような多数主義的な議事運営を行う国家が民主主義国家として高く評価されているのかを確認していく。予測として多数主義的な議事運営は,デモクラシー指数をやや低下させる要因となるのではないかと考えられる。

　図2-5はデモクラシー指数と多数主義因子得点の散布図を描いたものである。

---

[109] 増山,前掲書,61-69頁。本章における「多数主義的」はデーリング及び増山を踏襲し,国会における制度的権限が政府与党に掌握されている程度の強弱を意味する。

第4節　民主主義と多数主義的議事運営及び拒否権プレイヤーの関係

図2-5. デモクラシー指数と多数主義因子得点の散布図

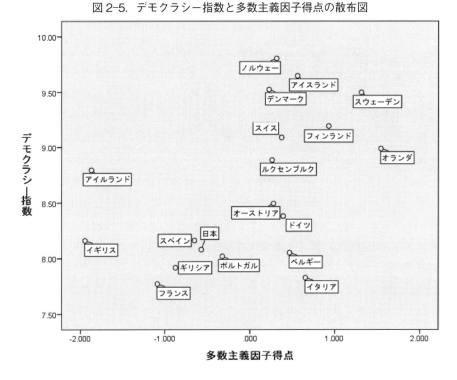

r=.486（5％有意）となっており，右上がりの図となっている。多数主義的な議事運営を行う国家は，デモクラシー指数が少し低くなっていることがうかがえる。

(3) **拒否権プレイヤーの数**

拒否権プレイヤーとは，現状を変更するために合意が必要なアクターのことを指すものであり，近年ツェベリスによりモデル化されてきた[110]。ツェベリスによれば，拒否権プレイヤーの数と位置は政策安定性に影響を及ぼし，新たな拒否権プレイヤーが追加されると現状打破集合のサイズは縮小あるいはそのままとなることを証明している[111]。そして政策安定性とは，現状の変更が困難であることを表すものであり，拒否権プレイヤーの数に加え，プレイヤー間

---

(110) Tsebelis, *op.cit*（ツェベリス，前掲書）．
(111) Tsebelis, *op.cit.*, pp.19-24（ツェベリス，前掲書，25-32頁）．

第2章 二院制はデモクラシーにとって有効な制度であるか

の距離が遠ざかれば政策安定性が増大すると指摘されている。

またツェベリスは，拒否権プレイヤーを個人拒否権プレイヤーと集合的拒否権プレイヤーに区別している。大統領は個人拒否権プレイヤーであるが，委員会や議会は集合的拒否権プレイヤーである。集合的拒否権プレイヤーは決定のために，特定多数制や単純多数制を用いるため，現状を打破する点の集合は単純な円形でなくなるとしている。そして，決定に参加するアクターが集合的拒否権プレイヤーである場合，個人拒否権プレイヤーと比べると政策安定性が低下するとしている(112)。

QoGデータセットでは，拒否権プレイヤーは次のように数えられている。まず大統領制においては，大統領の政党が議会の下院の多数でなければ拒否権プレイヤーとして一加算される。また大統領の政党と協調する政党の左右イデオロギー軸が野党第一党より政策位置が近い場合に拒否権プレイヤーとして一加算される。議院内閣制においては，多数派を形成するために連立政権を組んだ場合の連立与党に拒否権プレイヤーとして一加算される。また連立与党の経済政策の位置が党執行部より野党第一党に近い場合，拒否権プレイヤーとして一加算される。拒否権プレイヤーの変数を扱う上で，拒否権プレイヤーが個人的拒否権プレイヤーであるか，集合的拒否権プレイヤーであるかの区別が必要となるが，この区別はなされていない。さらに，拒否権プレイヤーの政策位置が問題として取り上げられるが，ここではより単純化して，拒否権プレイヤーの数をかぞえるに留まっている。なお，議院内閣制において，上院と下院の多数派が異なる場合，上院に拒否権が存在すれば拒否権プレイヤーとなるが，QoGデータセットの数え方には想定されていない。

表2-5. 19ヵ国の拒否権プレイヤーの数

拒否権プレイヤーの数	2	3	4	5	6
国名	ポルトガル	日本 スペイン ギリシャ	スウェーデン ルクセンブルク	オランダ デンマーク ノルウェー	アイルランド

(112) Tsebelis, *op.cit.*, pp.38-63（ツェベリス，前掲書，50-80頁）.

第4節 民主主義と多数主義的議事運営及び拒否権プレイヤーの関係

		ベルギー イギリス イタリア スイス アイスランド	ドイツ オーストリア	フィンランド フランス	

(注) QoG Standard dataset 2011 より作成。

　表2-5は19ヵ国の拒否権プレイヤーの数を表したものである。拒否権プレイヤーの数は2から6の範囲にあり，最も多い国はアイルランドで，最も少ない国はポルトガルとなっている。ほとんどの国の拒否権プレイヤーの数は3から5であり，日本の拒否権プレイヤーの数は3となっている。
　次に拒否権プレイヤーの数と先ほどのデモクラシー指数との関係をみてみることとする。拒否権プレイヤーの数が増えるにつれ，よりよい民主主義国となると予想される。そこで，デモクラシー指数を5つに分け，拒否権プレイヤーの数とのクロス集計表を作成した。

表2-6．19ヵ国の拒否権プレイヤーの数とデモクラシー指数のクロス集計表

		デモクラシー指数					
		0～7.99	8.0～8.49	8.5～8.99	9.0～9.49	9.5～10	計
拒否権プレイヤーの数	2		1				1
	3	2	4		1	1	8
	4		2	1	1		4
	5	1		1	1	2	5
	6		1				1
	計	3	7	3	3	3	19

(注) QoGデータセット及びエコノミストインテリジェンスユニット2010より作成。R =.452, p<0.10

　表2-6をみると，拒否権プレイヤーの数が増えるにつれ，緩やかであるがデモクラシー指数が高くなっていることが確認できる。実際の相関係数は.452(10%有意) となっており，若干の相関が見られる。

第2章　二院制はデモクラシーにとって有効な制度であるか

◆ 第5節 ◆　民主主義の質を向上させる要因とは

　ここまで，先進諸国においてなぜ民主主義の度合いにばらつきがあるのかを説明するため，多数主義的議事運営と拒否権プレイヤーの数をみてきた。本章の目的は，二院制が民主主義の質の向上に寄与しているのかどうかにあるため，変数に二院制であるかどうかのダミー変数を加え，重回帰分析を行う。予想としては，二院制が採用されているならば，民主主義の度合いが高まると考えられる。さらに，変数にGDPに対する社会保障費を加え，GDPに対する社会保障費がデモクラシー指数にプラスの影響を与えていると予想する。

　回帰分析を行う前にレイプハルトの先行研究について触れておく。レイプハルトはコンセンサス型民主主義が民主主義の質を向上させるとしている[113]。具体的には①有効議会政党数，②最小勝利単独内閣，③執行府の優越性，④非比例性指数，⑤利益集団多元主義，⑥連邦制・分権，⑦二院制，⑧憲法の硬性度，⑨違憲審査，⑩中央銀行の独立性という10変数について因子分析を行い，①から⑤で構成された第一因子を政府・政党次元とし，政府・政党次元が民主主義の質を高めるとしている。従属変数としてポリアーキー指数及びバンハネン指数を第一版では用いている。レイプハルトは自覚的ではあるが，大きく二つのバイアスが生じている。一つ目はポリアーキー指数及びバンハネン指数ともに二大政党制よりも多党制を高く格付けしているということである。バンハネン指数に関しては野党の得票率が指数を構成するため，より大きなバイアスが働いている。二つ目のバイアスは第三世界の民主主義諸国をサンプルに含めることで，傾きが過大となることである。第二版ではこうしたバイアスを回避するため，コロンビア，パプアニューギニア及びヴェネズエラを除き，その代わりにアルゼンチン，韓国及びウルグアイをサンプルに入れている。さらに第二版においては，ポリアーキー指数やバンハネン指数の代わりにエコミストインテリジェンスユニットのデモクラシー指数を用いている[114]。

---

(113) Lijphart, 2012, *op.cit.*, pp.217-220.
(114) Lijphart, 2012, *op.cit.* エコノミストインテリジェンスユニットのデモクラシー指数ではバルバドスとバハマスが欠損値となっているため，34ヵ国での回帰分析となっている。

第5節　民主主義の質を向上させる要因とは

　レイプハルトが因子分析に際して用いた有効議会政党数及び非比例性指数という二変数は，二党制か多党制を測る同様の変数であり，政府・政党次元の5変数のうち二つを占めている。有効政党数及び非比例性指数は政治参加といった従属変数と密接な関係にあるため，本章では独立変数に含めないこととする。

表2-7．19ヵ国におけるデモクラシー指数を従属変数とした重回帰分析

	回帰係数	標準化回帰係数	有意確率
（定数）	9.858		.000
二院制	−.641	−.473	.002
多数主義的議事運営の因子得点	.363	.519	.001
拒否権プレイヤーの数	.205	.326	.015
社会保障費／GDP	−.111	−.550	.000
決定係数R2乗	.828		
自由度修正済みR2乗	.779		
重相関係数R	.910		

　（注）$F_{(4,14)} = 16.83$, $p<.01$. VIFはそれぞれ1.24以下であり，多重共線性は発生していない。

　従属変数のデモクラシー指数に関して，①市民の自由，②政治文化，③選挙の手続きと多元性，④政府の機能，⑤政治への参加という5部門の平均となっているが，5部門は主成分分析により，一次元で説明することができる。主成分分析の結果は固有値3.57，第一因子の寄与率は71.3％となっている。それぞれの第一因子の因子負荷量は，市民の自由は.780，政治文化は.924，選挙の手続きと多元性は.760，政府の機能は.902，政治への参加は.845となっている。5部門の平均値ではなく，因子得点を従属変数とした場合の回帰分析も行ったが，平均値の場合と同様の結果が得られた。なお，コントロール変数としてレイプハルト同様，対数変換した人口及び一人当たりのGDPを含めて重回帰分析を行ったが，結果は同じであり，有意ではなかったため，ここでは対数変換した人口及び一人当たりのGDPを変数に含めていない。
　まず，決定係数R2乗の値は.828となっており，かなりの部分が説明されていることが分かる。次に分析の結果として，予想通りであったのは，多数主義

第2章　二院制はデモクラシーにとって有効な制度であるか

的議事運営と拒否権プレイヤーの数である。多数主義的議事運営ではない国ほど，デモクラシー指数が高くなるといえる。また拒否権プレイヤーの数が多くなれば，デモクラシー指数が高くなることが明らかとなった。予想と反したのは二院制と社会保障費である。二院制に関して，マイナスの係数となっており，二院制を採用している国ではデモクラシー指数が下がる傾向にあることが判明した。同様に，GDPに対する社会保障費が多い国ほど，デモクラシー指数が下がるといえる。

　こうした結果について，二院制であるがゆえに拒否権プレイヤーの数が増えているのではないかと考えた。そこで拒否権プレイヤーの数について，二院制の有無が関係しているのかを確認するため，t検定を行ったところ，有意ではなかった[115]。二院制であるがゆえに拒否権プレイヤーの数が増えているとはいえないことが分かった。

　回帰分析の結果を素直に解釈すれば，二院制より一院制の方が民主主義の質に関して優れており，多数主義的でない議事運営が好ましいといえる。そして拒否権プレイヤーについては，数が多いほど民主主義の質を向上させるといえる。ただし，サンプルは西欧諸国に偏っており，ノルウェー，スウェーデン及びフィンランドといった北欧諸国が入っていることから，一院制であり，社会保障の充実した国家が含まれていることに留意しなければならない。

小　括

　重回帰分析の結果を尊重するなら，一院制を採用することが望ましく，その上で拒否権プレイヤーを増やす制度設計が求められる。しかし，ただちに一院制国会に改革することは現実的に難しくなっている。そして日本においては，参議院が拒否権を持つこと，また参議院における多数派を確保するために連立政権が組まれてきたことを考えると，一院制国会への移行は，拒否権プレイヤー

---

(115) 19ヵ国において，一院制の拒否権プレイヤーの数の平均値は4.08，二院制の拒否権プレイヤーの平均値は3.43となっている。150ヵ国において，一院制の拒否権プレイヤーの数の平均値は2.87，二院制の拒否権プレイヤーの平均値は3.14となっている。19ヵ国及び150ヵ国それぞれt検定を行ったが，いずれも有意ではなかった。

小 括

を減らす改革となりかねないことに注意しなければならない。二院制国会に固執する必要はないが，一院制にする際は，比例代表制を全面的に取り入れることを考えるほか，拒否権プレイヤーが増加するような制度設計にしていく必要があるだろう。

　従属変数として，エコノミストによるデモクラシー指数を用いたが，デモクラシー指数は選挙の手続きや公平性に関する設問が多くなっており，熟議に関する事柄，引いては二院制の目的に関する中長期的な政策見通しに関する事柄が触れられていないため，二院制についてはマイナスの係数が得られる結果となった。また拒否権プレイヤーの数え方について，連立政権を前提として考えており，政府与党と上院が対立関係になる場合を想定していないことから，日本の参議院は特異な位置づけとなり，諸外国とは安易に比較するべきものではないと考えられる。

　レイプハルトの類型で確認したように，日本の参議院はドイツやイタリアに並ぶほど強力な上院となっている。強力な上院であることが，拒否権プレイヤーの数や政策位置にどのような影響を及ぼしているかの議論は未だ発展途上にある(116)。様々なバリエーションの上院がある中で，強力な権限を持つ日本の参議院が拒否権プレイヤーとしてどのような影響を与えているか，個別具体的に検討していくことも今後必要となるだろう。そうした上で，日本の参議院が如何なる機能を担うべきか検討し，参議院改革の方向性を見出していかなければならないだろう。

　次章では，本章の二院制が民主主義の質を引き下げるという結果を踏まえた上で，それでもなお，実際の制度として二院制が採用されているのは，国民の支持があることを示す。経済学的新制度論の立場より，二院制という制度が自然淘汰されるならば，二院制は必要とされず，一院制国家が増えるはずである。もっとも，二院制採用国家は，連邦制を採用していることや，人口・経済規模といった要因が存在する。それらを考慮した上で，なお国民が二院制を求めて

---

(116) ツェベリスは，連立与党が上院を支配していない場合，連立与党が上院を支配するために必要な政党を拒否権プレイヤーとして加えなければならないとしている。そしてカバーしていなかったケースとして，両院が立法に関して拒否権を有しており，議院内における政党それぞれが凝集的でないケースである，と述べるに留まっている（Tsebelis, *op.cit.*, pp.143-145（ツェベリス，前掲書，182頁).）。

第2章　二院制はデモクラシーにとって有効な制度であるか

いることが明らかであるならば，民主主義である以上，二院制を活かす方途を模索する必要があるであろう．

補　論

ここでは，レイプハルトの先行研究の文脈に多数主義的な議事運営と拒否権プレイヤーの数がどのように位置づけられるか確認することとする．第二版ではレイプハルトの測定した年は1981年から2010年となっており，巻末にある値を用いて因子分析を行い，その後民主主義の質を従属変数に回帰分析を行うこととする．

表2-8．19カ国に関する10変数の因子分析

変数	第一因子 政府・政党次元	第二因子 連邦制次元	第三因子 拒否権プレイヤー次元
最小勝利単独内閣形成率	.771	−.089	−.312
執行府優越指数	.746	.051	.030
利益集団多元主義指数	.807	−.111	−.345
連邦制・分権指数	−.382	.841	.052
議院構造指数（二院制）	.019	.834	−.110
憲法硬性度指数	−.607	.477	−.191
違憲審査指数	.307	.641	−.002
中央銀行独立性指数	−.208	.732	.148
多数主義的議事運営の標準化得点	−.805	.036	−.106
拒否権プレイヤーの数	−.075	−.044	.971

（注）バリマックス回転をかけ，4回の反復で収束した．第一因子の固有値3.62，寄与率31.1％，第二因子の固有値2.20，寄与率26.0％，第三因子の固有値1.24，寄与率12.4％となっている．

レイプハルトによる因子分析では第二因子までしか析出されていなかったが，拒否権プレイヤーの数を変数に加えたことにより第三因子まで析出された．有効議会政党数及び非比例性指数を除いても第一因子及び第二因子はレイプハル

補　論

トと同じ方向の因子が析出された。多数主義的議事運営の標準化得点は第一因子に含まれている。多数主義ほど小さい値を採るように作られているため，第一因子の政府・政党次元は多数主義を示すものであると考えられる。レイプハルトは政府・政党次元をコンセンサス型民主主義と位置づけている(117)が，実際は第一因子が多数決型民主主義として現れている。

表2-9．19ヵ国に関するデモクラシー指数を従属変数とした回帰分析

	回帰係数	標準化回帰係数	有意確率
政府・政党次元	−.268	−.505	.037
連邦制次元	−.039	−.058	.772
拒否権プレイヤー次元	.243	.366	.060
決定係数 R2 乗	.647		
重相関係数 R	.804		

（注）$F_{(5,13)} = 4.77$, $p<.05$, VIF はそれぞれ2以下であり，多重共線性は発生していない。

　先ほど析出された三つの因子を独立変数，そしてコントロール変数として対数変換した人口及び一人当たりの GDP を入れ，デモクラシー指数を従属変数に回帰分析を行った。結果は，政府・政党次元が民主主義の質を引き下げる方向に働いている一方で，10% 有意であるが拒否権プレイヤー次元が民主主義の質を上げる方向に働いている。連邦制次元，人口及び GDP については有意ではなかった。この結果を見ると，第一因子が多数決型民主主義を表し，第三因子がコンセンサス型民主主義を表していると考えてもいいのではないだろうか。

---

(117) 巻末データを用いて確認したところ，レイプハルトは第二版において，析出された政府・政党次元の因子得点について，正負の符号の付け替えを行っている。析出された第一因子が多数決型を示す因子であったために，解釈をし易くするために，符号を付け替え，コンセンサス型にしたものであると考えられる。

◆第3章◆　二院制の採否と国民性

はじめに

　「なぜ二院制が採用されているのか」という問いに対して，これまでの政治学における研究では，連邦制であるため，あるいは人口・経済規模が大きいからという理由付けがなされてきた。果たして，二院制を採用する理由は「連邦制，人口・経済規模」という要因だけであるのだろうか。二院制は専制政治に陥ることを防ぐ効果が期待されているが[118]，それは国民が要請しているからではないだろうか。二院制の意義が問われる昨今，二院制を採用する国がどのような国であるか考察することには，二院制の役割を考える上で必要であると考えられる。本章では二院制を採用する理由として，権力の集中を嫌う国民が第二院を求めているという仮説の検証を試みる。
　日本においては近年，一院制への移行が一部において主張されており[119]，二院制自体について見直しの必要が迫られている。ルソーはすべての統治形態は全ての国家に適合するものではないと指摘しており，人口や経済的発展を考慮する必要を述べている[120]。ただし統治形態の選択については歴史的経緯が

---

[118] Riker, *op.cit.*, pp.101-116.
　　野中・中村・高橋・高見，前掲書，81頁。
[119] 『日経新聞』2010年12月21日「2016年までに一院制提言　超党派の議連」。
　　『超党派　衆参対等統合一院制国会実現議員連盟』は2003年結成され，2011年時点で121人の国会議員が参加している（衛藤征士郎オフィシャルブログ「征士郎ブログ」2011年12月29日）。http://seishiro.sakura.ne.jp/weblog/2011/12/129-1.html（2013年12月1日確認）
[120] ジャン・ジャック・ルソー（桑原武夫・前川貞次郎訳）『社会契約論』岩波書店，1954年，110-117頁。

第 3 章　二院制の採否と国民性

大きく関係しており，全ての国家があらゆる制度を選択できるわけではない。このことについてダールは，政治システムはなんらかの意味で独自の歴史を持っており，過去が異なっているがゆえに同一の選択肢をもっていないことを指摘している[121]。

　本章は新制度論の立場から論じることとする。それは二院制を採用するか否かということは，制度の変更を論じることであり，制度論の立場では制度を所与のものと考えるため，制度が与える影響を論じるに留まり，制度自体の変更を論じることはできないからである[122]。具体的にいうと，本章では第 3 節までを機能の果たさなくなった制度は淘汰されると考える経済学的新制度論の立場より検討し，第 4 節では分析の結果を踏まえ，歴史的制度論の立場より論じることとする[123]。

◆ 第 1 節 ◆　仮説の提示とデータセット

(1)　仮説の提示 —— 国民性仮説

　第 2 章第 1 節では，二院制の理論研究を概観し，二院制が多数決ルールの不安定性を回避し，政策に安定性をもたらすことを確認した。二院制が政策の安定性をもたらすことが明らかであれば，制度の採用にあたり，政府は国民の意向を反映させるため，世論の動向を伺うと考えられる。そうしたとき，国民が権力の集中を回避したいと考えている場合，二院制が採用されることになるの

---

[121] Robert Dahl, *Modern Political Analysis*, Prentice-Hall, 1963, p.31（ロバート・ダール（高畠通敏訳）『現代政治分析』岩波書店，2012 年，134 頁。）。
[122] 本章においては二院制を採用するか否かを従属変数として扱うため，因果メカニズムが通常とは逆転することが考えられる。
[123] 制度学派の諸潮流として，社会学的新制度論，経済学的新制度論，歴史的制度論があるとされている。社会学的新制度論では，個人が安定した信念や選好を持ちうることは先験的に制度があるからだとする。社会学的概念は制度の持続性を説明するのに有効である。一方で経済学的新制度論では，個人の信念や選好が先験的に設定され，自律した個人が制度を認知するという前提があるため，制度を個人に対して制約を及ぼすものと捉えられる。経済学的概念は，制度が何らかの機能を果たすために生まれてくると捉え，機能を果たさなくなった制度は淘汰され，場合によっては別の制度に取って代わられることを予測させる。歴史的制度論は，歴史の連続性やダイナミズムを考慮にいれることで，制度の生成を考える立場である（河野勝『制度』東京大学出版会，2010 年，29-75 頁）。

第1節　仮説の提示とデータセット

ではないだろうか。これらの二院制の理論研究より，二院制を採用している理由の仮説として，権力の集中を嫌う国民性が第二院を必要とするという仮説が導出される。もっとも，権力の集中を回避する制度としては，二院制であるかどうかの他，選挙制度や執政制度にも現れると考えられるので，それらをコントロールする必要がある。本章では国民性仮説を提示することとし，権力の集中を嫌う国民性が強い場合，そうした国家において二院制が採用されていることを主張する。

　権力の集中を嫌う国民性を論じるにあたり，権力とは何かという定義付けをしておかなければならないが，権力を定義することは困難である。ダールはコントロール，権力，影響力，権威，説得，強力，暴力，強制などの言葉を「影響力語群」と総称して扱っている(124)。そして影響力語群を自然に対するコントロールではなく，社会に対するコントロールに限定し，影響力を「ひとりまたは複数のアクターの欲求，願望，選好あるいは意図が，ひとりまたは複数の他のアクターの行為または行為への意欲に変化を生じさせるようなアクター間の関係である」としている。本章では権力の定義を留保し，影響力語群の一つとして扱い，以下議論を進めることとする。

(2)　データセットと及び二院制採用国の推移

　データセットとして，世界75ヶ国（64ヶ国）及びOECD32ヶ国（30ヶ国）のデータを用いることとする(125)。対象国は，（アルバニア），アルゼンチン，オーストラリア，オーストリア，バングラディッシュ，アルメニア，ベルギー，ボリビア，ブラジル，ブルガリア，カナダ，スリランカ，チリ，コロンビア，（コスタリカ），クロアチア，キプロス，チェコ，（ベナン），デンマーク，ドミニカ，エクアドル，エルサルバドル，エストニア，フィンランド，フランス，ドイツ，ギリシャ，グァテマラ，ハイチ，ホンデュラス，ハンガリー，インド，インドネシア，アイルランド，イスラエル，イタリア，（ジャマイカ），日本，

---

(124) ロバート・ダール, 2012, 前掲書, 23-24頁。
(125) Jan Teorell, Nicholas Charron, Stefan Dahlberg, Sören Holmberg, Bo Rothstein, Petrus Sundin and Richard Svensson, *The Quality of Government Dataset*, Version 8, 2012. http://www.qog.pol.gu.se/data/datadownloads/qogstandarddata/ （2013年7月5日確認）

第3章 二院制の採否と国民性

<u>韓国</u>, キルギス, ラトビア, リトアニア, (マダガスカル), マラウイ, マリ, <u>メキシコ</u>, ネパール, <u>オランダ</u>, <u>ニュージーランド</u>, ニカラグア, ナイジェリア, (<u>ノルウェー</u>), パナマ, <u>ポーランド</u>, <u>ポルトガル</u>, ルーマニア, ロシア, (シエラレオネ), <u>スロヴァキア</u>, <u>スロヴェニア</u>, 南アフリカ, <u>スペイン</u>, <u>スウェーデン</u>, (<u>スイス</u>), タイ, (トリニダード・トバゴ), <u>トルコ</u>, ウクライナ, (マケドニア), <u>イギリス</u>, <u>アメリカ</u>, ウルグアイ, (ベネズエラ), ザンビアとした[126]。75ヶ国を対象とした場合, 先進国と途上国といった差が考えられるため, コントロール変数としてGDP及び健康に関する社会保障支出を用いる。こうしたコントロール変数を用いたとしても, 先進国と途上国の間では様々な違いが考えられ, 変数無視のバイアスが生じる危険性があるため, 対象国をOECD諸国に限定する。

表 3-1. 二院制採用国の近年の推移

年	二院制採用国数	割合
1985 年	142 ヶ国中 42 ヶ国	29.6%
1990 年	148 ヶ国中 45 ヶ国	30.4%
1995 年	178 ヶ国中 52 ヶ国	29.2%
2000 年	177 ヶ国中 52 ヶ国	36.2%
2001 年	178 ヶ国中 64 ヶ国	36.0%
2002 年	179 ヶ国中 65 ヶ国	36.3%
2003 年	183 ヶ国中 68 ヶ国	37.2%
2004 年	182 ヶ国中 68 ヶ国	37.4%
2007 年	195 ヶ国中 77 ヶ国	39.5%

(出所) 田中嘉彦『シリーズ憲法の論点⑥二院制』国立国会図書館調査及び立法考査局, 2005年, 5頁。2007年については藤本一美『上院廃止——二院制議会から一院制議会への転換』志学社, 2012年, 24頁。

---

(126) 下線はOECD諸国を指す。OECD諸国の内, ルクセンブルクとアイスランドについてはデータの制約によりサンプルに含めることができなかった。括弧書きに付いては, 一部データが欠損している国を指す。

第 2 節　対抗仮説

　藤本によると，1967年の二院制議会と一院制議会の割合は41.1％と58.9％であるとし，一院制を採用している国家は若干増大しているとしている[127]。他方で，田中は直近の20年をみると二院制を採用する国家は増加傾向にあるとしている[128]。

　これらのことから，世界各国の潮流として二院制という制度が一定程度採用されていることが分かる。また世界の4割を占める二院制採用国の説明として，連邦制国家，人口規模及び経済規模という指摘だけでは不十分であることが，この割合よりいえる。

◆ 第 2 節 ◆　対抗仮説 —— 連邦制と人口・経済規模

　対抗仮説の一つ目として，連邦制であるがゆえに二院制を採用しているとする連邦制仮説の検証を行う。連邦制と二院制については，マネーとツェベリスが正統性を評価しているほか，レイプハルト及びヴァッターが連邦制と二院制の関係を論じている[129]。マネーとツェベリスによると，二院制であっても連邦制国家か単一制国家という違いにより，上院に対する評価は分かれてきたという[130]。連邦制国家の場合，上院は代表する構成の違いから地域の利益を代表していることを根拠として正統性が認められ，両院間のパワーバランスが研究の中心となる。一方，単一制国家の場合，上院は産業的利益や商業的利益という特定の利益を代表してきたために，上院の存在自体が疑問視されてきたとしている。

---

(127) 藤本一美『上院廃止 —— 二院制議会から一院制議会への転換』志学社，2012年，24頁。
(128) 田中嘉彦『シリーズ憲法の論点⑥二院制』国立国会図書館調査及び立法考査局，2005年，5頁。
(129) Money and Tsebelis, *op.cit.*
(130) *Ibid*, p26. レイプハルト，前掲書，194頁。Adrian Vatter, "Lijphart Expanded: Three Dimensions of Democracy in Advanced OECD Countries?," *European Political Science Review*, Vol.1, No.1, p.154. もっともレイプハルトとヴァッターのサンプルは似通っており，ヴァッターはOECD23ヵ国に限定していることに留意する必要がある。

第 3 章　二院制の採否と国民性

表 3-2. 国家形態と二院制の分布状況

	二院制ではない	二院制	合計（ヵ国）
連邦制	14	29	43
単一国家	83	37	120
合計（ヵ国）	97	66	163

（注）QoG Standard dataset 2011 より作成。

　表 3-2 は世界 163 ヵ国の国家形態と二院制の分布を表したものである。163 カ国のうち二院制を採用していない国家は 97 カ国（59.5％）であり，二院制を採用している国家は 66 カ国（40.5％）となっている。二院制国家のうち連邦制国家は 29 カ国（43.9％）であり，単一国家は 37 カ国（56.1％）となっており，単一国家でありながら，二院制を採用している国の方がやや多いことが伺える。しかしながら，単一国家の上院は常にその存在を疑問視されてきた傾向にある。

　二院制議会における議院間の権限関係の研究において，アメリカのような連邦制国家の上院は合理的で強力なものであるとみなされてきたのに対し，ヨーロッパのような単一制国家の上院は弱く余分なものであるとみなされてきた[131]。連邦制国家における上院は州代表の利益を反映する機関であるとして，より正統性を確保してきたと考えられる。この立場からは，フランスのように第二院が地方政府の意見を反映する場として認識されているなら有益なものとみなされ，一方で日本のように明確な地方政府の代表でないという場合は余分な第二院であると考えられる。フランスは単一制国家であるが，上院の正統性を確保するために憲法において，「元老院は，共和国の地方公共団体の代表を確保する[132]」と明記している。他方，日本の憲法第 43 条では「両議院は，全国民を代表する選挙された議員でこれを組織する。」とされており，単一国家でありながら，両議院ともに公選であり，明確に異なる利益を代表することを明記していない。貴族院と比べ，公選になって以降上院の民主的正統性は確保されているものの，どのような利益を代表する機関であるか不明確であるがゆえに，上院設置の正統性に欠けていると認識される。

---

(131) Money and Tsebelis, *Ibid*, p26.
(132) フランス第 5 共和国憲法第 24 条 4 項

対抗仮説の二つ目として，経済規模及び人口規模が一定以上であれば二院制であるとする経済規模・人口規模仮説を検証する。増山によると，国家規模の大きい国では概ね二院制が採用されており，欧米先進諸国では，人口が1200万人以上，GDPが3000億ドル以上であれば二院制でない国はないとしている[133]。

こうした二院制の連邦制仮説，人口・経済規模仮説に関して，マスコットは一院制の側から説明を行っている[134]。マスコットは一院制を採用する理由として，連邦制及び人口について次のように指摘している。一院制議会の説明として，連邦制がないことであり，20の連邦国家の中で3カ国（セントキッチネヴィス，ミクロネシア，ベネズエラ）以外が二院制を設けているとしている。次に考えられる独立変数が人口規模であり，500万人以下の人口では77カ国中55カ国が一院制であると指摘している。

◆ 第3節 ◆ 二院制を求める国民性とは

二院制を求める国民性として考えられることは，権力の集中を嫌う性質であり，政治に対して不信を一定程度抱いている国民性である。それは制度から考えると，自治・自立を重視する連邦制を採用する傾向にあると考えられる。ただし，単一国家においても，権力の集中を嫌い，政治に対する不信を抱く国民性は少なからず存在していると予想される。

権力の集中を嫌う国民性を測定することは困難であるため，本章では国民性仮説を検証するにあたり，いくつかの変数を検討することにする。国民性仮説を示す代替変数として，メディアを信頼しているかどうか[135]，メディアが自由な報道を行なっているか[136]，市民が活動的か（市民参加指数）[137]という変数を代用する。また政治・政府に対する不信を測るために，腐敗認識指数[138]

---

(133) 増山，前掲論文，46頁。
(134) Louis Massicotte, "Legislative Unicameralism: A Global Survey and a Few Case Studies," *The Journal of Legislative Studies*, Vol.7, No.1, 2001, pp.152-153.
(135) Cynthia English, *Quality and Integrity of World's Media Questioned*, Gallup Poll, 2007.http：//www.gallup.com/poll/103300/quality-integrity-worlds-media-questioned.aspx
（2013年11月29日確認）

第 3 章　二院制の採否と国民性

及び政府の有効性(139)を用いることとする。

(1)　国民性仮説に関する変数及びコントロールの検討

　まず，一つ目の独立変数として扱うメディアへの信頼から検討していく。メディアと権力の集中を嫌う国民性は関係性が薄いように考えられるが，メディアは第三の権力とも称されるほどの権力を陰で有しており，政府の不正などを追及するのに役立っている。国民が政治に対して不信を抱き，メディアによって監視し，不正を追及することを考えれば，メディアへの信頼が国民性を示す指標となりうると考えられる。

　メディアに対する信頼を論じるにあたり，信頼とは何を指すか簡単に触れておくと，フクヤマの定義では，信頼とはコミュニティーの成員たちが共有する規範に基づいて規則を守り，誠実に，そして協力的に振る舞うということについて，コミュニティー内部に生じる期待であるとされている(140)。さらに信頼社会の重要性は経済を発展させることに加え，社会生活及び政治生活においてより重要であることを指摘している(141)。このように信頼という概念の重要性は指摘されており，メディアへの信頼に関する調査がギャラップ調査により行われている。ギャラップ調査では，2005 年及び 2006 年に 128 カ国を対象に，メディアの質と誠実さについて信頼できるかどうかを，それぞれの国の 15 歳以上の約 1000 人の国民を対象に電話調査及び対面インタビューを用いて調査している。

---

(136) Cynthia English and Lee Becker, *Two-Thirds Worldwide Say Media Are Free in Their Countries*, Gallup Poll, 2012.
　http://www.gallup.com/poll/153455/two-thirds-worldwide-say-media-free-countries.aspx（2013 年 11 月 29 日確認）
(137) Cynthia English, *Civic Engagement Highest in Developed Countries*, Gallup Poll, 2011.http://www.gallup.com/poll/145589/civic-engagement-highest-developed-countries.aspx（2013 年 11 月 29 日確認）
(138) 腐敗認識指数（Corruption Perceptions Index（CPI））についてはトランスペアレンシー・インターナショナルが公開しているデータを用いている。http://cpi.transparency.org/cpi2012/results/（2013 年 11 月 29 日確認）
(139) 世界銀行によって政府の有効性（Government Effectiveness）が算出されている。
　http://info.worldbank.org/governance/wgi/index.asp（2013 年 12 月 1 日確認）
(140) フランシス・フクヤマ（加藤寛訳）『「信」無くば立たず』三笠書房，1996 年，63 頁。
(141) 同書，507 頁。

二つ目の独立変数として，メディアが自由な報道を行っているかを取り上げる。これはメディアへの信頼と同様に，メディアを醸成する国民性があれば，メディアによる自由報道がなされ，それが権力の集中を嫌う国民性を表すと考えられるからである。ギャラップ調査では2010年に133カ国を対象に，この国のメディアは自由さを持っているかどうか，それぞれの国の15歳以上の約1000人の国民を対象に電話調査及び対面インタビューを用いて調査している。

コントロール変数として，健康に関する社会保障費，有効議会政党数及び議院内閣制・大統領制・半大統領制であるかを考慮している。健康に関する社会保障費を入れるのは，先進国と途上国との発展の度合いを社会保障の面からコントロールするためである。また有効議会政党数は，選挙制度の違いをコントロールするために入れている。最後に行政府の統治形態が議院内閣制か，大統領制か，半大統領制かをコントロールするのは，議院内閣制であるからといって単一国家ではないこと，同様に大統領制であるからといって連邦制国家ではないことを考慮して変数に含めている。また議院内閣制は議会と政府の間の権力の分離を認めておらず，あらゆる権限を共有するシステムであるとされている[142]。

◆ 第4節 ◆　分 析 結 果

メディアへの信頼と不信は表裏の関係と考えられるが，権力集中を嫌う場合はメディアを好み，政治不信を抱く場合はメディアに対しても懐疑的になると考えられるため，双方の変数を別のものとして取り扱っている。メディアへの信頼，メディアへの不信，メディアの自由報道，腐敗認識指数，市民参加指数及び政府の有効性というそれぞれの変数を合成し，国民性を抽出することとした。

---

[142] サルトーリ，前掲書，115頁。

第3章 二院制の採否と国民性

表3-3. 因子の合成（主成分分析-回転後）

	75ヶ国		OECD32ヶ国	
	有能な政府因子	メディア不信因子	有能な政府因子	メディア信頼因子
メディアへの信頼	0.067	－0.972	0.340	0.925
メディアへの不信	0.097	0.967	－0.119	－0.986
メディアの自由報道	0.869	－0.214	0.876	0.211
腐敗認識指数（CPI）	0.934	0.186	0.904	0.241
市民参加指数（CEI）	0.701	－0.096	0.845	0.101
政府の有効性（GE）	0.903	0.242	0.903	0.271

（注）バリマックス回転をかけ，いずれも3回の回転で収束した。75ヶ国に関して第一因子の固有値は2.980であり，寄与率は49.7％である。第二因子の固有値は1.999であり，寄与率は33.3％である。32ヶ国に関して第一因子の固有値は3.946であり，寄与率は65.8％である。第二因子の固有値は1.312であり，寄与率は21.9％である。

主成分分析の結果を表3-3にあらわしている。第一因子にはメディアの自由報道，腐敗認識指数，市民参加指数，政府の有効性が現れた。そのため第一因子を有能な政府因子と名付ける。第二因子についてはメディアへの信頼とメディアへの不信が現れている。75ヶ国の方ではメディアへの信頼が負の方向に現れている一方で，32ヶ国の方では正の方向に現れている。それぞれをメディア不信因子，メディア信頼因子とする。

表3-4. 二院制を採用しているかどうかを従属変数としたロジスティック回帰分析の結果（64ヶ国，75ヶ国）

	モデル1			モデル2		
変数	偏回帰係数	Wald	オッズ比	偏回帰係数	Wald	オッズ比
有能な政府因子	.229	.117	1.258	—	—	—
メディア不信因子	－1.196	5.639	.302**	—	—	—
メディアへの信頼	—	—	—	.070	6.144	1.073**
連邦制を採用しているかどうか	2.334	7.469	10.316***	1.726	6.584	5.617**
人口（対数）	.729	1.052	2.073	.198	.311	1.219

第4節 分析結果

GDP (対数)	.343	.270	1.410	.623	3.582	1.865*
健康に関する社会保障費(政府支出)	.021	2.870	1.021*	.011	1.463	1.011
有効議会政党数	-.247	.804	.781	-.402	3.076	.669*
議院内閣制を採用しているかどうか	1.325	1.944	3.760	1.296	2.701	3.656
半大統領制を採用しているかどうか	1.131	1.033	3.098	.970	1.258	2.637
定数	-22.732	7.767	.000***	-23.181	13.741	.000***
Nagelkerke R 二乗	0.565			0.472		
N	64			75		

(注) *は10%有意, **は5%有意, ***は1%有意を示す. モデル1における二院制を採用している国家は33ヶ国 (51.6%), モデル2における二院制を採用している国家は37ヶ国 (49.3%) である. メディア不信因子と人口, GDP, 社会保障費, 有効議会制頭数の間に相関関係がないことを確認している. なお, 1000回のブートストラップ法によっても同様の結果が得られている.

　表3-4は二院制を採用しているかどうかを従属変数としたロジスティック回帰分析の結果を表している. モデル1は合成した二因子（有能な政府因子及びメディア不信因子）を入れている. それに対し, モデル2は合成前のメディアへの信頼をそのまま変数として入れている. モデル1の結果, 有意となっている変数はメディア不信因子, 連邦制, 及び健康に関する社会保障費である. 対抗仮説である連邦制は有意であることが再検証された. ただし, 人口及びGDPはモデル1においては有意になっていないが, モデル2においては, GDPは10%有意で正の係数が得られている. モデル2によると, 連邦制は二院制を採用する確率を5.617倍高め, GDP（経済規模）は1.865倍二院制を採用する確率を高めることが判明した.

　メディア不信因子については, 一院制を採用する確率が高まることが明らかとなった. これはメディアを嫌う国民性が見受けられる場合, 一院制を志向することを意味している. 他方, モデル2を確認すると, メディアへの信頼が二院制を採用する確率を1.064倍高めることが分かる. これはモデル1とは逆の解釈で, 国民がメディアを通じた監視社会を求めるものであり, その場合は二

第3章　二院制の採否と国民性

院制を志向すると考えられる。

　また，健康に関する社会保障費も有意となっており，注目する必要がある。モデル1及びモデル2のいずれにおいても，社会保障費の割合が二院制を採用する確率を少し高めるといえる。これは社会保障を重視する国では，政策の安定を求め，二院制を志向する傾向にあることを示唆している。

　第三の権力と称されるメディアを信頼する国民性が二院制を求めていることが確認された。このメディアを信頼する国民性とは一体どういうものなのか，少し検討を加えることとする。人口・経済規模が一定以上となると，政府に対する信頼は弱まると考えられる。規模の拡大は政府を何らかの方法により監視する必要が高まること意味しているといえる。通常，政府に対する監視は，国会においては野党が担い，選挙を通じて有権者が担うこととなる。しかし有権者の担う行政府監視には資源やコストといった面において限界がある。そこで有権者は行政府監視の一端をメディアに依存しているのではないだろうか。そして行政府監視が必要であるとする国民性はメディアを信頼し，政治に対する安定志向，すなわち二院制を求めているのではないだろうか。

　このようなメディア不信（あるいはメディア信頼），または社会保障費が二院制と関係しているのか，OECD諸国に限定して確かめることとする。

表3-5．二院制を採用しているかどうかを従属変数としたロジスティック回帰分析の結果（OECD32ヶ国，34ヶ国）

変数	モデル3			モデル4		
	偏回帰係数	Wald	オッズ比	偏回帰係数	Wald	オッズ比
有能な政府因子	1.666	1.196	5.289	—	—	—
メディア信頼因子	3.634	4.901	37.846**	—	—	—
メディアへの信頼	—	—	—	.443	5.103	1.557**
連邦制を採用しているかどうか	2.160	1.583	8.673	2.650	2.201	14.150
人口（対数）	1.799	.347	6.045	1.723	.451	5.599
GDP（対数）	1.443	.289	4.233	2.601	1.011	13.471
健康に関する社会保障費（政府支出）	.070	3.552	1.072*	.085	4.423	1.089**

定数	−71.195	3.293	.000*	−120.603	4.076	.000**
Nagelkerke R 二乗	0.787			0.845		
N	32			34		

(注) *は 10% 有意，**は 5% 有意，***は 1% 有意を示す。モデル 3 の二院制を採用している国家は 18 ヶ国（60%），モデル 4 の二院制を採用している国家は 19 ヶ国（59.4%）である。

　OECD 諸国に限った分析の結果を表 3-5 に表している[143]。モデル 3 及びモデル 4 において，75 ヶ国（64 ヶ国）の分析と同様の結果が得られたといえる。モデル 4 の結果より，メディアへの信頼が二院制を求めているといえ，メディアへの信頼は二院制を採用する確率を 1.557 倍に高めることが分かる。これは権力の集中を嫌う国民性を，メディアへの信頼が表していると考えられるのではないだろうか。

◆ 第 5 節 ◆　経路依存性の検討

　ここまで二院制を採用するかどうかということを，新制度論の立場から論じてきたが，新制度論の立場からは，制度採用の歴史的経緯が明らかにならないという限界がある。本節では，日本の二院制採用に至る経路を概観することから，権力の集中を嫌う国民性仮説と整合的であるかを確かめることとする。経路依存性は各国によって様相が異なっており，第二院であっても，公選である国，任命制である国，または貴族院である国と様々な形態がある。経路依存性と国民性仮説の整合性を確かめるために，二院制に関する世論調査の結果及びマスメディアへの信頼に関する世論調査の結果をみていくこととする。

(1)　二院制に関する世論調査

　日本においては，一院制を求めたマッカーサー草案に対して，帝国議会では貴族院が設置されていたことから，第二院の必要性を訴え，設置したという経緯がある。第二院設置の要請は，政府や政治家だけの要請ではなく，世論の支持があったことを確かめる。1945 年 10 月 25 日より憲法問題調査委員会が設

---

[143] サンプルサイズが小さく，有効議会政党数や議院内閣制を採用しているかといったコントロール変数を含めると，いずれの変数も有意とならないため，変数から除外している。

第3章　二院制の採否と国民性

置され，帝国憲法の改正が模索されることとなる。その後，1946年2月8日に日本政府がGHQに憲法改正要綱を提出している。この間の1945年末に情報局世論調査課が共同通信社に委託して行なった世論調査がある[144]。5000通の調査票を作成し，政界，学界，官界，教育界，実業界，宗教界，法曹界，勤労者層，学生層，女性層など13方面に配って回答を求め，2400の回答を得ている。その結果は，「現行貴衆両院制を支持（61），2.5％」，「貴族院を廃止し単一国民議会を支持（420），18％」，「貴族院を職能代表議院とする（519），22％」，「公選の知事，職能代表，学識者をもって第二院を構成せしめる（1082），45％」となっている（括弧内は回答数を示す）。一院制を支持するものは18％である一方，二院制を支持するものは69.5％であることが分かる。このことから，二院制の採用については世論の支持があったことが示される。また同様の世論調査として，1953年に読売新聞が「参議院の諸問題」について世論調査を行なっている[145]。設問として，「日本国内の一部には参議院を廃止して衆議院だけにした方がよいという意見もありますが，あなたはこの意見に賛成ですか，反対ですか。」という問いがあり，結果は「賛成9.1％，反対28.5％，現状のままでよい38.9％，わからない13.5％」となっている。一院制を支持するものは9.1％である一方，二院制を支持するものは67.4％であり，情報局世論調査課の調査とほぼ同様であるといえる。

　こうした二院制支持が多数を占める状況は現代においても，変わっていないのかを確認する。直近の二院制支持かどうかを聞いた世論調査に，2013年3月30日・31日に実施された読売新聞の世論調査がある[146]。設問として「憲法は，国会に衆議院と参議院を置くことを定めています。この二院制のあり方について，次の中からあなたの考えに最も近いものを，1つだけあげて下さい。」という問いがあり，結果は「衆議院と参議院を合併して一院制にする30％」，「二院制を維持し，衆議院と参議院の役割や権限を見直す40％」，「今のままでよい24％」，「その他1％，答えない6％」となっている。一院制を支持するものは30％である一方，二院制を支持するものは64％であり，一院制を支持す

---

(144)　佐藤達男『日本国憲法成立史』第2巻，有斐閣，1964年，940–942頁。
(145)　『読売新聞』1953年3月31日「参議院の諸問題」。n=2580，回収率8割5分弱。
(146)　『読売新聞』2013年4月20日「憲法・世論調査」。n=1472，回収率49％。

る割合が1946年や1953年の調査よりもやや高くなっている。これはねじれ国会の影響で，決められない政治というイメージが定着しているためであると考えられる。しかし，ねじれ国会の影響があったとしても，依然として二院制を支持する世論が多い。

　次にメディアの信頼に関する日本の世論調査をみていくこととする。日本においては新聞通信調査会がメディアに関する全国世論調査を2008年から行っている[147]。直近の2012年の信頼度について，各メディアの情報をどの程度信頼しているかを，全面的に信頼している場合は100点，全く信頼をしていない場合は0点，普通の場合は50点として点数化したところ，平均点が最も高かったのは「NHKテレビ」で70.1点，次いで「新聞」が68.9点，「民放テレビ」が60.3点，「ラジオ」58.6点，「インターネット」が53.3点となっている[148]。なお，新聞通信調査会では，新聞と政治の関係について調査しており，「新聞は政治や社会の不正を追及している」と答える人が最も多いという結果が出されており，肯定的に捉える層は42.0％（n=3404）いることが明らかにされている。

小　括

　本章においては，二院制が採用される理由として，権力の集中を嫌う国民性が第二院を求めているという国民性仮説の検証を行なってきた。分析の結果，メディアを信頼する国民性が二院制を求めているという結果が得られた。二院制が採用される理由として，これまで連邦制国家であることの他，人口規模・経済規模が指摘されてきたが，本章では，人口規模・経済規模は二院制と関係があるものの，二院制を採用する確率を高めるものではないことを示し，連邦

---

[147] 直近の世論調査として，新聞通信調査会「メディアに関する全国世論調査」2012年がある。http://www.chosakai.gr.jp/notification/pdf/report5.pdf（2013年12月1日確認）

[148] 2008年の調査では，「NHKテレビ」が74.0点，「新聞」が72.0点，「民放テレビ」が65.4点，「ラジオ」63.6点，「インターネット」が58.0点と，2012年調査より全体的に高い得点となっている。ただし，全体的な傾向は変わっておらず，メディアを信頼している割合が高いことがうかがえる。新聞通信調査会「メディアに関する全国世論調査」2008年。http://www.chosakai.gr.jp/notification/pdf/report.pdf（2013年12月1日確認）

第 3 章　二院制の採否と国民性

制とメディアへの信頼が二院制を採用する理由であると結論付けた。

このことから一院制への移行を議論する際，民意が一つの理由としてより積極的に取り上げられて良いようにおもわれる。たとえ連邦制国家でなくても，国民が権力の集中を嫌いメディアを信頼するのであれば，国民は国会に対して効率性より慎重さを求めていると考えられる。国民が第二院に慎重さを求めている以上，参議院を決められない政治の元凶であるとし，廃止しようとするより，参議院には衆議院と異なる役割を求める方が建設的な議論が行えるだろう。

第 1 章から第 3 章を通して，二院制が機能しているかどうかを検証してきた。その結果，二院制は国民によって求められているといえるものの，民主主義の質を引き下げる要因であるということが明らかとなった。しかし，二院制は民主主義の質を引き下げる要因となるといえるものの，日本において，一院制議会を導入せよと，性急な結論を導いて良いのかどうか，慎重に検討する必要がある。それは，日本の参議院は，法案に関して衆議院と同様の強い権限があり，これまでの政府与党は，参議院での過半数を占めるため，連立工作を行ってきたという経緯があるためである。参議院で過半数を占めるための連立政権の存在は，参議院が拒否権プレイヤーとなっていることを示すものであるといえる。そのため，性急な一院制への移行を掲げるより，より慎重に，参議院機能を検証する必要があるといえる。

国会の役割の一つとして行政府監視機能が挙げられ，特に参議院にはその任期や構成から衆議院よりも行政府監視機能が求められている。なぜ国会の役割のうち，行政府監視機能に着目するのかというと，立法機能については既に十分に論じられてきたと考えられるからである[149]。さらに審議機能については，立法機能と関連して，福元により論じられているが，国会審議を時間で捉えており，質的な研究については十分であるとは言い難い[150]。それに加え，審議機能をいかに定義し，捉えるかについては，シュタイナーらの研究があるもの

---

(149) 立法機能を分析した研究として，増山，2003 年，前掲書，福元，2000 年，前掲書，川人，前掲書等がある。

(150) 福元はクラスター分析を行い，法案を①審査回数を積み重ね，反対政党度数や重要法案が多い「討議型審議様式」，②審議が引き延ばされるだけの「粘着型審議様式」，③審議が簡単に済まされ与野党対立が少ない「標準型審議様式」の三つに分類している（福元，2003 年，前掲書，102 頁）。

小 括

の，コンセンサスが得られているとはいえない⁽¹⁵¹⁾。そこで，日本の国会研究において残されている課題は，衆参両院の審議機能を含む行政府監視機能の検証であると考えた⁽¹⁵²⁾。本書では，審議機能を理事会協議回数，審議時間（審議量），および質疑の種類の豊富さにより捉える。他方，行政府監視機能を速記中止回数，火災報知器型監視・パトロール型監視に関する語，および首相答弁に現れる追及の強さによって捉えることとする。

本書の第4章から第8章では，行政府監視機能の検証を行い，参議院の行政府監視機能が衆議院にすら劣るといえるような現状であるならば，参議院廃止を含む抜本的な改革が必要であるとの結論を導く。一方で，参議院には衆議院よりも行政府監視機能があるといえるのならば，参議院を存続させ，さらなる行政府監視に特化した改革が求められるという結論を導くこととする。そこで第4章からは，行政府監視の現状を明らかにし，衆参両院の比較を行う。

もっとも，行政府監視の担い手は，衆議院，参議院の他，有権者が考えられる。これを示したものが表3-6である。この内，行政府監視機能は，ウェストミンスターモデルの観点から野党が政権与党の政治的責任を追及する政権監督機能と，官僚に対する行政監視機能に分けられる⁽¹⁵³⁾。続く第4章では，制度的に保障されている国政調査権に限界があることを示す。第5章以降では，委員会審査の中でも国政調査に焦点を当てて分析を行う。第5章では，予算委員会を分析対象とし，与野党対立の観点から行政府監視機能の中でも政権監督機能について，衆参両院の比較，検討を行う。そこでは二院制であるがゆえに，二度に及ぶ追求を行うことによって，行政府監視がなされていることを示す。

---

(151) Steiner, *op.cit.*, pp.43-73.
(152) ポルスビーによると，イギリスのようなアリーナ型議会には，審議機能，行政府監視機能のほか，争点明示機能が求められるとされている（Nelson W. Polsby, "Legislature", in Fred I. Greenstein and Nelson W. Polsby eds., *Handbook of Political Science*, Vol.5, Addison-Wesley, 1975, pp.277-298.）。もっとも，争点明示機能は，変換型議会の立法機能に対応して，野党側が法律を作るよりも，政権交代を目的として有権者に争点を明示するものである。行政府監視の観点から考えると，政権交代を目的として有権者に訴えるのは，政権監督機能であるといえる。よって，立法機能に着目した争点明示機能に関する分析は行わず，政権監督機能に関する分析を行うこととする。
(153) 河島太朗「イギリス議会における行政監視」『外国の立法』第255号，2013年，42-67頁。

第 3 章　二院制の採否と国民性

表 3-6．行政府監視機能とその担い手

代理人＼本人	国会		有権者
	衆議院	参議院	
政権監督機能（与党）	政治責任の追及 （政治スキャンダル等）	政治責任の追及 （政治スキャンダル等）	選挙 世論の形成 メディアを通じた監視
行政監視機能（政府・官僚）	火災報知器型監視 パトロール型監視	火災報知器型監視 パトロール型監視	

（注）McCubbins, Mathew and Thomas Schwartz, "Congressional Oversight Overlooked: Police PatrolsVersus Fire Alarms," *American Journal of Political Science*, Vol. 28, No. 1, 1984. 及び河島太朗「イギリス議会における行政監視」『外国の立法』第 255 号，2013 年。をもとに作成。

　第 6 章では国会による行政監視機能を，第 7 章では国会による政権監督機能を，第 8 章では有権者による行政府監視機能を検証することとする。

◆第 4 章◆　国政調査権行使の態様とその限界

はじめに

　議会の役割は，立法機能そのものから国政に関する情報収集と公開，国民への争点明示，そして行政府に対する監視へ重点が移行していると言われて久しい(154)。それは議院内閣制の構造の下では，立法機能の多くが政府の手に委ねられているのが現状であり，議会の機能は政府を批判することに限定されるからである(155)。このように，議会の役割が立法機能から行政府監視機能へ重点が移行しているとして，議会はいかなる形で政府を統制しているのであろうか。議会が行政府監視を行う手段として，大石は①政府の中央各省に対応するような形で設けられた常任委員会制度，②大臣・内閣に対する質問，③国政調査権の発動，④大臣・内閣に対する非難決議・不信任決議，⑤内閣任命人事同意制度に整理している(156)。この中でも，とりわけ国政調査権の発動は強制力を伴うことから，一般の調査とは区別された特別な意義を有するといえる。

　国政一般に関する調査を行う上で強制力を伴う国政調査権は，国会の行政府監視機能を考える上で，第一に検討すべき事項であるが，実際に行われた 1950 年以降の国政調査権の発動はその数自体が少なく，証人喚問は政治ショーであ

---

(154) 藤馬龍太郎「議会の役割と国政調査権の機能」『公法研究』第 47 号，1985 年，81-82 頁。
(155) 議院内閣制の構造より，大臣，副大臣，及び政務官は政府側に位置するが，それ以外の国会議員は立法機能の担い手といえども，立法機能が中心的役割とは言い難い。この背景には，議事運営権の所在が政府にあり，多数主義的な立法が行われているという増山の議論が存在する。増山幹高，前掲書，2003 年。
(156) 大石眞『憲法講義Ⅰ［第 2 版］』有斐閣，2009 年，148 頁。

第4章 国政調査権行使の態様とその限界

ると認知され，機能しているとはいい難い状況にある。国政調査権が発動されない原因の一つは，各議院において過半数の議決が必要なためである。通常，国政調査の実施主体は委員会が担うこととなっており，近年のねじれ国会においてその活用が期待されたが，十分に用いられておらず，与党側から譲歩を引き出す取引材料の一つとして用いられた印象が強い。議院内閣制のもとでは，衆議院において多数派を構成する与党が行政統制のために国政調査権を行使することはほとんどなく，与党がイニシアティブを取って行使する場合は，議員の政治責任追及のためよりも，真相究明のために用いられる傾向がある。そのため，行政府監視の担い手の中心は野党であり，参議院において野党が過半数を占めるねじれ国会においてのみ，行政統制として国政調査権が行使されうるのである。2007年に生じたねじれ国会の際，民主党は国政調査権を徹底的に行使する姿勢を見せていたが[157]，十分に行われてはいない。この背景には，与党側が国政調査権の発動を回避したいがために，野党側に対して積極的に情報提供を行ったこと，他方で野党側は実際に国政調査権を行使するよりも，存在をちらつかせて情報を入手する方が有益であると考えたことが関係していると考えられる。こうしたことから，十分な国政調査権の行使には至らなかったものと考えられる。

　国政調査権に関する論議は憲法学において主になされており，政治学からの研究はほとんど見受けられない。憲法学における研究がなされているのは，主に学説の対比や司法権との兼ね合いであり，判例に関する研究が中心となっている。他方で，政治学からの研究が見受けられないのは，国政調査権の実効性に疑いが持たれており，政治学研究の対象としては適していないと考えられているためであるとおもわれる。しかしながら，憲法学における研究には限界があるからこそ，政治学的観点から国政調査権を捉えることに意義が見出されるといえる。本章では，国政調査権が十分に活用されていないのは何故か，またいかなる条件の場合に活用されうるのかを明らかにする。そうすることで，国政調査権の活用に向けた新しい発見に繋がるといえるだろう。

　これらの国政調査権に関する活用状況および政治学的観点からの論議が少な

---

[157]『読売新聞』2007年8月6日「国政調査権を積極活用　民主，参院で年金資料の提出求める」

いという状況を踏まえ，本章の構成は以下とする。まず第4章第1節において国政調査権の性質を概観したあと，第4章第2節で国政調査権行使の様態を明らかにする。具体的には，いくつかの事例を取り上げ，国政調査権が行使されたときの条件・目的，あるいは行使されなかった場合の条件を明らかにすることを試みる。ここでは，国政調査権の行使が証人喚問と資料提出要求に分けられることから，分けて取り上げることとする。次に，第4章第3節で国政調査権の態様が衆参の議院で異なっているかを明らかにする。そして，第4章第4節において，ねじれ国会における国政調査権の行使および不行使について，その背景とともに明らかにする。最後に小括として，今後の国政調査権の活用に向けた政策提言を示し，締め括る。こうした政治学的事例分析を行うことで，国政調査権がどのような目的で，いかに運用されているのかが明らかとなる。もし国政調査権が政争の具として用いられているのであるのならば，実効的な行政統制のためにいかなる制度的変更が必要であるのか，若干の検討を加える。

◆ 第1節 ◆ 　国政調査権とは

　国政調査権の本質に関する議論は，浦和事件以降，活発になされ，議論の尽くされた内容であるといえる。しかし，国政調査権行使の態様を考えるうえで，独立権能説と補助的権能説の対比を概観することは，国政調査権行使の限界を知るうえで意義のあることであると考えられる[158]。そこで，まず国政調査権の本質について，これまでの議論を概観することとする。

　国政調査権は，憲法第62条をもとに，両議院が国政に関する調査を行うことができるとするものである。国政調査権の目的は，行政に対する統制を実効的に行使するため，また，立法の準備，議員の政治責任の追及，国民への情報提供を行うためであり，その行使の手段は証人喚問・参考人招致と国会法第104条に基づく資料提出要求で構成される[159]。孝忠は国政調査権が3つの作

---

(158) 国政調査権に関する学説は，補助的権能説及び独立権能説に加え，知る権利から捉えるアプローチ，行政統制が本来的権能であると捉え国政調査権を独立した権能であるとする新独立権能説が提示されている。奥平康弘「国政調査権」『自由と正義』第27巻10号，1976年。大石，前掲書，2009年，151-152頁。

第4章 国政調査権行使の態様とその限界

用で構成されていると説明している(160)。それは①国民代表機関として，政府・行政統制権を行使する，②国民の前に事実を明らかにする，③国民代表機関として自浄能力を発揮する，の３つであり，政府に対する議会的統制権とし，議院での討議・議決のあり方に主権者＝国民の統制が及ぶとともに，国会・議院の決定が政府と行政によって適正に執行されているかどうかを監視するシステムの一つであるとしている(161)。

国政調査権の性質は学説上，独立権能説と補助的権能説に分かれ，補助的権能説が通説となっている。独立権能説は，国政調査権を，憲法第41条の「国権の最高機関」性を根拠として，国会を国権の統括機関として位置づけ，この国権を統括するための手段であるとしている(162)。これは浦和事件（母子心中未遂事件）に関して，参議院法務委員会が行った量刑に対する不当決議に対して，最高裁判所が司法権の独立を侵害し，国政調査権の範囲を逸脱すると抗議したものである(163)。この最高裁の抗議に対して，参議院法務委員会は国会の最高機関性を根拠に「国会の国政調査権は，単に立法準備のためのみならず国政の運営に関し，調査批判する等，国政全般に亙って調査できる独立の権能である」と応じた(164)。

他方で，補助的権能説では，「国政調査権とは，代表民主制のもとにおいて，国民に代わって国政に関与する代表者が，国会が保持する諸権能を行使するた

---

(159) 国会法104条に加え，衆議院規則第56条，衆議院規則第256条，衆議院委員会先例集217，参議院規則第181条，参議院委員会先例録283において定められている。議院の資料提出要求に関して，衆議院規則には規定があるものの参議院規則には規定が設けられていないが，国会法第104条に規定があるため，議院として資料提出要求が行えると考えられる。

(160) 孝忠延夫「国政の最高決定機関および統制機関としての国会」『公法研究』第59号，1997年，159頁。

(161) 孝忠延夫「国政調査権の「憲法的性質」再論」『関西大学法学論集』第55巻4・5号，2006年，1113頁。

(162) 佐々木惣一『人間生活と法及び政治』「国会の最高機関性」勁草書房，1949年，63頁。

(163) 『読売新聞』1949年5月21日「参院の行動は違憲　実子殺しの調査等　最高裁判所申入れ」

(164) 1949年5月24日「参議院法務委員会声明書」高見勝利「国政調査権の「性質」──浦和事件と助手論文の着想」『法学教室』第250号，2001年，43頁。横川博「国政調査権の本質」『ジュリスト』第638号，1977年，167頁。

第 1 節　国政調査権とは

めに，国政に関する十分な知識，正確な認識を獲得する必要があることから，議院に対して補充的に与えられた事実の調査権能である」[165]とされる。補助的権能説は，憲法の定めがなくとも，もともと議会が有している自然権として国政調査権が存在するとし，議院の権能の及ばない事項についての調査権は認められない[166]。

　独立権能説と補助的権能説において，国政調査権行使の実質的範囲に違いはないものの，法的理論構成が異なっており，その限界において差が現れる。例えば，国民への情報提供という目的のためだけに国政調査権を補助的権能説では発動できないとされる[167]。補助的権能説において，国政調査権が行使されるのは，議院の権能に属するものでなければならない。他方で，独立権能説においては，情報提供という目的のみでの国政調査権の発動が許されるものの，無秩序に国政調査権が行使されかねないという批判がなされる[168]。

　国政調査権行使の態様を明らかにする前に，証人喚問と参考人招致の違いを明らかにしておかなければならない。なぜなら，与党側は証人喚問ではなく，参考人招致で済ませることを試みるからである。証人喚問及び参考人招致のどちらも国政調査であり，意見をうかがうことに用いられるが，参考人の場合，証人とは異なり宣誓がなく，偽証罪に問われることがない点が特徴的である。与党が参考人招致で済ませようとする理由の一つとして，1949 年，1950 年に行われた証人喚問において，証人をつるしあげたことを原因に，二人の自殺者を出したことに起因する。そのため，こうした事態を招かないために参考人制度を多用するようになったとされる[169]。それに加え，本質的な理由として，与党側に不利な人物から意見を聴取する場合，偽証罪が適用されることを避けるためである[170]。

---

(165) 芦部信喜『憲法と議会制』東京大学出版会，1971 年，5 頁。
(166) 横川，前掲論文，169 頁。
(167) 杉原泰雄「国政調査権・再考 —— 構造的汚職の真相究明問題を契機として」『法律時報』第 65 巻 10 号，1993 年，26 頁。
(168) 高見勝利「国政調査権の限界 —— ロッキード事件と議院の「報道機能」『法学教室』第 251 号，2001 年，58 頁。
(169) 奥平，前掲論文，4 頁。

第4章　国政調査権行使の態様とその限界

◆ 第2節 ◆　国政調査権の行使

　国政調査権行使の実態を証人喚問と資料提出要求に分別したうえで，1992年以降の行使の様態を明らかにする。1992年以降とするのは，第5章「予算委員会における与野党対立構造の分析」の対象期間と整合性を保つためであり，1990年代以降，立法時間の短縮化やその他の変化を含めて考察するためである。

(1) 証人喚問

　1992年以降，証人喚問は16の事件に関して，計37名が実施されている（表4-1）。1992年には，共和汚職事件，東京佐川急便事件に関して，証人喚問が実施されている。共和汚職事件は，鉄骨メーカーの「共和」から阿部文男元北海道沖縄開発庁長官を仲介して政界へ，総額5億3000万円の資金が提供された汚職事件である(171)。野党側は21人にも及び証人喚問を要求し，疑惑解明がなされなければ予算審議を行わないとし，対決の姿勢をみせた。これに対して，自民党は参考人招致で事態打開を図るべき，あるいは証人喚問要求リストの絞り込みをかけるべきだとして，野党側に求めたものの，約2週間に及ぶ国会空転が生じることとなった(172)。その後，塩崎元長官の証人喚問，及び鈴木元首相の参考人招致が決まり，国会審議が再開した。

　共和汚職事件に関する国政調査権の行使は，政治責任の追及を目的とした事

---

(170) 政治家のコミュニケーションスタイルの特徴として建前で話す傾向がある。厳しい追及がなされた場合，政治家は直接的な回答を回避する行動を取る。万一，政治家が嘘をついて言い逃れした後に，異なる事実が明らかになれば，政党のイメージダウンにつながりかねない。また当該政治家が大臣職であれば，首相の任命責任が問われることとなる。Feldman, Ofer, *Talking Politics in Japan Today*, Sussex Academic Press, 2004, pp.50-53.

(171) 『読売新聞』1992年2月19日「「共和」汚職で塩崎氏を国会証人喚問，鈴木氏を参考人招致　資金の流れ追及」

(172) 理事会において，社会，公明，民社党の理事に対して，21人の証人喚問リストに優先順位を付ける作業を自民党が要請したが，途中「あれはなかったことにしてほしい」との言葉で作業が中止される一幕も見られた。自民党は塩崎氏の証人喚問に応じることで打開を図りたいと考えていたとされる。『読売新聞』1992年2月13日「共和事件等の証人喚問　宮沢首相の政治判断カギ　鈴木元首相で駆け引き活発」『朝日新聞』1992年2月13日「異例の早い譲歩　自民党の証人喚問受け入れ　国会運営に危機感」

第2節　国政調査権の行使

実の解明のために行われている。野党側は予算審査に応じないことを材料に与党側に証人喚問を求めたのに対して，与党側は予算審査のため止むを得ず，また世論の批判を最小限にするため，証人喚問の実施に応じたと考えられる。このように，証人喚問は政争の具として活用されており，さらに証人喚問自体の有効性についても，疑問視されている。それは「野党の追及も新聞や雑誌報道の域を出ず，迫力がなかった」[173]とされているように，十分な効果をあげることができていない。その理由として，質疑を行なう議員が公表済みの情報しか得ることができず，想定される範囲に質疑が留まること，そして野党が割り当てられた短い持ち時間の中で，各党が独自に質疑を行うため，踏み込んだ内容に至らないためである[174]。

さらに1992年には，東京佐川急便事件[175]に関する証人喚問をめぐり，与野党の対立が激化している。野党側は事件の真相を究明するため，金丸信前自民党総裁，竹下登元首相，佐川清佐川急便元会長ら10名の証人喚問を要求した[176]。この野党側の証人喚問要求に対して，当初自民党は，まず政治倫理審査会で竹下元首相の釈明の場とし，不十分な場合に参考人招致あるいは証人喚問に応じる姿勢を見せていた[177]。しかし，社会党は衆議院予算委員会の審議日程と証人喚問問題をセットで決めるように自民党に求めた[178]。このため，補正予算の審議入りが遅れたため，自民党は証人喚問に応じることを余儀なくされた[179]。

---

(173)『読売新聞』1992年2月26日「「共和汚職」証人喚問・参考人聴取　国際責務と「永田町」に落差（解説）」
(174) 公明党は「質問の角度が違う。準備した資料に基づいて独自の立場で質問する」としており，足並みが揃っていないことが指摘されている。『読売新聞』1992年2月23日「「共和」汚職，25日に証人喚問　追及の力問われる野党」
(175) 東京佐川急便事件は，暴力団系企業への債務保証で会社に損害を与えたとして，東京佐川急便の元社長らが特別背任容疑で逮捕された事件であり，5億円の闇献金を受け取っていた金丸元自民党総裁は政治資金規正法違反で起訴され，議員辞職に追い込まれている。
(176)『読売新聞』1992年10月27日夕刊「佐川急便事件　野党が証人喚問を要求／衆院予算委理事会」
(177)『読売新聞』1992年11月4日夕刊「皇民党事件　竹下元首相の証人喚問は2段階で対応　自民4役が確認」
(178)『読売新聞』1992年11月5日夕刊「金丸氏らの証人喚問確約が予算委審議の前提／社党国対委員長」

第4章　国政調査権行使の態様とその限界

　東京佐川急便事件からも，証人喚問の実効性が得られなかったことが明らかとなった。自民党と暴力団との関係が取り上げられた点で異質であったとされるが，竹下元首相は暴力団の関与は知らなかったと否定し，渡辺元社長は公判に影響があるとして証言を拒んだため，ほとんど新しい事実は明らかとならなかった(180)。このとき，議院証言法第1条の2に規定される議院外出頭により，出張尋問が初めて行われた(181)。渡辺元社長がほとんど証言を拒否したため，出張尋問は真相の究明にはほとんど寄与しなかったとされている(182)。

　共和汚職事件および東京佐川急便事件に関して，与野党対立の末，証人喚問が実施されるに至ったが，どちらも効果を上げておらず，有効な行政府監視として機能したとは言いがたい。

表4-1．過去20年における証人喚問の実施態様

	衆議院	参議院
1992年	・共和汚職事件【政治責任の追及】塩崎潤元総務庁長官（予算委員会） ・東京佐川急便事件【政治責任の追及】竹下登（予算委員会），【真相究明】金丸信（予算委員会，臨床尋問），【真相究明】渡辺広康（予算委員会，出張尋問）	・東京佐川急便事件【政治責任の追及】竹下登（予算委員会），【真相究明】渡辺広康（予算委員会，出張尋問）
1993年	・東京佐川急便事件【政治責任の追及】竹下登（予算委員会），【政治責	・平和相互銀行事件【真相究明】田代一正（予算委員会）

---

(179)『読売新聞』1992年11月11日「「佐川」集中審議へ　自民が「証人喚問応じる」表明／衆院予算委個別協議」，『読売新聞』1992年11月20日夕刊「国会14日ぶり正常化　渡辺・元佐川社長の証人喚問も合意／幹事長・書記長会談」．
(180)『読売新聞』1992年11月28日「金丸氏尋問「皇民党」核心なぞのまま　あいまい証言に終始」渡辺元社長が申し出た金額が10億円だったことが新しく明らかとなったとされるものの，何ら責任追及には役立っていない。
(181) 東京佐川急便事件についての渡辺元社長の喚問に関して，衆参予算委員長より東京地裁に接見禁止の一時解除が求められ，承認されたが，国政調査が国民の利益にかかることから接見禁止とは別問題であるとして，一時解除は必要ないとする見方も存在する。村井敏邦・大出良知・清水睦・杉原泰雄「《座談会》構造的汚職と国政調査権の再生」『法律時報』第65巻10号，1993年，64-65頁。
(182) 杉原，前掲論文，28頁。

第 2 節　国政調査権の行使

	任の追及】小沢一郎（予算委員会） ・椿事件【真相究明】椿貞良（政治改革に関する調査特別委員会）	
1994 年	・東京佐川急便事件【政治責任の追及】細川護熙（予算委員会）	
1995 年	・二信組事件【真相究明】三重野康，堀江鉄弥，山口敏夫，中西啓介（予算委員会）	
1996 年	・薬害エイズ事件【真相究明】安倍英（厚生委員会）	・住専事件【真相究明】原秀三，佐々木吉之助，角道謙一，橋本徹（予算委員会）
1997 年	・泉井事件【真相究明】泉井純一（予算委員会）	・オレンジ共済事件【政治責任の追及】友部達夫（予算委員会）
1998 年	・山一証券事件【真相究明】松野允彦，三木淳夫（予算委員会）	
1999 年		・商工ローン事件【真相究明】松田一男，大島健伸（財政金融委員会）
2001 年		・KSD 事件【政治責任の追及】村上正邦（予算委員会）
2002 年	・鈴木宗男事件【政治責任の追及】鈴木宗男（予算委員会）	
2005 年	・構造計算書偽造事件【真相究明】内河健（国土交通委員会）	
2006 年	・構造計算書偽造事件【真相究明】小嶋進（国土交通委員会）	
2007 年	・山田洋行事件【真相究明】守屋武昌（国際テロリズムの防止及び我が国の協力支援活動並びにイラク人道復興支援活動等に関する特別委員会）	・山田洋行事件【真相究明】守屋武昌（外交防衛委員会）
2008 年		・山田洋行事件【真相究明】宮崎元伸（外交防衛委員会）
2012 年	・AIJ 投資顧問事件【真相究明】浅川和彦，西村秀昭，石山勲，浅川和彦（財務金融委員会）	・AIJ 投資顧問事件【真相究明】西村秀昭（財務金融委員会）

（注）事件名，【調査の目的】，対象者名，（委員会名）を示している。読売新聞（ヨミダス歴史館），朝日新聞（聞蔵Ⅱ），国会議事録を用いて作成。

第4章 国政調査権行使の態様とその限界

証人喚問の調査目的として、政治責任の追及と真相究明を分別したが、2000年以降、政治責任の追及は村上正邦及び鈴木宗男を除き、行われていないことから、減っているといえる。その理由として、政治倫理審査委員会の規定が1992年に改定され、本人の申し出により行えるようになったことが一因としている[183]。それに加え、1994年の選挙制度改革により、中選挙区制度から小選挙区比例代表制になったことにより、政党内の同士討ちが減ったことに起因して、汚職事件自体が減ったものと考えられる。証人喚問を実施する目的は、政治責任の追及より何らかの事故・不正が起こった際の真相究明に向けられるようになってきているといえる。しかし、証人喚問では宣誓を行い、偽証罪が適用される可能性のあることから、証人に対して真摯な対応を迫ることができるとされるが、実際に真相究明に役立つ回答が得られているかというと、現実的には難しいといえる。それは、いずれの事例でも見られたように、刑事事件との関係より、回答を拒否するためである。例えばKSD事件の村上正邦が証人喚問を実施された際、簗瀬委員は「証人は、ことしになって二回、資金管理団体正邦会の収支報告を訂正されました。合わせて5171万円の巨額です。これはまさにKSDグループからの長年のあなたの尽力に対する報酬ではありませんか[184]」という質問を行っている。これに対して、村上は「相談させて下さい」と発言した後、しばらく速記中止がなされ、「(刑事)訴追の、(中略) おそれがございますので、控えさしていただきたいと思います。」と述べている。このように、証人が刑事訴追のため差し控えると回避する術があるため、証人喚問には真相究明に役立てることに限界があるといえるだろう。

(2) 資料提出要求

国会法第104条に基づく資料提出要求は、1945年から1949年の間に頻繁に行われていたが、1992年以降に行われた資料提出要求は11件（内訳：佐川急便事件1件（衆議院予算委員会）、二信組事件2件（衆議院予算委員会）、住専事件7件（参議院予算委員会）、尖閣諸島中国漁船衝突事件1件（衆議院予算委員会））で

---

[183] 政治倫理審査会はこれまで8回開かれており、そのうち6件が2000年以降となっている。1990年代に開かれたものとして、共和汚職事件に関して加藤紘一、泉井事件に関して山崎拓の審査会が開かれている。

[184] 第151回参議院予算委員会会議録第3号、2001年2月28日

第2節　国政調査権の行使

ある。ここでは佐川急便事件，二信組事件，尖閣諸島中国漁船衝突事件について取り上げることとする[185]。まず1994年の佐川急便事件に関して，細川首相の一億円借り入れ問題について，法務省，東京地方検察庁及び国税庁に対し，関係記録の提出を求めている[186]。しかし，この資料提出要求は拒否されている[187]。国会法第104条では，「内閣又は官公署が前項の求めに応じないときは，その理由を疎明しなければならない。その理由をその議院又は委員会において受諾し得る場合には，内閣又は官公署は，その報告又は記録の提出をする必要がない。」としており，資料提出を拒んだ場合に，内閣または官公署がその理由を明らかにし，議院または委員会において受諾されれば，資料提出の義務はなくなる。この資料提出要求が拒否された理由について，法務省は要求に係る根抵当権設定契約書は法律上当省において保管する扱いとなっていないとし，東京地検は刑事訴訟法47条の趣旨に照らし，「今回の提出要求に係る記録を提出してその内容を公にし，あるいはその前提として当該記録の存否を公にすることは相当」でないとしており，さらに国税庁は，守秘義務を盾に提出を拒んでいる[188]。こうしたことから，資料提出要求の実効性は薄く，十分に活用されているとはいい難い。

つぎに，資料提出要求がなされたのは1995年2月，二信組事件に関して，衆議院予算委員会が東京協和信用組合・安全信用組合の預金者リスト，預金額，二回分の決算及び東京都が行った監査の直近二回分の報告書を旧大蔵省・東京都に対して求めたものである[189]。この資料提出要求で争点となったのは，大蔵省は守秘義務を盾に資料提出に消極的であったのに対して，与野党ともに実

---

[185] 住専事件については木下博文「参議院における国政に関する調査の事例」『議会政治研究』第78号，2006年，41-42頁を参照のこと。なお，併せて加藤祐一「衆議院における国政に関する調査の事例」『議会政治研究』第78号，2006年，32-38頁も参照されたい。
[186] 第129回国会衆議院予算委員会議録第3号，1994年2月22日
[187] 『読売新聞』1994年2月23日「細川首相の佐川問題　1億円使途・返済が焦点　衆院予算委，国会に資料提出要求」，『読売新聞』1994年3月7日「細川首相の「佐川資料」提出問題　国政調査権の限界示す」この資料提出要求に対して，法務省と検察庁が難色を示したとされている。
[188] 第129回国会衆議院予算委員会議録第4号（1994年3月30日）
[189] 第132回国会衆議院予算委員会議録第10号（1995年2月7日），第132回国会衆議院予算委員会議録第15号（1995年2月16日）

第 4 章　国政調査権行使の態様とその限界

名による公表を求めたことである(190)。大蔵省は資料提出を拒否した場合、95年度予算案に影響が出ることを懸念し、匿名を条件に両信用組合に一億円以上を預金しているそれぞれ130団体程度のリストを提出することにした(191)。しかし、東京都の実施した監査報告書が提出されていない、実名リストを公表すべき等、与野党ともに不十分と批判した(192)。資料提出要求を行った場合、守秘義務を盾に公表を拒む事例が度々見受けられることから、国会法104条に基づく資料提出要求に罰則規定を設ける改正を検討すべきであるという意見も出ている(193)。その後、議院証言法第5条に基づき、二信用組合の大口預金者及び融資先の実名リストを、秘密会を条件として、大蔵省は閣僚懇談会において提出することとした(194)。資料の閲覧には制限が設けられ、メモを認めず、閲覧時間は4時間に限定された(195)。二信組事件の事例においては、政府が予算を早期に通したいという思惑を持つのに対して、与党及び野党が真相究明のため、預金者の実名リスト公開を強く求めたことから、実現したものといえる。

　最後に、資料提出要求がなされたのは2010年10月、尖閣諸島中国漁船衝突事件に関して、衆議院予算委員会が事件時に撮影されたビデオの公開を那覇地検に求めたものである(196)。その後、10月27日に那覇地検から提出を受け、11

---

(190)『読売新聞』1995年2月14日「東京共同銀設置問題　与野党に戸惑いも　実名資料要求は確認／衆院予算委」
(191)『読売新聞』1995年2月15日夕刊「東京協和・安全信組の預金者リスト提出　巨額融資、実態解明へ／大蔵と東京都」
(192)『読売新聞』1995年2月16日「2信組預金者リスト　中身に不満、各党が表明　積極さ強調、選挙を意識」
(193)『読売新聞』1995年2月22日「東京共同銀問題　国政調査権の限界露呈　融資先も匿名リスト」
(194)『読売新聞』1995年3月14日夕刊「2信組の大口預金者・融資先　実名リスト提出を閣僚懇で決定　秘密会を条件に」議院証言法第5条では、職務上の秘密に関する資料提出を行う場合、監督官庁の承認が必要となる。そのため、この事例では大蔵大臣の承認を得ることで、提出がなされることとなった。
(195)『読売新聞』1995年3月16日「2信組の預金者実名リストは閲覧方式　メモは認めず／衆院予算理事会」
(196)『読売新聞』2010年10月14日「「尖閣ビデオ」提出要求議決　衆院予算委、全会一致で」与党が拒否した場合は、野党が多数を占める参院の委員会で議決する検討も始めていたと報じられていることから、参議院で野党が過半数を占めていた影響力が現れているといえる。

月1日に衆参の予算委員会の理事等に対象を限定して，約7分間に編集された映像が放映された(197)。政府が非公開とした理由として，映像流出の犯人の量刑が下がる恐れがあるためとしている(198)。尖閣ビデオに関する資料は，有権者の関心が高いところであり，動画共有サイトのYouTubeに投稿されたことから，当初投稿された動画は削除されたものの，次々と複製が投稿されることとなった。

◆ 第3節 ◆ 証人喚問に対する衆参の対応の差異

つぎに，証人喚問に対する衆参の対応の差異を明らかにする。ここで，衆参の対応の違いを明らかにする意義は2つある。1つは参議院の独自性を確認するためである。参議院は衆議院のカーボンコピーと揶揄されてきたことから，衆議院とは意図的に異なる対応を取っている可能性があるためである。この対応の違いを明らかにすることで，参議院特有の国政調査の活用のされ方がなされているかを明らかにする。2つ目は，衆参どちらの議院の方が有効に手段を用いているかを明らかにするためである。国政調査権の行使は行政府監視機能そのものであるため，どちらの議院が有効な手段として用いているのかを明らかにすることに意義があるといえる。

衆参の差異として，参議院では政党色が希薄であったために，調査特別委員会を設置するというあり方がとられず，常任委員会によって調査権が行使されてきたとされる(199)。そのため，衆議院では真相究明を主眼とする査問式の調査委員会方式を採用するのに対して，参議院では常任委員会による調査権の行使であると対比される。

果たして，過去20年に分析対象期間を限定したとしても，国政調査権の実

---

(197) 第176回国会衆議院会議録第8号（2010年11月15日）。
(198) 『読売新聞』2010年11月9日夕刊「尖閣ビデオ「厳秘」資料パチリ　予算委　官房長官，首相に示す」，『読売新聞』2010年11月11日夕刊「訴訟資料に該当　法務省局長が見解」なお，漁船衝突の映像は訴訟に関する資料であり，公判の開廷前に公にしてはならないとする刑事訴訟法第47条との関係から非公開とされたことや，日中関係を悪化させないために非公開とされたことも考えられる。
(199) 原田一明「国政調査権」『ジュリスト』第1133号，1998年，120頁。

第4章　国政調査権行使の態様とその限界

施態様の違いから，衆参に違いがあるといえるのだろうか。証人喚問の実施数を比較すると，衆議院が24名であるのに対し，参議院は14名となっており，数からは衆議院の方が活発的に証人喚問を活用しているといえる。しかし，真相究明及び政治責任の追及という目的に関して，衆参で違いがあるとはいえない。ただし，平和相互銀行事件，住専事件，オレンジ共済事件，商工ローン事件，及びKSD事件といった参議院独自の証人喚問も行われているといえるだろう。こうした態様の差異が衆参であるといえども，議院内閣制の構造の違いより参議院だからといって，政争から離れ，行政府監視として効果をあげているとは言い難い。

◆ 第4節 ◆　国政調査権の行使とねじれ国会

　2007年の参議院選挙以降，与党が参議院で過半数の議席を割るねじれ国会となって以降，参議院第一党であった民主党は，国政調査権の行使を積極的に行う姿勢を示した。一つの象徴的な事例として，山田洋行事件に対する証人喚問の実施が挙げられる。山田洋行事件とは，防衛事務次官であった守屋武昌が軍需専門商社である山田洋行の専務の宮崎元伸からゴルフ接待を受けている等が明らかとなった汚職事件である[200]。証人喚問において，守屋元事務次官は日帰りゴルフで毎回一万円を払ったことや二女の留学で被告側から送金を受けたのに，受けていないと偽証したことから，収賄及び議院証言法違反罪で起訴された。この証人喚問に関して，守屋元事務次官が，宮崎氏との宴会に額賀財務大臣（当事）が同席したと証言したことから，参議院財政金融委員会において，民主党及び共産党は賛成多数により，守屋・額賀の2名の証人喚問の議決を行った。しかし，共産党が賛成したのは間違いで棄権すべきだったとする見解を出したことから[201]，額賀議員に対する証人喚問は見送られることとなった。この事例が初めて，全会一致で決められる証人喚問の慣例を破って議決さ

---

(200) 守屋元事務次官の証人喚問により，過剰接待等の問題が明らかになり，防衛装備品の調達をめぐる守屋元次官と業者との疑惑が提起されたとされる。武蔵勝宏「安全保障政策に対する民主的統制 ── 補給支援特措法の立法過程 ── 」『同志社政策科学研究』第15巻第1号，2013年b，6-7頁。

第4節　国政調査権の行使とねじれ国会

れた例である。ねじれ国会により、過半数の議決で決定が行われることになれば、慣例が変わることになったが、共産党が反対に態度を変更したこともあり額賀議員への証人喚問が延期されたことから、全会一致の慣例が変更されたとは言い難い(202)。

　国政調査権の行使は、証人喚問だけでなく、資料提出要求という形でも現れている。2007年の参議院選挙後、野党の資料提出要求に対して、政府自民党・公明党連立政権は、国政調査権の行使がなされる前に、積極的に資料提出を行ってきた(203)。これは、野党が審議を引き延ばし、廃案に持ち込むために積極的に趣旨説明要求を行うのに対して、それに応じる政府の姿勢と同様のものであると考えられる。ここには、目に見える影響力としては現れていないものの、目に見えない形で参議院の影響力が現れていると考えられる(204)。ただし、野党の資料提出要求にどれだけ政府が応えたかというのは、ねじれ国会以前と比較しなければいけないことに加え、情報へのアクセスも含め、資料の質・量を正確に比較考量しなければならず、政府の資料提出要求への対応を把握するのは難しい。そこで、ここでは新聞報道で取り上げられた情報より、ねじれ国会期間における野党の対立姿勢を明らかにする。

　2007年10月、民主党は衆議院テロ防止特別委員会理事会で、次期輸送機c-xに搭載するエンジン調達に関する「装備審査会議」の議事録など4点の資料要求に防衛省が応じなければ、国政調査権の行使を行う姿勢を示した(205)。しかし、その後装備審査会議の議事録が作成されていないことが判明し、会議の

---

(201) 『読売新聞』2007年11月30日「参院証人喚問「賛成、間違いだった」共産が見解　民主も見送り論強まる」共産党が過去に自民党から証人喚問をちらつかされた経緯があることが、賛成から態度を変えた一因ではないかとも報じられている（『読売新聞』「額賀氏の喚問中止　「多数決」民主に逆風　共産離脱で野党共闘に亀裂／国会」）。

(202) 宮崎元伸に対する証人喚問は自民党・公明党所属委員の欠席の中、実施された。

(203) 『朝日新聞』2008年10月3日「「資料要求に誠実に対応」石破農水相」当事、農林水産大臣であった石破大臣は「与党であれ野党であれ国会議員や国会から資料要求があったら誠実に迅速に対応するのは行政府として当然のこと」と述べている。

(204) ねじれ国会において、内閣は重要法案の絞り込み、及び法案提出を差し控えていると指摘されている。松浦、前掲論文、2012年、81-87頁。

(205) 『読売新聞』2007年10月31日夕刊「防衛省資料　民主、国政調査権発動の採決要求へ」航空自衛隊次期輸送機（c-x）エンジンについては、山田洋行事件に関連し、守屋元次官の便宜供与があったとされている。

第4章 国政調査権行使の態様とその限界

メモと資料のみを公明党の富田議員が入手したことを発言している[206]。

また2008年11月、民主党は新テロ対策特別措置法改正案の審議に関連して政府にアフガニスタン情勢に関する資料提出を要求するため、国政調査権の行使を議決する構えを見せた[207]。政府は同年10月30日の参議院外交防衛委員会の理事会で、アフガニスタンに派遣した調査団の概要資料を提出したものの、調査項目を示したのみで、具体的内容については明らかにしなかったとされる。その後、11月6日の外交防衛委員会の中で、河村官房長官が「約四十もの国の部隊が派遣されて様々な活動が行われておりますアフガニスタンでのISAF、国際治安支援部隊及びPRT、地方復興チームの活動に関する事実関係について、可能な範囲で把握するための実務的な調査を行ったものであ」るという説明を行っており、詳細な調査報告書は作っていないことが述べられた[208]。

このように、国政調査権を背景に、資料提出要求を行ったとしても、作られていない等として失敗に終わることがある。しかし、実際に国政調査権の行使までなされていないのは、政府側が真摯に対応した結果であるとも考えられる。

次に、朝日・読売・毎日新聞各紙の国政調査権及び資料要求に関する記事が、ねじれ国会において増加しているのかを確認する。図4-1は、3誌の記事の数をグラフに表したものである。

図4-1から、記事の数が多かったのは1992年、1996年、2006年から2008年であるといえる。1992年に記事が多い理由は、共和汚職事件及び東京佐川急便事件で証人喚問が多く実施されたためである。また1996年に多い理由は、住専事件及び薬害エイズ事件の証人喚問が実施されたことに加え、自民党・社民党・さきがけ党・民主党の4党によって行政監視院法案が検討され、国政調査権の担い手を行政監視院へ変更することが協議されたためである[209]。2006

---

(206) 第168回国会衆議院国際テロリズムの防止及び我が国の協力支援活動並びにイラク人道復興支援活動等に関する特別委員会議録第10号、2007年11月7日
(207) 『読売新聞』2008年11月4日「新テロ法案審議 民主、国政調査権行使の構え アフガン資料要求／国会」
(208) 第170回国会参議院外務防衛委員会会議録第5号、2008年11月6日
(209) 民主党は少数政党でも資料提出要求ができるようにすることを求めたが、自民党は「国政調査権は、個々の議員にではなく、院や委員会に与えられたものだ」と拒否したため、決裂したとされている。朝日新聞1997年5月23日「行政監視機能強化 与党と民主、協議物別れ」

第 4 節　国政調査権の行使とねじれ国会

図 4-1. 朝日新聞・読売新聞・毎日新聞の国政調査・資料要求の記事数

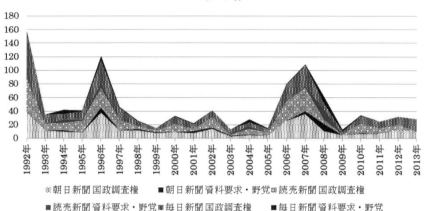

（注）朝日新聞（聞蔵 II），毎日新聞（毎索），読売新聞（ヨミダス歴史館）を用いて作成した。検索用語として「国政調査権」及び「資料要求 and 野党」で検索し，暦年毎に記事の数を集計した。集計には社説及び読者の声を除いている。

年に多い理由として，永田寿康議員の偽メール問題に関係して国政調査権を要求したことが原因である[210]。そして 2007 年及び 2008 年においては，ねじれ国会のため，民主党が政府与党に対する対決姿勢を強めたためであると考えられる。2007 年 9 月，臨時国会召集後に民主党が資料要求を行ったものとして，「会計検査院が把握したが未公表の無駄遣いの内容」，「国が随意契約を結ぶ団体の公務員 OB の数」，「閣僚が関与する政治団体の事務所費明細」，「閣僚が兼職する団体への国の資金交付額」，「給油を受けた米艦艇の行き先」，「アフガニスタンでの米軍の活動内容」，「過去 5 年の年金広報の発注先と契約額」，「社会保険オンラインシステム発注先への天下り状況」といったものが挙げられている[211]。こうした状況はねじれ国会であり，国政調査権を行使できるという状況があるからこそ，出現したものであるといえる。

---

[210] 偽メール問題は，ライブドアの堀江貴文前社長が自民党の武部勤幹事長の次男あてに 3 千万円振り込むよう指示したメールが存在すると偽造した問題であり，永田議員は 2006 年 4 月に議員を辞職するに至っている。

第 4 章　国政調査権行使の態様とその限界

小　括

　本章の小括として，国政調査権が十分に活用されていないのは何故か，いかなる条件の場合に活用されうるのか，また衆参において国政調査権の行使に差異があるのか，という問いに，一つの結論を与えることとする。国政調査権が十分に活用されていない理由として，一つは議院及び委員会の議決が必要であり，全会一致で行われているという慣行がある。そのため，与野党の利害が一致した場合にのみ活用されることになり，必然と活用の機会が少ないといえる。政治責任を追及するために国政調査権を活用する機会は，政治倫理審査会に場を移しており，減っているといえ，真相究明のために用いられる場合であっても，有効な手段として機能していないという過去の実績より，活用のインセンティブ自体が少なくなっているものと考えられる。そして衆参において国政調査権の行使に差異があるかというと，大きな違いは見受けられない。多少の違いがあるとすれば，衆議院の方が国政調査権の行使に積極的であること，参議院は衆議院との違いを出すために独自に証人喚問を行うことがあるという点である。

　次に，いかなる条件の場合に活用されるかというと，政府与党対野党の構造で行われる政治責任の追及ではなく，政府対与野党という対立構造になる場合，国政調査権が有効に機能すると考えられる。政府の不正を追及する場合，世論が後押しすることによって，政府対与野党の対立構造が生まれ，政府から資料が出されやすくなり，証人喚問も実施されやすいといえる。その際，問題となるのが，議院証言法第 5 条の公務員の職務上の秘密に関する情報，個人情報，証人の人権[212]であるといえる。二信組事件でみたように，公務員の職務上の秘密に関する情報は，閣僚懇談会を経て，了承が得られなければ，開示されないと考えられる。また住専事件でみられたように，不良債権名簿については，

---

(211) 朝日新聞 2007 年 9 月 14 日「民主，資料請求攻め　臨時国会空転中，省庁に続々　論戦再開へ「仕込み」」
(212) 憲法上の人権保障と国政調査権の関係については浅野義治「国政調査権の本質と限界」『議会政治研究』第 78 号，2006 年，27-30 頁を参照されたい。

小 括

公開が原因で大蔵省が倒産した会社から損害賠償訴訟を起こされる可能性が懸念されたためである。このように公開した場合の懸念事項がある際は，秘密会にした上で，議会が真相解明を行う必要があるといえる。証人喚問のテレビ中継は1998年の議院証言法改正により（第5条の3），委員長または両議院の合同審査会の会長が，証人の意見を聴いた上で，委員会または合同審査会に諮り，許可をすることになっている。しかし，証人がテレビ中継を拒んだ場合の対応については，各党で未だ合意が取れていないといえる。山田洋行事件に関して2008年5月，専務であった宮崎被告がテレビ中継に難色を示したのに対して，与党自民党・公明党は同意したのに対し，民主党は撮影許可の立場を取り，自民党・公明党が欠席のまま，証人喚問が開かれることとなった[213]。こうした事情からNHKは国会中継を見送っているが，証人の人権が保護されないままで実施されると，証人を自殺に追い込みかねない事態となる。

　最後に，国政調査権に関して，提言と課題を挙げたうえで，締め括ることとする。提言として，第1に，国政調査権を活用しやすくするため，過半数の議決から少数会派にも行使可能なように議決要件を3分の1に引き下げてはどうか。議員個々人が行えるようにすべきという議論もあるが，乱用の危険性を考慮して，少数会派でも行使可能なようにすべきであるといえる。第2に，証人喚問をより実効的なものとするため，議員秘書，議院事務局のスタッフを拡充してはどうか。国政調査権を実りあるものとするため，国会議員の調査能力を補佐するスタッフを増加させるべきである。なお，武蔵は2005年度と2012年度を比較し，管理部と記録部の人員が削減されたのに対して，調査室や法制局の職員は定員削減の対象外となっており，立法補佐機能については，充実を図る方向性であるとし，参議院事務局の改革として，独自性発揮のために内部組織のスクラップアンドビルドによる重点化が避けて通れないことを指摘している[214]。第3に，証人喚問の実施後，国政調査権を行使した議院および委員会は，改正法案へ活かすため及び事実解明のために，何が明らかとなったかという報告書を作成してはどうか[215]。現状においては，証人喚問を行ったとして

---

(213) 第169回国会参議院防衛外交委員会会議録第13号，2008年5月22日
(214) 武蔵勝宏「参議院事務局・法制局の組織とその機能」『都市問題』第104号，2013年c，65頁。

第4章　国政調査権行使の態様とその限界

も，何が明らかにされたのか釈然としないままである。議会の活動を周知するためにも，報告書の作成は必要不可欠であるといえる。アメリカ，イギリス等と比較すると，国政調査権は議院が有する自然権であるとされ，立法権とは異なることから，報告書の作成が義務付けられている。しかし，我が国の国政調査権は明文上規定されているものの，国政調査権の行使に関する歴史的な違いから，国政調査権を行使したとしても報告書の作成を行っていない[216]。

本章における研究の課題として，第1に国政調査権の行使が何を持って成功したといえるのかについては，明確な基準を与えられなかったといえる。国政調査権が事実の発見及び認定であるとするなら，国政調査権で明らかになった事実が，行政統制にどれだけ寄与したかについても，今後検証しなければならないだろう。第2に，本章において参考人招致については，十分に扱うことができなかったといえる。参考人招致と証人喚問は，強制力の違いこそあれども，行政府監視機能を担う重要な手段の一つであるといえる。第3に，国会法104条による資料提出要求と，通常理事会でなされる野党による資料提出要求の態様の違いについては，明らかにすることができていない。理事会でなされる資料提出要求は，外部から把握できないことに加え，その数も膨大であると予想されることから，研究を行う限界があるといえる。

議会が政府内閣に対する監視機能を担う手段は，内閣不信任決議，問責決議のほか，国政調査権といった過半数の議決による統制の他，パトロール型の監視として，日ごろより行われる質疑，質問主意書などが挙げられる。行政府監視機能の動態を明らかにするためには，国政調査権に焦点を当てるのみならず，

---

[215] 武蔵は，法律の有効性や実効性についての評価が国政調査で十分になされていないこと及び，それを反映させた政策決定が行われていないことに問題があると指摘している（武蔵，2013b，前掲論文，11-12頁。）。国政調査の役割として，現状の法律執行状況の問題を明らかにし，改正法案に反映させることも重要であるといえる。両議院の規則（衆議院規則第86条，参議院規則第72条）において，審査または調査が終わったときは報告書を作ることが定められているが，形式的に「未了報告」を出しているとされる（藤馬・1985，前掲論文，93頁）。なお，衆議院では1954年，参議院では1964年を最後に国政調査報告書が提出された例はない（大山，2008，前掲論文，43-44頁）。

[216] 大石は強制手続を用いてまで事実関係を調査しながら，議院として最終的にどういう事実を認定したかについて明らかにされていないことに問題があることを指摘している。大石眞『議会法』有斐閣アルマ，2001年，119頁。

小 括

日ごろより行われる質疑にも焦点を当てなければならないだろう。ただし，日ごろの国会質疑が意義を持ちうるのは，一つに国政調査権という制度が背景として存在しているからである。制度が存在しているからといって，実際に用いられないままでは意味がなく，必要なときにこそ，行使できなければ無用の長物になりかねない。実際に議院の過半数を占めているか否かに関わらず，強制力のある国政調査権が存在するという認識に加え，過半数の議決から3分の1以上による議決に引き下げ，実際に行使しうる制度が整備されていれば，日ごろの国会質疑も国政調査権を行う前段階として，行政府監視の中心的役割を担い，より実りのある国政調査が行い得るだろう。ただし，国会質疑自体に関しても，国会の場で，議案や施策に対して何をどう質すべきか質疑の規範的構造が明らかになっていないことに問題があるという指摘もなされており[217]，質疑に関して，衆参での連携や政党間での連携，そして個々人の議員の質疑能力向上といった充実も図っていかなければならないといえる。

---

(217) 岡田順太・岩切大地・大林啓吾・横大道聡・手塚崇聡「国会質疑の技法 —— 模範議会2012の手引き」『白鷗大学論集』第27巻第2号，2013年，255-258頁。岡田順太「国政調査権と国会事故調」『法学セミナー』No.712, 2014年，28-32頁。

第5章　予算委員会における与野党対立構造の分析 ── 国会による行政府監視機能

はじめに

　これまでの国会研究は主に立法機能を対象としており，審議機能や行政府監視機能に焦点を当てた研究が十分になされてこなかった。さらに予算委員会における与野党対立は，憲法第60条2項という優越規定の存在により，竹中を除いて政治学ではあまり論じられてこなかったといえる。予算に関して論じられてきたことは予算委員会の担う機能・役割であり[218]，現在の国政全般にわたる質疑では本来担うべき予算審議の時間が限定されてしまうという議論である。本来，予算委員会においては予算の細部にわたる項目について検討を加え，議論を行うべきであるはずが，国政全般に及ぶ質疑がなされることに加え，テレビ中継が入ることで政治スキャンダルが取り上げられることも多くなっており，予算の内容について十分な審議がなされていない。予算委員会では基本的質疑及び締めくくり質疑に首相以下全閣僚が出席しなければならず，基本的質疑の間は他の委員会が開かれないこととなっているため国民が最も注目する委員会となっている[219]。河によると予算委員会に首相及び多数閣僚の出席の下，国政全般に対する集中的な質疑を行う方式は第16回国会（1953年）を嚆矢と

---

[218] 予算委員会は，その長い歴史上の実績から，国家の基本政策に関する事項がその審査対象であると誰しもが認めている，いわば全委員会を代表する全体委員会のような機能を果たしているとされている。大西勉「党首討論を巡る若干の問題」中村睦男・大石眞編『立法の実務と理論：上田章先生喜寿記念論文集』信山社，2005年，850頁。

[219] 予算委員会の総括質疑等に全閣僚の出席を求める慣行は野党モードにとらわれたものであるとの指摘がなされている。大山礼子『比較議会政治論 ── ウェストミンスターモデルと欧州大陸型モデル』岩波書店，2003年，252頁。

第5章　予算委員会における与野党対立構造の分析

し，1955年の前後に成立したとしている[220]。このように予算委員会における審議は重要性を増し，本会議の形骸化と相まって，国会審議の代表といえる存在となっている。予算委員会において，実質的な予算審議が十分になされにくい理由の一つは，予算編成のスケジュールに問題があるからである。澄田は予算編成過程を概観して，立案過程の長さに対して，審議・決定という政治的過程が著しく短いことを指摘している[221]。そして吉田公一（民主党衆議院議員）は予算委員会の中で，予算書の配布から質疑までの期間が14，15日であり，予算の内容についてはなかなか質問できない旨を述べている[222]。予算に関して国会が審議する期間を短くすることで，政府は予算について国会で十分な審議を行えないようにしてきたとも考えられる。その結果，予算委員会は，予算そのものを議論するというより，広く国政一般を議論するようになり，政治スキャンダルを扱う場となったのではないだろうか。

本章の構成として，第1節ではこれまでの日本の国会研究を概観し，強い参議院論及びヴィスコシティ論について触れる。第2節では予算委員会の現状について触れ，予算委員会が他の常任委員会と比べ特殊であることを指摘する。第3節では，与野党対立をいかに捉えるか論じ，それをもとに分析を行う。

本章の目的は，議事運営に関する与野党対立の構造を分析することを通じて，参議院予算委員会の審議機能の検証及び衆参予算委員会の比較を行うことである。与野党対立に関しては，予算審査中における国会審議の空転，予算委員会における委員長の「理事会協議をする」という旨の発言回数及び速記中止の回数を調べることで，予算委員会の審査を与野党対立の一部として位置付けることとする。本章では，行政府監視機能を「速記中止回数」として捉え，与野党が対立しているほど議論が紛糾し，速記が止められ，行政府監視がなされているという仮説を設定する。もっとも，国会審議における時間配分の制度や慣行を考慮すれば，顕在化する議論や利害対立は限定的なものになることが指摘されている[223]。なお，分析対象期間は近年とし1990年以降に予算国会におけ

---

[220] 河世憲「国会審議過程の変容とその原因」『レヴァイアサン』第27号，木鐸社，2000年，145頁。
[221] 澄田知子「国会における予算審議の実質化」『議会政治研究』第68号，2003年，23頁。
[222] 『第156回国会衆議院予算委員会議録』第10号，2003年2月13日。

る立法時間が短くなっていること[224]及び通常国会が1992年（第123回国会）より1月召集（国会法第2条）となったことを考慮し，1992年から2011年の20年間とする。

◆ 第1節 ◆ 日本における国会研究

　これまでの議会研究では，55年体制以降，自民党による一党優位体制が継続し，国会は官僚が立案する政策に対して正統性を付与するラバースタンプであると捉えられてきた。それゆえ，参議院は衆議院のコピーであったり，副次的な存在であると考えられてきた[225]。カーボンコピーと揶揄される中で，参議院は存在意義を求めて独自性を模索しなければならず，参議院の権威を徐々に落としてきた。このような参議院軽視の影には，衆議院と参議院の対立があり，その対立は立法過程上顕在化することなく息を潜めてきたと考えられる。こうした衆議院と参議院の対立が一部顕在化したといえるのが，1989年参議院選挙後のねじれ国会である。しかしこうした参議院の反発に対して，政府与党は協調姿勢を強め自公民路線で多数派を形成し，問題を回避してきた。次に起こる1998年参議院選挙後のねじれ国会に関しては，政府与党は自民・自由・公明連立政権を発足することで，多数派を形成してきた[226]。このように政府与党が多数派工作を行うことで，立法の停滞は避けられ，問題は大きく顕在化してこなかった。

　1990年代半ばに行われた一連の選挙制度改革により，政治情勢に変化が起こった。それは衆参両院において，二大政党制が進んできたということである。2012年1月の時点では，衆議院においては480議席のうち412議席（85.8％）を，参議院においては242議席のうち189議席（78.0％）を自民・民主の両党が占めている状況となっている。参議院においては，衆議院に比べ二大政党化

---

[223] 増山幹高「国会審議からみた国会法改正 —— いかに議会制度は選択されるのか？ —— 」『公共政策研究』第9号，2010年，48頁。
[224] 増山，前掲書，2003年，90-91頁。
[225] 岩井，前掲書，81頁。
[226] 竹中，前掲書，208-209頁。

第5章　予算委員会における与野党対立構造の分析

の進行は遅いといえるが，二大政党制へ近づくことは，政府与党が多数派工作を行うことを難しくしている。こうした二大政党化により自民党と民主党が政権を争い，対立姿勢を強める中で2007年・2010年参議院選挙においてねじれ国会が出現している。2007年におけるねじれ国会では，与党が衆議院において3分の2以上の議席を占めていたにも関わらず，道路特定財源や日銀総裁人事といった問題が顕在化し，「強い参議院論」として参議院が衆議院の審議過程や内閣内部の準備過程に大きな影響力を与えているという認識がなされることとなった[227]。そればかりか，参議院は2010年度補正予算案や2011年度予算案といった予算案に関しても，参議院は予算関連法案に対する権限を通じて，予算構成にまで影響力を与えているとされている[228]。参議院が法律案に関して，拒否権プレイヤーとなることで，予算関連法案の成立が遅延する恐れや廃案になる恐れがある。ねじれ国会における予算関連法案の遅延は予算執行に影響を及ぼし，日本経済全体にまで波及する問題となる。とりわけ予算関係法案については一般の法案と比べて法案賛成率が3.54%低くなることを川人は指摘しており[229]，ねじれ国会においては一層予算関連法案の成立が困難になると予想される。

　さらに，参議院は問責決議を提出し，閣僚を辞任に追い込み，辞任しなければ審議拒否を行い，国会審議を空転させる影響力まで行使し始めている。参議院の影響力を考えるうえで，無視できないのが問責決議である。問責決議に関しては憲法上の効果は存しないことは明らかであるが，政治的効果が多分に存在している。そもそも議院内閣制下において，内閣は衆議院の信任の下に成立しており，抑制と均衡は不信任決議と総辞職あるいは解散という両輪で構成されている（憲法第69条）。一方，参議院は内閣の基盤となっておらず，解散もないため，抑制と均衡の制度設計がなされていない。参議院議員が閣僚として内閣の構成員となることがあるが，これは内閣側にとっては参議院での支持を得やすくするためであり，衆議院のみを基盤とする議院内閣制のもとでは，参

---

[227] 竹中，前掲書, 6-8頁・259-293頁。
[228] 竹中治堅「2010年参議院選挙後の政治過程 —— 参議院の影響力は予算にも及ぶのか ——」『選挙研究』第27巻第2号, 2011年, 45-59頁。
[229] 川人貞史『日本の国会制度と政党政治』東京大学出版会, 2005年, 130頁。

第1節　日本における国会研究

議院議員が閣僚となること自体を反対する見方も根強く存在している。最初に問責決議案が可決された例は，1998年10月額賀福志郎防衛庁長官に対して，防衛庁の不祥事を巡って指導力を欠くとして提出・可決された。約一ヵ月後に引責辞任したことが，閣僚辞任という前例をつくることとなった。その後，首相及び閣僚に対して問責決議案が可決された例は7例あり，安倍晋三首相に対する問責決議可決を除いていずれも1ヶ月から3ヶ月程で辞任または退任している。問責決議により首相及び閣僚が辞任を迫られるのは，審議拒否の理由として使われるためである。野党が審議拒否をすれば，国会審議は立ち行かなくなり，法案成立が危ぶまれることとなる。さらに野党は，問責決議を理由として議事日程にまで影響を与えている[230]。問題の背景は会期制と会期不継続の原則を採用していることに起因し，野党が抵抗手段として審議を引き延ばすことで，法案を廃案に持ち込むためである。問責決議を理由とした野党の抵抗戦術に対して，内閣側の制度的な対抗策はなく，問責決議が可決された閣僚を退任させることが最善策となっている。そして，参議院は抑制機能を利かせ過ぎていると批判されることになる。

「ねじれ」国会が出現するたびに，強すぎる参議院と批判され，安易な参議院不要論が飛び交うようになっている。参議院が過大な影響力を行使しているからといって，安易な参議院廃止論を採用すべきなのであろうか。そもそも日本の憲法は衆議院の優越規定を定めており，両院関係は跛行型であるとされている[231]。そういった優越規定が定められている予算に関して，参議院が機能しているのか検証する必要があるだろう。予算委員会における審議機能を分析しておくことは，今後，参議院の権限を縮小する改革方針を採った場合，例えば憲法第59条2項の衆議院による再議決要件を撤廃した場合，参議院予算委員会の審議機能が先行事例として持ち出されることとなり，他の常任委員会と比較されることとなる。

　野党が参議院の多数を占めているねじれ国会においては，野党の抵抗は強まるため，ヴィスコシティ論で国会を説明することができる。ヴィスコシティ論とは，野党の国会戦術が有効に機能しているとするもので，ヴィスコシティ(粘

---

(230) 『毎日新聞』2011年1月13日「野党，日程協議応じず」。
(231) 宮澤俊義『全訂日本国憲法』日本評論社，1978年，348-351頁。

第5章　予算委員会における与野党対立構造の分析

着性）を高める要因として，審議日程の調整，会期制，委員会制，二院制が挙げられている(232)。とりわけねじれ国会においては，政府与党側が廃案にされることを嫌う場合，野党に譲歩し妥協がなされる傾向がある。こうしたヴィスコシティ論を踏まえたうえで，二院制に着目したものとして竹中により「強い参議院」論が有力に唱えられている(233)。強い参議院論とは，参議院の影響力に着目したものであり，参議院の影響力は参議院の審議過程だけでなく衆議院の審議過程や内閣内部の準備過程にまでおよび，政策の内容に大きな影響を及ぼしてきたとするものである。さらに竹中は2010年度参議院選挙後，ねじれ国会となったことから予算関連法案に対する権限を通じて，参議院が予算の内容にまで影響力を与えたとしている(234)。

◆　第2節　◆　予算委員会の役割と特徴

　予算委員会の分析に当たり，予算委員会が担っている役割をみておく必要がある。そして，衆議院の優越規定があるために，参議院がこれまで独自性を発揮するために行ってきた改革について触れておく。予算委員会の所管事項については予算とされており（衆議院規則第92条17項，参議院規則第74条13項），その予算の及ぶ範囲は国政全般に渡ると解されている。衆議院予算委員会の人数は50人，参議院予算委員会の人数は45人となっており，他の常任委員会よりも多くなっている(235)。このことからも予算委員会における審議の重要性が確認できる。
　1946年以前の帝国議会において予算委員会は，予算の詳細について専ら大蔵省に依存しており，予算委員会の機能は政府の予算を承認するだけであった

---

(232) Mike Mochizuki, *Managing and Influencing the Japanese Legislative Process : The Role of Parties and the National Diet*, Ph.D. Dissertation, Harvard University, University Microfilms International, 1982, p.48.
(233) 竹中，前掲書，6-8頁。
(234) 竹中，2011年，前掲論文，52-55頁。
(235) 予算委員会の次に多い常任委員会の委員数は衆議院においては厚生労働委員会および国土交通委員会の45人，参議院においては決算委員会および行政監視委員会の30人となっている。

第 2 節　予算委員会の役割と特徴

とされている⁽²³⁶⁾。そのため、予算委員会においては予算を審議する場というよりも、国政全般を審議する場となっていたのである。帝国議会以来の慣行を引き継いだため⁽²³⁷⁾、今日の予算委員会においても、国政全般にわたる幅広い質疑がなされている。

　一般的に予算委員会の総予算の審査の流れは、趣旨説明、補足説明、基本的質疑、一般的質疑、公聴会、分科会（委嘱審査）、締めくくり質疑、討論、採決の順でなされている⁽²³⁸⁾。また基本的質疑や一般質疑の他に、集中審議という日程も設定されることがある。集中審議についてはどの段階で行われるかは決まっていない。1989 年から 1997 年までにおける衆参予算委員会の総予算審査日数は、衆議院で 10 日から 27 日（平均 18.3 日）、参議院で 7 日から 18 日（平均 12.7 日）となっている⁽²³⁹⁾。

(1) 予算委員会の特殊性 ── 衆参における質疑時間の取り決め及び総予算の審査方式差異

　衆議院予算委員会と参議院予算委員会では、質疑時間に対する取り決めが異なっている。参議院では質疑時間の割当てに答弁時間を含めないいわゆる片道方式を採用しているのに対し、衆議院では質疑時間の割当てに答弁時間を含めるいわゆる往復方式を採用している。片道方式の決定は第 15 回国会の 1952 年度一般予算補正外二案の審査日程を協議したことが現行の片道方式の始まりであるとされている⁽²⁴⁰⁾。質疑時間の割当て方式については、与党は質疑促進の立場から往復方式を主張し、野党は質疑充実の観点から片道方式を主張して第 84 回国会の修正ドント方式の協議の際にも決着は付いていない⁽²⁴¹⁾。参議院予

---

(236) 大曲薫「国会法の制定と委員会制度の再編 ── GHQ の方針と関与について」国立国会図書館調査及び立法考査局『レファレンス』第 60 巻第 11 号（通号 718）、2010 年、39-40 頁。
(237) 大山礼子『日本の国会 ── 審議する立法府へ』岩波書店、2011 年、65 頁。
(238) 浅野・河野編、前掲書、59 頁。
　衆議院『衆議院委員会先例集』平成十五年版、衆栄会、一三二。総予算は、委員会において基本的質疑、一般質疑を行った後、分科会において審査し、更に委員会を開いて締めくくり質疑を行い、討論の後、これを議決する。
(239) 鈴木克洋「参議院における予算審査の概要 (1) ── 予算委員会を中心に」『議会政治研究』第 45 号、1998 年、47 頁。
(240) 小林・東海林、前掲論文、22 頁。
(241) 同論文、22 頁。

第5章 予算委員会における与野党対立構造の分析

算委員会において片道方式が導入された経緯に関しては、第1回国会から第6回国会（1947年から1949年12月）までは時間割当をせずに質疑を行い、第7回国会から第12回国会（1949年12月から1951年12月）までは往復方式により質疑を行い、第13回国会（1952年通常国会）においては、質疑総時間を15時間として、基本時間の割り当てとして各会派に90分を配分した後、残余時間を会派勢力比にて配分し、両方を合算した時間を当該会派の質疑時間としている[242]。このように審査方式に関しては当初柔軟な運用がなされていたことに加え、参議院においては衆議院より多党化が進み、小会派に対する配慮がなされてきたことが片道方式を採用した理由であると考えられる。

また、総予算（一般会計予算、特別会計予算、政府関係機関予算）の審査について、参議院では参議院改革の一環として1983年度総予算の審査から、委嘱審査方式を導入している。参議院に委嘱審査方式が導入された理由としては、衆議院同様の分科会方式では予算委員しか審査に参加することができないため、国の施策の根幹をなす予算審査については全議員が参加すべきであるという考えが挙げられている[243]。委嘱審査方式では、それぞれの常任委員会において審査がなされるため、分科会よりも専門性が高いという特徴を持つ。もっとも参議院においては、分科会方式を採ることは否定していない（参議院規則第75条）。

(2) 衆参予算委員会の審査回数、答弁回数、及び答弁者の割合

予算案に関しては衆議院先議と定められているため（憲法第60条1項）、参議院における審議期間は限られることとなり、衆議院の方が審査回数は多くなっている。92年から11年までの20年間における衆議院予算委員会の審査回数は平均26.0回であり、参議院予算委員会の審査回数は平均21.0回となっている。審査回数に関していえば、参議院は8割程度に留まっている。

しかし、答弁回数や答弁者の割合に関しては審査方式が異なっているため、若干の違いがある。2011年の予算委員会に限定して、答弁回数及び答弁者の割合を調べたところ、表5-1のようになった。

---

[242] 同論文、22頁。
[243] 浅野・河野編、前掲書、127頁。

第 2 節　予算委員会の役割と特徴

表 5-1. 2011 年予算委員会における答弁回数

2011 年	国務大臣	副大臣	大臣政務官	内閣総理大臣	政府参考人	参考人	計
衆議院 審査回数 32（回）	2346	27	13	1005	47	166	3604
予算審査一回当たりの発言回数	73.31	0.84	0.41	31.41	1.47	5.19	112.63
参議院 審査回数 29（回）	2649	239	69	1611	240	235	5043
予算審査一回当たりの発言回数	91.34	8.24	2.38	55.55	8.28	8.10	173.90

　この表を見る限り，片道方式の影響が大きく現れているといえる。予算審査一回当たりの答弁回数を比較すると，衆議院では 113 回の答弁に対して，参議院では 174 回答弁しており，参議院の方が 1.54 倍多くなっていることがわかる。一回の質疑に対して，ある程度答弁を引き延ばして答えている衆議院と，必要最小限の短い答弁を行う参議院となっていることがうかがえる。自民党の石破議員はブログの中で，衆議院予算委員会の質疑が追及不足の印象を与えるのは審査方式の違いであるとし，「衆議院予算委員会も参議院の片道方式を採用すれば，いかに政府が不誠実でも，もう少し内容のある質疑ができる[244]」と述べている。さらに，表 5-1 から答弁割合を作ったものが，図 5-1 と図 5-2 である。

　衆議院予算委員会の方が国務大臣の答弁割合が高くなっている。一方で，参議院予算委員会の方が副大臣，内閣総理大臣，政府参考人の答弁割合がやや高くなっている。政府参考人の答弁割合が高くなっているのは，追及に応じて根拠法令を政府参考人に確認し，信頼性を増したうえで質疑を行っているからである。例えば前原誠司外相（当時）の外国人献金問題に関して，西田昌司委員（自民党）は「まず事務方に聞きますが，これは返還するとかで済まない問題

---

[244] 石破茂オフィシャルブログ「立て直す。日本を，地域を，自民党を！」2011 年 2 月 2 日記事。http://ishiba-shigeru.cocolog-nifty.com/blog/2011/02/post-abdf.html（2013 年 12 月 1 日確認）

第 5 章　予算委員会における与野党対立構造の分析

図 5-1.　2011 年衆議院予算委員会における国務大臣，副大臣，政務官，内閣総理大臣，政府参考人，及び参考人の答弁回数の割合

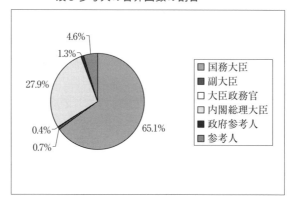

図 5-2.　2011 年参議院予算委員会における国務大臣，副大臣，政務官，内閣総理大臣，政府参考人，及び参考人の答弁回数の割合

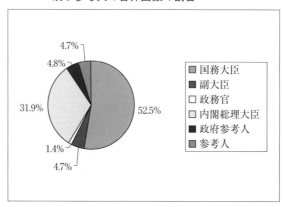

ですよ。外国人からに対する寄附の禁止規定がありますが，説明してください[245]。」というように，政府参考人を上手く活用している。そうした活用の一方で，参議院予算委員会において大臣答弁割合が低いのは，政府から参議院が軽視されていると考えられる。

---

[245] 『第 177 回国会参議院予算委員会会議録』第 2 号，2011 年 3 月 4 日。

◆第3節◆ 　与野党対立の指標

　与野党対立を考えるうえで，大よその政党数の推移を把握しておくことは，政治情勢の変動を捉えることに繋がる。そこでラクソーとタガペラによる有効議会政党数という指標を用いることとする[246]。有効議会政党数は議席率の二乗の総和の逆数で求められる。

$$N = \frac{1}{\sum_{i=1}^{n} p_i^2}$$

　いくつかの政党が同等の議席数を持っている場合，政党数は実際の数と同じになる。また一つの政党がほとんどの議席を占めている場合は，有効議会政党数は1より少しだけ大きくなるという特徴がある。日本の衆参における1992年から2011年までの有効議会政党数の推移は図5-3のようになっている。

　1993年から1995年の間，非自民・非共産連立政権及び自社さ連立政権の頃では，衆議院では政党数が4.2となっていたことがわかる。有効議会政党数は選挙制度と大きく関係しているため，中選挙区制が大きく反映している。1996年に行われた衆議院選挙から小選挙区比例代表制が導入されたため，政党数はそれ以降，徐々に減っており，二大政党制に近づいているといえる。一方，参議院では1992年から1997年までは3.5あたりで推移していたが，97年に橋本内閣が消費税増税を実施したことにより1998年参議院選挙で自民党が議席数を減らし，有効議会政党数は4.2となっている。その後は，衆議院に追随して徐々に有効議会政党数は減ってきているが，2010年の参議院選挙により小政党が多少伸びたことにより，2011年の参議院の有効議会政党数は3.13となっている。

　こうした有効議会政党数の推移には，衆参選挙制度の若干の違いが現れていると考えられる。参議院では衆議院と比べて若干比例代表制の割合が高く，二大政党化に流されにくいといえる。また参議院は3年ごとの半数改選であるた

---

(246) Laakso and Taagepera, *op.cit.*, p4.

第 5 章　予算委員会における与野党対立構造の分析

図 5-3. 有効議会政党数の推移

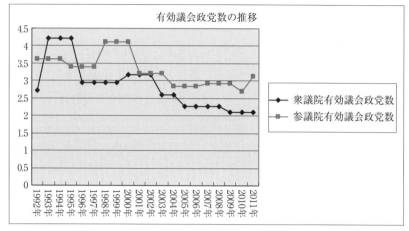

（注）有効議会政党数を計測するに当たって，暦年ごとの通常国会における議席数を調べた。なお，作成に当たって『衆議院の動き』各年版（衆議院常任委員会調査室）および参議院ホームページ（http://www.sangiin.go.jp/）を用いた。

め，有効議会政党数の反映が衆議院に比べて遅くなっている。こうした選挙制度の違いから，二大政党制に近づいているとはいえ，与党が衆参両院において過半数の議席を確保することは難しい構造となっている。そこで，与党は参議院における過半数議席を確保するため，連立工作が必要となる。竹中は 1999 年 10 月からの自民連立政権が 2009 年 9 月まで続いたのは，参議院における過半数確保にあるとしている[247]。また 2009 年 9 月から民主党連立政権に変わり，民主党が国民新党及び社民党と連立政権を組んだ理由は，参議院における過半数の確保のためである。しかし，民主党連立政権は 2010 年 5 月に，社民党との連立を解消することになる。これは民主党とイデオロギー差の大きい社民党の間で，普天間問題の折り合いがつかなかったためである。このように衆参両院で過半数を確保するため，連立政権が発足したとしても，イデオロギー差が大きい場合，連立政権は安定しなくなる。

　与党が参議院で過半数を得られなかった場合，連立確保が難しい理由は，参議院において第三政党が十分に発達していないことに一因がある。2010 年の

---

(247) 竹中，前掲書，208-209 頁。

第3節　与野党対立の指標

　第22回参議院選挙後，参議院では民主党と自民党の二大政党が189議席（78％）を占めており，残る53議席を6つの小政党と無所属議員[248]が分かち合う形となっている。第三政党の未発達とイデオロギー差の大きい小政党の存在により，与党が参議院において連立政党を模索することは困難化している。その結果，衆参の多数派が異なるねじれ国会が常態化する状況となっているのではないだろうか。

(1)　**与野党対立のバロメーターとしての審議拒否**

　与野党対立を考えるうえで，会期制を採用している日本において，日程協議は重要な意味合いを持つ。とりわけ，野党は審議拒否による対抗戦術を用いており，審議空転日数は与野党間の対立度をはかるバロメーターとして用いられる[249]。与野党間の交渉の性格は審議拒否に強く出ており，審議拒否が行われる主要因の一つは，予算修正や政治倫理等の国政一般問題を理由とする予算委員会での与野党対立であるとされている[250]。審議入りといった委員会運営に関しては，与野党による理事会で協議し，合意のうえで進めていくことが慣例となっている。こうした委員会運営を与党単独で行い，野党の反発に遭い，審議拒否がなされ，委員会運営が立ち行かなくなることとなる。例えば1998年3月，公聴会の日程を自民党が単独で決定したことに対して野党が強く反発している[251]。予算案に関しては，衆議院の優越規定があるものの，予算案可決が遅延すれば与党の責任とされるため，日程協議の重要性は他の常任委員会と遜色がないといえる。そこで本章では，予算委員会を分析対象としているため，一般会計予算案及び補正予算案に関して，委員会付託から成立までの期間にどれ程，審議拒否がなされているか調べることとした。計測方法として，委員会付託から成立までの日数及び本会議・委員会・公聴会・分科会，委嘱審査が開かれた審査日数を計測することとし，審議がなされていない日数を付託から成立までの日数で除すことで空転割合を求めた。

---

(248)　公明党19議席，みんなの党11議席，共産党6議席，たちあがれ日本5議席，社民党4議席，国民新党3議席，無所属5議席となった。
(249)　谷，前掲書，50-54頁。
(250)　同書，53頁。
(251)　『朝日新聞』1998年3月5日「予算案公聴会を衆院委議決　足元見られた野党」。
　　　『朝日新聞』1998年3月6日「国会，終日ほぼ空転　解決の糸口　自民に要請　衆院議長」。

第5章 予算委員会における与野党対立構造の分析

表 5-2. 1992年から2011年までの内閣

	内閣	一般会計予算に対する参議院議決形態	一般会計予算成立日	付託から成立までの日数(A)	審議日数(B)	空転割合(1-B/A)
1992年	宮澤	否決	4月9日	98	61	0.38
1993年	宮澤・細川	否決	3月31日	74	51	0.31
1994年	細川・羽田・村山	可決	6月23日	97	35	0.64
1995年	村山	可決	3月22日	51	43	0.16
1996年	村山・橋本	可決	5月10日	91	58	0.36
1997年	橋本	可決	3月28日	57	47	0.18
1998年	橋本・小渕	可決	4月8日	117	89	0.24
1999年	小渕	否決	3月17日	61	45	0.26
2000年	小渕・森	可決	3月17日	60	41	0.32
2001年	森・小泉	可決	3月26日	51	39	0.24
2002年	小泉	可決	3月27日	55	46	0.16
2003年	小泉	可決	3月28日	57	45	0.21
2004年	小泉	可決	3月26日	57	45	0.21
2005年	小泉	可決	3月23日	51	42	0.18
2006年	小泉・安倍	可決	3月27日	55	44	0.20
2007年	安倍・福田	可決	3月26日	49	41	0.16
2008年	福田・麻生	否決	3月28日	60	39	0.35
2009年	麻生・鳩山	否決	3月27日	68	48	0.29
2010年	鳩山・菅	可決	3月24日	55	44	0.20
2011年	菅・野田	否決	3月29日	87	54	0.38

（注）土曜日に委員会審査が開かれる場合も見られたため，カウントに加えた。なお，日曜・祝日，自然休会となっている日はカウントしていない。また補正予算を計測したのは，一般会計予算と同時に提出される場合や，先に補正予算案を提出し，その後一般会計予算案を提出する場合があるなど，計測が困難になるためである。なお，『衆議院の動き』各年版（衆議院常任委員会調査室），参議院ホームページ（http://www.sangiin.go.jp/），国会議事録および朝日新聞『縮刷版』を用いた。

1992年から2011年までの間で，参議院により一般会計予算案が否決された

第3節　与野党対立の指標

のは6例ある。1989年参議院選挙後から1993年の細川護熙内閣発足に至るまで，ねじれ国会であった。自民党は，民社党と公明党と協力することで政権運営を行っていたが，1992年予算案に関してはリクルート事件，共和汚職事件，佐川急便事件と政治腐敗が続いたことに加え，景気対策が不十分である等を理由として，民社党および公明党は反対に回っている。同様に1993年予算に関しても，民社党および公明党は反対に回り，否決されている。その後，1998年・2007年・2010年参議院選挙後にねじれ国会になったことにより否決されている。

　空転割合に関して，審議空転がなく最も効率よく議事日程を組んだのは1995年，2002年及び2007年である。もっとも計測に際して土曜日を加えたため，空転割合は0.16となっている。一方，野党による審議拒否に遭い，空転割合が最も高くなっているのは0.64の1994年における細川内閣及び羽田孜内閣である。1994年は政治改革関連法案の審議を優先したため，一般会計予算の提出が3月4日，成立が6月23日と遅くなっている。細川内閣に対しては，1億円の佐川借入金問題があり，自民党が理事会への出席拒否を行うなど抵抗している[252]。また急浮上した国民福祉税導入に関して，政権内外において反対があり，細川内閣は4月28日に総辞職に至っている。その他1992年は共和汚職事件の証人喚問を巡って空転し[253]，1996年は住専予算案に関して新進党がピケ戦術を行い空転し[254]，2000年は衆議院の定数削減を野党欠席のまま可決したことに対して審議拒否を行っている[255]。2011年に関しては，子ども手当法案及び特例公債法案を巡って二次補正予算に関して空転している。

　審議空転に関しては，主に衆議院段階で野党側が反発し空転することが多くなっているが，参議院段階においても一部審議空転は生じている。参議院段階での主な空転は1993年，2008年及び2009年の3例である。1993年に関して

---

(252)『朝日新聞』1994年3月14日「衆院予算委　審議入りめど立たず　自民が理事会出席拒否」。
(253)『朝日新聞』1992年2月6日「衆院予算委　週内は審議空転へ」。
(254)『朝日新聞』1996年3月4日「住専予算案。採決巡り攻防　衆院予算委　新進，開会を阻止」。
(255)『朝日新聞』2000年1月26日「定数削減　与党単独で審議　衆院委で趣旨説明　野党は全審議拒否」。

第5章　予算委員会における与野党対立構造の分析

は，参議院においても東京佐川急便事件をめぐる証人喚問を強く要求したため，一週間の空転が生じることとなった。しかし，参議院で空転したところで自然成立規定があり，与党から大幅な譲歩を引き出すことができないとして，遠藤要参議院予算委員長に扱いを一任することで合意している(256)。こうした参議院段階での証人喚問をめぐる与野党のバーゲニングは，野党側にとって十分な戦術となっておらず，1993年以降は参議院での審議段階において政治倫理問題に関して審議空転は生じていない。また2008年に関してはガソリン税の暫定税率延長のつなぎ法案に関して，野党が期限切れに追い込む戦略を取ったため，審議入りが遅れ1週間ほど空転している。また2009年に関しては定額給付金などを盛り込んだ二次補正予算案について，野党は参議院で集中審議を求め採決を先送りし，2日空転が生じている(257)。2008年及び2009年は与党側が衆議院での採決を強行したことに対する野党の対立姿勢の強まりであり，政府与党を徹底追及するよりも，倒閣や政権交代を視野に入れた戦術であったとおもわれる。

　国会審議における空転割合が大きくなる要因は政治倫理問題の多寡によることが改めて確認された。政治倫理問題により空転が生じた年は，1992年の共和汚職事件，1993年の東京佐川急便事件，1994年佐川借入金問題及び2001年KSD事件である。また与党の強行採決により空転が生じた年は2000年の衆議院における議員定数削減及び2008年のガソリン税の暫定税率延長に関してである。その他公聴会日程の決定に際して，与党が単独で決定したとして1998年に空転が生じている。また2009年の二次補正予算に関しては衆議院で採決が強行されたとして，野党側が参議院段階での採決を先延ばししている。これらのことから，審議空転割合が増える要因としては，政治倫理問題のほか与党の強硬姿勢が影響していると考えられる。

(2)　委員会審査中における与野党対立の指標

　審議空転割合は審議拒否や日程協議に着目し，与野党の対立を測るものである。しかし，それでは委員会審査中の与野党対立を十分に捉えているとはいえ

---

(256)『朝日新聞』1993年3月19日「予算22年ぶり年度内成立へ　小沢氏ら喚問検討　参院予算委きょう再開」。
(257)『朝日新聞』2009年1月22日「2次補正採決　週内は困難に　参院予算委」。

第3節　与野党対立の指標

ない。そこで会議録の中から，与野党対立の指標となるものとして，委員長の理事会協議を行う旨の発言回数と速記中止回数をカウントすることとした[258]。理事会については委員会運営上不可欠な組織であり頻繁に開かれているが，理事会の性質上，非公開[259]であるがゆえにこれまで研究の対象とされてこなかったといえる。理事会は委員会審査の随所で見られる参考人招致に関しての決定を行うなど議事運営の重要な決定を行っている。例えば委員会審査において，委員が委員長に対して「理事会で協議して下さい」と要望し，委員長が「理事会で後刻協議致します」旨を発言すれば，一定の進展があったものとされ，要望した委員が納得する場面が委員会審査で散見される。公開されている委員会審査中の委員長の発言にこそ，理事会で協議されることが認知することが可能となる。そして委員長の発言回数（以下，理事会協議回数）をカウントすることで，多少なりとも国会運営上の活発さを示す指標となり，与野党対立および与野党の歩み寄りが明確になるのではないかと考えた。また，委員会審査中に委員長が速記を止めることがある。これまで速記中止回数については瑣末な出来事であるためか，研究の対象とされなかったとおもわれる。速記中止は与野党対立の顕在化と考えられ，どの程度委員会審査が荒れていたか測ることに繋がると考えられる。図5-4は衆議院予算委員会における，図5-5は参議院予算委員会における1992年から2011年までの審査回数，理事会協議回数，速記中止回数の推移を表したものである。理事会協議回数は，予算委員会の審査において，委員長が委員の質疑を受け「その件については理事会で協議致します」という旨の発言に加えて「理事会で協議中であります」という旨を述べた場合の回数をカウントしている。

　理事会は委員会審査を円滑に行うための組織であり，与野党の全会一致が基本とされている。また理事会は主に委員会審査の前後，休憩時間に開かれる。協議内容については，配布資料の承認，参考人招致・証人喚問の決定協議，集

---

(258)　カウントに際しては国会議事録を参照して作成した。なお，理事会協議回数に関しては発言内容を確認のうえカウントし，速記中止回数に関しては議事録中の［速記中止］の表記をカウントに用いた。
(259)　第26回国会昭和32年2月15日の常任委員長会議において「理事会は，これを非公開とすること。」の申し合わせがなされている。

第5章　予算委員会における与野党対立構造の分析

図 5-4．衆議院予算委員会の審査回数，理事会協議回数，速記中止回数の推移

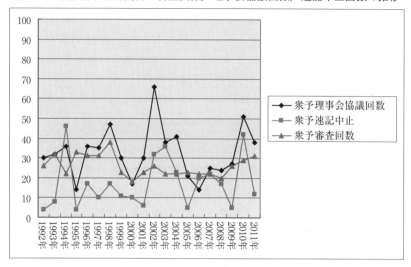

図 5-5．参議院予算委員会の審査回数，理事会協議回数，速記中止回数の推移

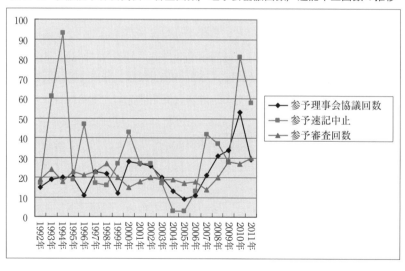

中審議の決定協議および調査報告の確認等を行っている。また委員からの要望を受け理事会協議を開くのではなく、委員長が議事を安定させるために、理事会協議を開く旨を発言する場合もある。例えば、自衛隊の情報保全隊に関する

第 3 節　与野党対立の指標

質疑の中で前田武志委員長は「小野次郎君，予算委員会の質疑の機会はまだこれから集中審議等もありますので，時間がもう達しております。分かりました。それでは理事会で協議することにいたしましょう[260]。」と述べている。こうした理事会協議の開催に関しては委員長に一任されており，衆議院委員会先例では，「委員長は，議案及び調査案件の取扱いその他委員会の運営に関する諸般の事項について理事と協議するため，必要があるときは理事会を開会する[261]。」とされている。その他，常任委員会の理事の数については，一人又は数人の理事を置くこととされており（衆議院規則第 38 条 1 項，参議院規則 31 条 1 項），委員長の指名により選任することを例としている[262]。平成 23 年 12 月 18 日現在，衆参予算委員会の理事の数は委員長を除きともに 9 名となっている。

また，速記中止の回数をカウントすることは委員会審査がどの程度荒れていたのかを測定する一つの指標となる。審査中に速記中止が入る理由としては，野党議員の欠席に対する呼びかけのための他，委員の不規則発言を制止するため，質疑者と答弁者の理解不一致の解消のため等が考えられる。そのため速記中止の回数が多いほど，野党が追及しているといえ，審査が荒れていたと評価することができる。

理事会協議回数については，20 年間を通してみると衆議院予算委員会の方が参議院予算委員会よりも多く理事会協議回数が現れており，委員会審査から理事会協議へ影響を及ぼしていたことがうかがえる。理事会協議回数にはいくつかの波が見られ，近時では 2006 年に転換期を迎え，増加傾向にあると考えられる。とりわけ参議院予算委員会においては 2006 年から，委員が理事会を積極的に活用し始め，委員会審査の質疑に何らかの質的変化があったとも考え

---

[260]　『第 177 回国会参議院予算委員会会議録』第 4 号，2011 年 3 月 8 日。
[261]　衆議院『衆議院委員会先例集』平成十五年版，31 頁。委員長が，委員会の運営に関し協議するため，理事会を開く。なお，理事会はあらかじめ衆議院公報をもって通知し，又は必要に応じ随時他の方法により各理事に通知して開会する，とされている。
[262]　同書，29 頁。理事の互選については，「その委員がこれを互選する（衆議院規則 38 条，参議院規則 31 条）。」とされているが，その方法については，第 1 回国会以来すべて委員会の決議により委員長の指名に一任し，委員長は，理事を割り当てられた会派からあらかじめ申し出た候補者について指名するのが例である。

第5章　予算委員会における与野党対立構造の分析

られる。2006年以降については衆参同様に増加しており，衆議院予算委員会における審査と参議院予算委員会における審査との間に，理事会の活用については差があるとはいえないだろう。最も理事会協議回数が多い年は2002年であり，この年にはNGOの出席拒否問題に関して田中真紀子外相が更迭され，鈴木宗男議員の疑惑が追及されている。2月には田中外相の参考人招致がなされており，3月には鈴木議員の証人喚問が行われている。次に理事会協議回数が多いのは2010年の51回であり，小沢一郎議員の資金管理団体陸山会に関する問題について野党が強く証人喚問を要求したことから多くなっている。理事会協議回数について参議院より衆議院の方が多いことに関しては，参議院では審議時間が限定されているために全会一致である理事会協議を頻繁に開き，議事を長引かせるよりも野党は質疑により追及する方が効果的であると考えていると推測される。

　速記中止回数については，衆議院予算委員会より参議院予算委員会の方が多くなっている。これは参議院予算委員会が片道方式を採用していることに起因すると考えられる。片道方式により衆議院の1.5倍近くの質疑をぶつけるため，徹底した追及がなされているといえる。なお速記中止回数が多くなっているのは，衆参ともに1994年と2010年となっており，94年の細川内閣・羽田内閣および2010年の鳩山内閣・菅内閣はともに政権運営に不慣れであり，質疑者と答弁者の理解不一致が多く現れたと考えられる。

(3) **空転割合と理事会協議，速記中止回数との関係**

　まず理事会協議回数と速記中止回数との関係性をみておく。衆参の比較をする場合，審査回数を考慮する必要があるため，速記中止回数及び理事会協議回数を衆参それぞれの予算委員会の審査回数で割ることとする[263]。20年間の平均値は審査一回あたり，衆議院予算委員会では速記中止回数が0.71回であり，理事会協議回数が1.27回となっている。一方で参議院予算委員会では速記中止回数が1.64回であり，理事会協議回数は1.06回となっている。理事会協議回数では衆議院予算委員会の方がやや多くなっているものの，衆参においてそれほど差があるとはいえない，一方で速記中止回数では衆議院予算委員会より

---

(263) これ以降の分析にあたっては，各年によって委員会の開会回数が異なるため，予算委員会1回あたりの数値を用いて分析を行う。

第 3 節　与野党対立の指標

参議院予算委員会の方が多くなっているといえる。次に，暦年により審査回数の多寡を考慮したうえで，理事会協議回数と速記中止回数の相関関係をみることとする。

表 5-3. 衆参予算委員会の理事会協議回数及び速記中止回数の相関係数

		衆予理事会協議回数	衆院予速記中止回数	参予理事会協議回数	参院予速記中止回数
衆予理事会協議回数	Pearson の相関係数	1	.630**	.253	.151
	有意確率（両側）		.003	.283	.526
	N	20	20	20	20
衆院予速記中止回数	Pearson の相関係数	.630**	1	.306	.519*
	有意確率（両側）	.003		.190	.019
	N	20	20	20	20
参予理事会協議回数	Pearson の相関係数	.253	.306	1	.481*
	有意確率（両側）	.283	.190		.032
	N	20	20	20	20
参院予速記中止回数	Pearson の相関係数	.151	.519*	.481*	1
	有意確率（両側）	.526	.019	.032	
	N	20	20	20	20

（注）**相関係数は 1% 水準で有意（両側）。
　　　*相関係数は 5% 水準で有意（両側）。

表 5-3 は衆参予算委員会の理事会協議回数及び速記中止回数の相関係数を表している。衆議院予算委員会の理事会協議回数と速記中止回数は .630（1% 有意）と中程度に相関している。また参議院予算委員会の理事会協議回数と速記中止回数は .481（5% 有意）と衆議院同様に中程度に相関している。その他，衆参の速記中止回数同士が .519（5% 有意）に相関していることが確認できる。こうしたことから，予算委員会が与野党対立の場となり，衆議院と参議院が連動し，野党が衆議院で追及しきれなかった場合，参議院で追及していると考えられる[264]。

次に，空転割合と速記中止回数との関係を考える。与野党対立が激化し，空

第5章 予算委員会における与野党対立構造の分析

転割合が増えた場合、与野党対立は国会審査まで及び速記中止回数が増えていると予測される。そこで、予算審査一回当たりの衆議院予算委員会の速記中止回数、参議院予算委員会の速記中止回数及び衆参予算委員会の速記中止回数を合算したものを従属変数とし、空転割合および参議院議決形態（可決の場合0、否決の場合1）を独立変数として、重回帰分析を行うこととした。表5-4は分析結果をまとめた表である。

表5-4. 衆院予算委員会、参院予算委員会及び衆参予算委員会の
速記中止回数を従属変数とした場合の回帰分析結果

	衆院予算委速記中止回数	参院予算委速記中止回数	衆参予算委速記中止回数
	回帰係数		
空転割合	2.154*	7.933**	10.087**
参議院議決形態	−.638*	n.s.	−1.358*
重相関係数 R	.574	.703	.707
決定係数 R2乗	.329	.494	.500
自由度修正済み R2乗	.250	.435	.442

（注）**有意確率は1%水準で有意（両側）。*有意確率は5%水準で有意（両側）。
衆院予：$F(2,17) = 4.167$, $p<.05$, 参院予：$F(2,17) = 8.310$, $p<.01$, 衆参予 $F(2,17) = 8.515$, $p<.01$。VIFは1.1程度であり、多重共線性は発生していないとする。

分析の結果、衆議院予算委員会及び衆参予算委員会の速記中止回数に関しては空転割合及び参議院議決形態ともに有意な係数が得られた。参議院予算委員会の速記中止回数に関しては、参議院議決形態は有意となっておらず、空転割合のみが有意という結果が得られた。最も決定係数が高かったものは衆参予算委員会の速記中止回数であり、衆議院予算委員会の速記中止回数の決定係数についてはやや低くなっており、モデルの当てはまりはそれ程良くないといえる。衆議院予算委員会及び衆参予算委員会の速記中止回数において、参議院議決形

---

(264) もっとも相関関係は因果関係を導くものではないため、推論であることに留意しなければならない。

態に関しては予想と反して負の係数となっている。これは野党が参議院で過半数を占めているからといって，速記中止が多くなるという訳ではないことを示している。むしろ，野党が参議院の過半数を占めている場合，速記中止回数が下がる傾向にあるといえる。参議院議決形態が負の係数となった理由に関しては，サンプル数が少なかったことや政治倫理問題の多寡が暦年ごとにより異なっていることが考えられるが，参議院において野党側が委員長となり，議事運営の主導権を握ることで，不規則発言が減ったものと考えられる。また参議院議決形態により速記中止回数が減る傾向にあるのが衆議院予算委員会であることを踏まえると，野党側が参議院で多数を占めている場合には，衆議院を早期に通過させ，参議院で対決しようという野党側の思惑が見受けられる。衆参ともに与党が過半数を占めている場合，どうしても衆議院による多数決の議決が優先されることとなり，少数派である野党側はなんら影響力を及ぼさないため，不規則発言が増加するのではないだろうか。一方，参議院において予算案を否決する場合，影響力を及ぼさないとしても，両院協議会が開かれ修正される可能性があり，否決という一定の答えを導くことで報道にも繋がり世論に訴えかけることができるといえる。野党主導による議事運営を参議院で行ったとしても，ある程度の質疑の噛み違いが見られるが，衆参を一体のものとして国会を評価した場合，速記中止回数は全体として減っているということである。そうした理由から，参議院議決形態に関して負の係数が得られたと考えられる。

小　括

　議会の役割は，①国民代表機能，②立法機能，③審議機能および④行政府監視機能の四つに大別されている[265]。参議院予算委員会においては，衆議院の優越規定の存在により，とりわけ行政府監視機能に強化して発展してきたようにおもわれる。1952年より片道方式を採用してきたことにより，与野党対立の場は，日程協議のみならず委員会審査内部にまで及び，質疑による行政府監視機能は衆議院より参議院において担われているといえる。理事会協議回数に

---

(265) 大山礼子『国会学入門』第二版，三省堂，2006年，15頁。

第 5 章　予算委員会における与野党対立構造の分析

ついては衆参に大きな差異はないが，速記中止回数からは，参議院の方が即応性の高い質疑を行っていると考えられる。そうはいっても，衆参の理事会協議回数及び速記中止回数はそれぞれ相関していることから，連動して機能しており，二度に及ぶ追及をしていると考えるのが合理的な解釈である。そのうえで，参議院無用論に対して答えるなら，権限において衆参に差をおいたとしても，二院制であるがゆえに参議院は衆議院とともに予算審議を通じての行政府監視機能を発揮しているといえるのではないだろうか。

本章においては，予算委員会に限定して議事運営に関する与野党対立を論じてきた。衆議院の優越を定めている予算に関して，委員会の審議機能を考えることは，今後の参議院改革において役立つこととなる。まず，政治情勢を把握するため，衆参の大よその政党数をみることとした。1994 年の政治改革により衆議院は二大政党化しているといえる一方で，参議院は二大政党化が遅くなっていることを確認した。

次に与野党対立の指標として日程協議に着目し，予算委員会においてどれ程審議が空転しているかを明らかにした。そこでは審議空転割合の増える一因が政治倫理問題の多寡及び与党による強行採決によることが改めて確認された。その他，2000 年及び 2008 年に関しては与党が強行採決したことに対し，審議拒否がなされ空転が生じていることから，与党の強硬姿勢が空転割合を増やす要因となっている。審議空転に関しては衆議院での審議段階において，審議拒否がなされ空転することが主となっているが，参議院での審議段階において 1993 年，2008 年及び 2009 年に審議空転が生じている。参議院においては 30 日ルールの制約があるため，1993 年以降政治倫理問題に関して空転は生じていない。参議院段階における 1993 年の空転は佐川急便事件であり，証人喚問を強く求めるものであったが，効果は限定的であった。他方 2008 年の参議院段階での空転はガソリン税の暫定税率延長法案に関して，期限切れを目指すものであり，2009 年は定額給付金などに反対し，集中審議を求めたものであり，倒閣や政権交代を狙っての野党戦術となっている。

そして予算審査に着目した理事会協議回数及び速記中止回数に関しては，理事会協議回数に関しては 20 年間を通してみると衆議院予算委員会の方が参議院予算委員会よりも多く理事会協議回数が現れており，委員会審査から理事会

小 括

協議へ影響を及ぼしていたことがうかがえる。その一方で速記中止回数については参議院予算委員会の方が多くなっており，多くの質疑をぶつけることで徹底した追及がなされていると考えられる。また重回帰分析により空転割合が増えるほど，速記中止回数が増えることが判明した。その他，野党が参議院で過半数を占めている場合，速記中止回数は減ることがわかった。それは参議院予算委員会において野党が議事運営を主導することで，不規則発言が減ると考えられ，参議院による予算案否決という効果の現れであると考えられる。行政府監視機能を「速記中止回数」として捉えた場合，与野党が対立しているほど，議論が紛糾し，速記が止められており，一定の監視機能を果たしているといえるのではないだろうか。

衆参の審議機能を考えるにあたっては，衆議院で追及しきれなかった場合，参議院で追及がなされるため，衆参を一体のものと評価する必要がある。衆参一体のものと評価したうえで，参議院予算委員会が片道方式を採用したことに起因して，二院制が行政府監視機能を強めていると考えられる。参議院予算委員会の審査方式が往復方式に戻されない理由は，歴史的経路依存性の現れだろう。経路依存性とは過去の経緯が現在を制約することであり，歴史的な経緯があるため，制度変更が必ずしも合理的に決定されないというものである。参議院において多党化してきた経緯があるために，一度野党側に有利となった審査方式は変更することが困難となっているといえる。

付表5-5. 衆参予算委員会の審査回数，理事会協議回数，速記中止回数に関する記述統計

	衆院予審査回数	衆院予理事会協議回数	衆院予速記中止回数	参院予審査回数	参院予理事会協議回数	参院予速記中止回数
n	20	20	20	20	20	20
平均	26.0	32.60	17.35	21.0	22.20	33.80
標準偏差	5.23	12.72	12.79	4.37	10.20	24.37
最小値	18	14	4	14	9	3
最大値	38	66	46	30	53	93
尖度	−0.327	1.255	0.120	−0.372	3.225	0.675
歪度	0.637	0.795	1.019	0.574	1.370	1.047

第 5 章　予算委員会における与野党対立構造の分析

　次の第 6 章では，農林水産委員会，厚生労働委員会，文部（文教）科学委員会及び経済産業委員会に絞り，官僚に対して，行政監視を行っているのかの検証を行うこととする。行政監視機能の検証にあたり，委員会審査の審査量に着目し，何らかの事故・事案が発生した場合に，火災報知器型監視として，審査量が増えているのか，あるいは何ら事故等が起こっていない平常時に，審査量が減っているのかの検証を行う。

第6章　国会における行政府監視機能の検証
―― 国政調査に関する量的分析

はじめに

　国会の機能は立法機能，審議機能及び行政府監視機能の三つに大きく大別される。日本の国会研究においては主に立法機能及び審議機能について研究がなされており，行政府監視機能については十分に研究がなされていない。そのため国会における国政調査の実態についてはほとんど解明されていない状況にあるといえる。国政調査に関して研究がなされてきたのは憲法学においてであり，その内容は国政調査の性質や限界について言及がなされてきた。

　国政調査を行う主体は委員会であり，「委員会は，その所管事項について，国政に関する調査を行う(266)」とされている。具体的な活動に関しては「委員会における国政調査は，その所管事項について国務大臣等から説明を聴取し，質疑を行い，必要に応じて参考人の意見を聴取し，証人から証言又は書類の提出を求め，内閣，官公署その他に対し報告又は記録の提出等を要求し，あるいは委員を派遣してこれを行う」とされている。国政調査権という場合，その指し示すところは証人喚問の意味合いが強く，証人喚問は政治ショーの場と化している。しかし，国政調査権の本来的意義は，国民代表機関たる議会が行う行政への統制・監視・監督の一環であり，同時に国政に直結する政治的責任解明にあるとされている(267)。

　本章においては，国会審議における国政調査について取り上げ，その実態を明らかにする。具体的には衆参両院における比較を通じて，国会審議の国政調

---

(266) 衆議院『衆議院委員会先例集』平成十五年版，衆栄会，一七八。
(267) 森英樹「国政調査権の行使」『ジュリスト』第955号，1990年，194頁。

第 6 章　国会における行政府監視機能の検証

査の量に関する分析を行う(268)。国会における国政調査の審議は法案審議の間になされるため，多くの法案が付託される場合，国政調査に関する審議量が減り，行政府監視機能が低下していると考えられる。その傾向は委員会ごとに異なっていることが予想されるため，農林水産委員会，厚生労働委員会，文部(文教)科学委員会及び経済産業委員会について取り上げ，それぞれの委員会の特徴をみていくこととする。

国政調査に関する国会審議に関するデータを集めるにあたり，分析の期間を第 156 回国会（2003 年）から第 180 回国会（2012 年）までとした。10 年間を対象にする場合，十分なサンプルを取れないこと，臨時国会・特別国会においても国政調査が行われることを考慮して分析の単位を年単位ではなく一会期として扱っている。対象委員会として，農林水産委員会，厚生労働委員会，文部(文教)科学委員会及び経済産業委員会の四つに絞っている。これらの委員会を取り上げる理由は衆参ともに所管が共通していること，そして付託される法案の数にばらつきがでることを考慮して選択した。変数としてパトロール型監視に関する語及び火災報知機型監視に関する語の 1 万語あたりの粗頻率(269)を扱っている。

◆ 第 1 節 ◆　行政府監視に関する先行研究

(1)　国政調査権

国政調査権は憲法第 62 条により，「両議院は，各々国政に関する調査を行ひ，

---

(268) 国政調査量を測定するにあたり，国政調査回数，審議時間が考えられるが，本章においては国政調査の総語数を従属変数として用いることとする。国政調査回数については，従属変数として扱うにはばらつきが少なく，一回であってもその調査量の違いが大きい。また審議時間については，審議時間のうち全てを国政調査に当てていることは少なく，法案審議の前後で行われることが多いため，正確な時間を計測できない。これらの理由から国政調査の総語数を用いる。国政調査回数と国政調査の総語数の間には高い正の相関関係があることが分かっている。具体的には衆議院において r=0.896，参議院において r=0.898（ともに有意確率は 1% 水準であり，n=79）である。
(269) 1 万語あたりの粗頻率（frequency per ten thousand words）は，調整頻度を示し，実際に特定の語が何回使われているかという粗頻度（raw frequency）を総語数で除し，10000 を掛けた値となる。総語数の異なる複数のサンプルを取り扱うため，粗頻度ではなく粗頻率を用いている。

これに関して，証人の出頭及び証言並びに記録の提出を要求することができる。」と定められている。国政調査権という場合，証人喚問と書類の提出要求という強制権を伴うものが注目される。旧議院法では国政調査権は実効性のない名目的なものであったため，議院証言法により証人の出頭・証言及び書類提出を要求する手続と要求を拒否した証人に対する罰則を定めている(270)。しかし実際に証人喚問はほとんど行使されていないのが現状である。それは行使の主体が議院あるいは委員会であるため，与野党での合意が得られないからである。委員会において証人喚問を行う場合，理事会での承認が必要となる。理事会での意思決定は全会一致を慣例としているため，与野党での合意が得られにくく証人喚問が発動されにくい。

　国政調査における強制権を伴わない活動として①報告，記録の提出要求（国会法第104条），②国務大臣，内閣官房副長官，副大臣，大臣政務官，政府特別補佐人，政府参考人等からの説明聴取（国会法第71条，第72条），③参考人に出頭を求めて意見聴取（国会法第106条），④委員の派遣（国会法第103条），⑤会計検査院に対する特定事項の検査の要請（国会法第105条）がある(271)。

　国政調査機能を拡充するために衆参それぞれ異なる取り組みを行なっている。衆議院においては1998年より予備的調査制度が導入されている。予備的調査制度とは，衆議院の委員会が行う審査又は調査のために，委員会がいわゆる下調査として衆議院調査局長又は衆議院法制局長に調査を行わせるものであるとされており(272)，二通りの場合がある。一つ目は委員会において，予備的調査を命ずる旨の議決をした場合（衆議院規則第56条の2）であり，二つ目は40人以上の議員が予備的調査要請書を議長に提出し，この予備的調査要請書の送付を受けた委員会が予備的調査を命ずる場合（衆議院規則第56条の3）である。1998年より2011年までの間に行われた予備的調査は委員会議決に基づくものが2

---

(270) 議院証言法第7条第1項には「正当の理由がなくて，証人が出頭せず，現在場所において証言すべきことの要求を拒み，若しくは要求された書類を提出しないとき，又は証人が宣誓若しくは証言を拒んだときは，一年以下の禁錮又は十万円以下の罰金に処する。」と定められている。
(271) 浅野・河野編，前掲書，15-19頁。
(272) 衆議院『衆議院の動き』平成23年版，2011年，445頁。http://www.shugiin.go.jp/itdb_annai.nsf/html/statics/ugoki/h23ugoki.pdf/$File/h23ugoki.pdf（2013年1月20日確認）

第6章 国会における行政府監視機能の検証

件であり，40人以上の議員による要請に基づくものは43件となっている。予備的調査制度の実績として，「公益法人等における国家公務員の再就職状況及び中央政府からの補助金等交付状況に関する予備的調査」が挙げられる。この予備的調査はマスコミに取り上げられたこともあり，多くの反響があったとされている[273]。

一方で，衆議院の予備的調査制度は不活発であるとされる指摘もあり，その理由としては，本人である野党議員と代理人である官僚との間に利害対立が生じており，野党議員が対案を作成するための情報を官僚は出し渋るからであると考えられている[274]。こうした利害対立のある調査に関しては，与野党間で協力が得られないのが実状であり，用いることができるのは野党であってもある程度の規模が大きい野党に限られることになる[275]。

参議院においては，国政調査機能の拡充のために調査会が設置されている他，行政監視委員会が存在しており，独自性を発揮しようと改革がなされてきた。調査会は1986年5月参議院改革協議会の答申に基づき，長期的かつ総合的な調査を行うために設置された。調査会は立法措置が必要な場合に委員会に対して法律案の提出を勧告することができるほか，調査のために公聴会を開くことができる[276]。最近では2010年11月に国際・地球環境・食糧問題に関する調査会，国民生活・経済・社会保障に関する調査会及び共生社会・地域活性化に関する調査会が設置されている。また参議院においては1997年に行政監視委員会が常任委員会として設置されている[277]。行政監視委員会の所管は行政監察に関する事項，行政監視に関する事項，行政に対する苦情に関する事項とさ

---

(273) 大西勉「予備的調査の実態と最近の調査局改革：国会改革の動き」『北大法学論集』第58巻第2号，2007年，952-954頁。
(274) 武蔵勝宏「国会」森本哲郎編『現代日本の政治と政策』法律文化社，2006年，208-209頁。また，調査局の人的リソースに限界があるため，十分に調査を実施できるだけの人員の伸縮性がないことも指摘されている（谷勝宏『議員立法の実証研究』信山社，2003年，148頁）。
(275) 2012年に行われた第46回衆議院選挙を踏まえると，40人以上の規模を満たしているのは野党の中でも民主党と日本維新の会に限られている。
(276) 参議院「参議院の調査会」平成22年，2010年，2頁。
http://www.sangiin.go.jp/japanese/chousakai/chousakai.pdf（2013年1月20日確認）
(277) 衆議院においては決算行政監視委員会が設置されており，参議院では決算委員会と分かれている。

第 1 節　行政府監視に関する先行研究

れており（参議院規則第 74 条 15 号），行政監視は行政監察と行政に対する苦情の包括上位概念であると理解されている[278]。

(2) プリンシパル・エージェント論

　行政府監視を考える場合，政治家と官僚の間にプリンシパル・エージェント関係があるとしばしば考えられる。プリンシパル・エージェント論はラムザイヤーとローゼンブルスにより政党優位論の展開とともに論じられてきた[279]。プリンシパル・エージェント関係においては監視と規制のコストがかかるため，エージェンシースラックが生じるとされている[280]。これは情報の非対称性と政治家の関心の限定性から官僚は本人たる政治家が望むような行動を常にしないという期待と代理人の行動のギャップである。エージェンシースラックの規模は取引費用に依存するとされており，本人の持つ情報が最小で代理人をコントロールすることが難しい場合に最大となる[281]。また逆に本人の情報が最大で代理人をコントロールする費用が最小である場合にエージェンシースラックは最小となる。ラムザイヤーとローゼンブルスによれば，エージェンシースラックの問題に対して自民党幹部は四つの方法を用いている。それは①官僚の行う全てのことに拒否権を持つ，②官僚の昇進をコントロールする，③族議員を用いることや省庁間競争を促すことで情報を得る，④官僚の退職後の職務に関する人事をコントロールすることである[282]。

　ルピアとマカビンズによれば，本人は代理人の行為について情報を得るための手段を三つ持っているとしている[283]。それらは①代理人の行為に対する直

---

[278] 佐伯祐子「参議院行政監視委員会・設置経緯とその活動」『議会政治研究』第 51 号，1999 年，14 頁。
[279] Mark Ramseyer and Frances Rosenbluth, *Japan's Political Marketplace With New Preface*, Harvard University Press, 1997.
[280] *Ibid*, pp.4-5.
[281] Randall Calvert, Mathew McCubbins and Barry Weingast, "A Theory of Political Control and Agency Discretion," *American Journal of Political Science*, Vol.33, pp.588-611. 政治家に情報が不足している場合，不確実性が高まり官僚の裁量が増すことが示されている。
[282] Ramseyer and Rosenbluth, *op.cit.*, pp.107-108. 現在において天下りは原則禁止されているため④は用いられていないと考えられる。
[283] ルピア・マカビンズ（山田真裕訳）『民主制のディレンマ──市民は知る必要があることを学習できるか？』木鐸社，2005 年，110-113 頁。

第6章　国会における行政府監視機能の検証

接監視，②代理人の活動について自己申告に注目すること，③代理人の行為について第三者の証言に注目することの三つである。そしてこの三つの手段いずれにも深刻な欠点があることを指摘している。直接監視の場合，政治家が代理人の情報や行動を理解するために数年を要するほどであり機会費用が膨大となる。自己申告に注目する場合，本人と代理人が対立的な利益を有すると，代理人たる官僚は専門知識を本人と共有するという誘因を持たないことになる。第三者の証言による場合も同様に，第三者と本人の利益が対立する場合，本人は知識を得ることができない。

　行政府監視に関する古典的先行研究として，マカビンズとシュオルツにおけるパトロール型監視対火災報知器型監視が挙げられる[284]。国会における行政府監視は恒常的なパトロール型監視よりも，何らかの事故などが起きた際に働く火災報知機型監視の方が効率的であるとされている。また国会議員には有権者の信用を得る動機が働くため，国民や利益団体によって指摘された事柄について質疑をするために火災報知機型監視の傾向が強まるとされている。火災報知機型監視がより多く採用される理由として，行政の担う範囲が広く，どこに問題があるか指摘されるまで分からないこと，そしてパトロール型においては一部しか調べることができず，問題のある部分を捉えることが難しいことが指摘されている。

(3)　近年の政官関係論

　増山は厚生省における部局再編前後の立法動向を分析し，厚生省の部局が所管する法案は当該部局が再編された後の方が成立しやすいことを示している[285]。このことから，立法・行政関係は議事運営権を握る与党の政策選好に忠実な省庁には行政的な自律性が付与され，逆に与党の意向に沿わない法案を作成する省庁が冷遇されるという多数主義的な議会制度の観点に合致するものであるとしている。さらに行政組織の再編を通じて官僚の政策的な逸脱が矯正されるという意味において，プリンシパル・エージェント論における立法・行

---

[284] McCubbins, Mathew D. and Thomas Schwartz, "Congressional Oversight Overlooked : Police Patrols versus Fire Alarms," *American Journal of Political Science*, Vol.28, No.1, 1984, pp.165-179.

[285] 増山，前掲書，2003年，159-177頁。

政観にも合致するとされている。

　また，待鳥は与党議員へのアンケート調査を用いて，与党一般議員から省庁官僚へと直結していた委任構造が変化し，内閣と与党執行部からなる執政中枢部が存在感を強めていることを指摘している(286)。この分析の過程において，国会議員は行政府監視の必要性をあまり感じていないとしながらも，行政裁量を縮小すべきという回答が多いことを明らかにしている。

◆第2節◆　仮説の設定と国政調査の現状

(1) 仮説の設定

(仮説1)　委員会に付託される法案の数の多さは，国政調査の審議量を減らしている。

　この仮説が検証された場合，行政府監視機能の側面から考えると，国政調査の審議時間を確保するには，法案審査と分ける必要が主張されることとなる。一方で立法機能の側面から考えた場合，国会は合理的な行動を取っており，立法活動の効率性を重視しているといえる。

(仮説2)　火災報知機型監視に関する語が多く現れているほど，国政調査は活発となっている。

　この仮説はマカビンズとシュオルツの議論を踏まえたものであり，この仮説が検証されれば，国会は何らかの事故が起きた場合に行政府監視を行っていることが実証される。

(仮説3)　パトロール型監視に関する語が多く現れているほど，国政調査は不活発となっている。

　この仮説は仮説2の裏返しとも捉えられるが，恒常的な監視が怠りがちになっていることを示すものであり，国会が通常の行政府監視を軽視していることを示すものとなる。

---

(286) 待鳥聡史『首相政治の制度分析——現代日本政治の権力基盤形成』千倉書房，2012年，129-160頁。

第6章　国会における行政府監視機能の検証

図6-1．農林水産委員会における国政調査回数の推移

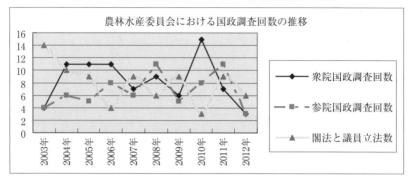

（注）国会議事録及び参議院議案審議表より作成した。国政調査の審査回数については，質疑が行われた回数をカウントしている。法案の付託数については参議院段階での付託数をカウントした。

(2) 現　状

(2)(1)　農林水産委員会

図6-1は農林水産委員会における国政調査回数の推移を表している。農林水産委員会においては，衆議院での調査回数の方が多くなっていることが読み取れる。参議院での調査回数の方が上回っているのは2008年及び2011年である。2008年については，世界的な食料価格高騰問題を受けて，参議院で国政調査が増えている。農林水産省は農政改革三対策緊急検討本部を設置し，2007年10月末に「米緊急対策」を打ち出している[287]。こうした食料価格高騰問題のほか，2008年9月に三笠フーズによる事故米の不正転売事件が生じたことから，審査回数が増えている。また2011年に関しては東日本大震災に対する国政調査を多く行ったことから，衆議院を上回っている。

審査回数の他に通常国会における農林水産委員会に付託された閣法及び議員立法の数を図に含めている。大きな傾向としては，法案の付託数の増減により，国政調査の審査回数増減していることがうかがえる。ただし全ての年次において逆の動きをしているのではなく，法案数が8本から10本程度の場合，こうした傾向は読み取れない。

---

[287] 農林水産省「米緊急対策について」2007年10月29日。
　　http://www.maff.go.jp/j/seisan/keikaku/e_meeting/index.html（2013年12月1日確認）

第2節　仮説の設定と国政調査の現状

図6-2．厚生労働委員会における国政調査に関する審査回数の推移

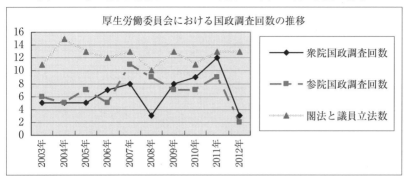

（注）国会議事録及び参議院議案審議表より作成した。国政調査の審査回数については，質疑が行われた回数をカウントしている。法案の付託数については参議院段階での付託数をカウントした。

(2)(2)　厚生労働委員会

　図6-2は厚生労働委員会における国政調査に関する審査回数の推移を表している。厚生労働委員会においては衆議院での審査回数の方が参議院での審査回数より多くなっているとはいえない。2008年の衆議院での審査回数を例外として，2007年から2011年にかけては活発に国政調査が行われていることが分かる。傾向としては2008年を例外に，衆参ともに同様の動きをしているといえる。2008年の衆議院での審議回数が少ない理由に関しては，重要な問題が生じていなかったためであると考えられる。2008年に参議院で審査されている内容は主に2007年に生じた社会保険庁の年金記録問題への対処，途中経過である。2009年においては，新型インフルエンザのパンデミックが懸念されたこと，また2010年においては所在不明高齢者の存在が発覚したことにより年金の不正受給が問題となったことが増加要因であると考えられる。付託される法案の数については毎年10本以上が付託されており，審査回数との関係性はほとんど読み取れない。

(2)(3)　文部科学・文教科学委員会

　図6-3は文部科学・文教科学委員会における国政調査回数の推移を表している。文部科学・文教科学委員会においては，衆議院での調査回数の方が参議院での調査回数より多くなっていることが分かる。傾向として衆議院と参議院の

第6章　国会における行政府監視機能の検証

図6-3. 文部科学・文教科学委員会における国政調査回数の推移

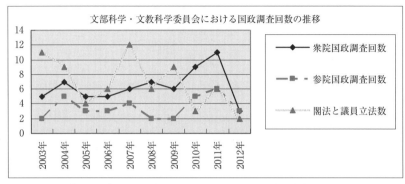

(注) 国会議事録及び参議院議案審議表より作成した。国政調査の審査回数については，質疑が行われた回数をカウントしている。法案の付託数については参議院段階での付託数をカウントした。

調査回数の推移は同様の動きをしているといえる。付託される法案の数については，その年によってばらつきがあり，多い年（2007年）では12本付託されているのに対し，少ない年（2012年）では2本となっている。2003年や2007年といった付託される法案の数が多ければ，活発な国政調査はなされない。その一方で，2011年のように付託される法案の数が5本程度であっても，衆議院で11回というような国政調査が行われる年もある。こうした傾向を見る限りにおいて，付託される法案の数が多ければ，行いうる国政調査に見えない上限が設けられているのではないだろうか。

(2)(4)経済産業委員会

図6-4は経済産業委員会における国政調査回数の推移を表している。経済産業委員会においても，衆議院での調査回数の方が多くなっており，衆参で同様の傾向があるといえる。付託される法案の数は年間4本から16本と幅があり，とりわけ2003年及び2009年に関しては，法案の数が国政調査を圧迫していると読み取ることができる。

第2節　仮説の設定と国政調査の現状

図6-4．経済産業委員会における国政調査回数の推移

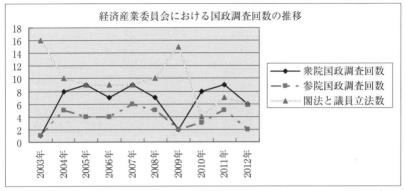

（注）国会議事録及び参議院議案審議表より作成した。国政調査の審査回数については，質疑が行われた回数をカウントしている。法案の付託数については参議院段階での付託数をカウントした。

表6-1．各委員会における調査回数及び調査語数

	衆院年平均調査回数	参院年平均調査回数	衆院年平均調査語数(A)	参院年平均調査語数(B)	(B)／(A)
農林水産委員会	8.4	6.7	333085	256468	0.769978
厚生労働委員会	6.5	6.8	334541	335874	1.003985
文部科学・文教科学委員会	6.4	3.5	283672	160500	0.565794
経済産業委員会	6.6	3.7	247982	127823	0.515453

（注）国会議事録を用い，2003年から2012年までの期間を算出している。

　表6-1は各委員会における調査回数及び調査語数を表したものである。法案審査においては，参議院の審議回数は衆議院に比べて8割程度になっているとされている。国政調査量においては，委員会において様相が異なっている。最も衆参の差が大きいのは文部科学・文教科学委員会であり，参議院の調査量は衆議院と比べて5割7分となっている。他方で厚生労働委員会においては，衆議院との差はほとんどないといえる。

第6章　国会における行政府監視機能の検証

◆ 第3節 ◆　仮説の検証

(1)　コーディング

　言語分析においては，何をパトロール型監視と捉え，何を火災報知器型監視と捉えるかについては，細心の注意が求められることとなる。本章においては，頻度の多い語の中から，特に名詞を中心に30語程度ずつ抜き出すこととした。パトロール型監視に関する語については「状況」や「現状」などを表す語の他，それぞれの委員会の所管と関係の深い語を抜き出している。

　火災報知器型についてはそれぞれの委員会によって起こった事故が異なるため，個別に考慮することとした。農林水産委員会においてはBSE問題，事故米転売問題，鳥インフルエンザに関する問題を取り上げている。BSE問題に関しては，2001年9月に国内で確認され，2002年6月に牛海綿状脳症対策特別措置法が成立した[288]。また事故米転売問題に関しては，2008年9月に三笠フーズによる事故米穀を食用と偽っていたことが明らかとなった[289]。また鳥インフルエンザに関しては2004年に国内で発生して以来，対策が行われている[290]。

　厚生労働委員会においてはアスベスト問題，新型インフルエンザに関する問題，年金記録問題，薬害肝炎問題，東日本大震災に関する問題を取り上げている。アスベスト問題については，2005年6月クボタの旧神崎工場周辺における健康被害が社会問題となり[291]，2006年2月に石綿による健康被害の救済に関する法律が成立した。新型インフルエンザについては，2009年アメリカや

---

[288] 農林水産省「牛海綿状脳症対策基本計画」2002年7月。
　http://www.maff.go.jp/j/syouan/douei/bse/b_sotiho/pdf/kihon_keikaku.pdf（2013年12月1日確認）
[289] 農林水産省「特集事故米への取り組み」2008年12月。
　http://www.maff.go.jp/j/pr/aff/0812/introduction.html（2013年12月1日確認）
[290] 農林水産省「鳥インフルエンザ緊急総合対策について」2004年3月。
　http://www.maff.go.jp/j/syouan/douei/tori/20040316taisaku.html（2013年12月1日確認）
[291] クボタ「旧神崎工場周辺の石綿健康被害への対応について」2005年12月。
　http://www.kubota.co.jp/new/2005/s12-25.html（2013年12月1日確認）

第3節　仮説の検証

メキシコで発生した新型インフルエンザ（A/H1N1）が世界的に流行し，5月には新型インフルエンザ対策本部幹事会が開かれている(292)。年金記録問題は，2006年6月約5000万件が基礎年金番号に結びつかないことが発覚した(293)。薬害肝炎問題については，フィブリノゲン製剤を投与されたことにより，C型肝炎ウイルスに感染したとして，国及び製薬企業に対し薬害肝炎訴訟が2002年10月から全国5地裁に提起された(294)。

文部科学・文教科学委員会においては高校必履修科目未履修問題の他，公立学校施設の耐震化に関する問題，ゆとり教育の見直しに関する事柄を取り上げている。高校必修科目未履修問題については，2006年10月複数の高校において学習指導要領で定める未履修の実態が判明した(295)。公立学校施設の耐震化に関する問題については，震災への対応のため，2003年7月「学校施設耐震化推進指針」が示された(296)。ゆとり教育の見直しについては，2006年10月「教育再生会議」が閣議決定により設置され(297)，2008年1月，授業時数の増加等が提言された(298)。

経済産業委員会においてはレアメタルなどの希少金属に関する問題，それに

---

(292) 厚生労働省「新型インフルエンザ対策本部幹事会「確認事項」」2009年5月。http://www.mhlw.go.jp/kinkyu/kenkou/influenza/090516-01.html（2013年12月1日確認）
(293) 厚生労働省『厚生労働白書』平成22年版「年金記録問題」2010年, 3-5頁。
(294) 同書, 10-15頁。「薬害肝炎事件」
(295) 文部科学省『文部科学白書』平成18年版「より良い教科書のために」2006年, 148-150頁。2006年11月20日時点での調査の結果, 5408校のうち663校が該当していることが明らかとなった。
(296) 文部科学省大臣官房文教施設部「学校施設耐震化推進指針」2003年7月。
http://www.mext.go.jp/a_menu/shisetu/bousai/taishin/03071501/001.pdf（2013年12月1日確認）
2002年における小中学校の耐震化率は44.5%であったものが, 2011年における耐震化率は80.3%になっている。
文部科学省「公立学校施設の耐震化の推進（過去の調査結果）」2010年。
http://www.mext.go.jp/a_menu/shotou/zyosei/taishin/1324418.htm（2013年12月1日確認）
(297) 首相官邸「教育再生会議の設置について」2006年10月。
http://www.kantei.go.jp/jp/singi/kyouiku/pdf/01_secchi.pdf（2013年12月1日確認）
(298) 教育再生会議「社会総がかりで教育再生を・最終報告～教育再生の実効性の担保のために～」2008年1月。
http://www.kantei.go.jp/jp/singi/kyouiku/houkoku/honbun0131.pdf（2013年12月1日確認）

第 6 章　国会における行政府監視機能の検証

付随する経済連携協定や自由貿易協定に関する事柄，気候変動枠組条約に関する事柄，高速増殖炉もんじゅに関する問題，石川銀行の経営破綻に関する問題を取り上げている。レアメタルの希少金属に関する問題に関しては，2006 年 6 月に「非鉄金属資源の安定供給確保に向けた戦略」という報告書が取りまとめられている(299)。この報告は経済産業省資源エネルギー庁に設置された資源戦略研究会が発表したものである。経済連携においては戦略的・多角的な経済連携が推進されてきている(300)。気候変動枠組条約に関する事柄に関して，日本は 2002 年に京都議定書を批准して以来，CO_2 の排出量が問題として取り上げられるようになっている(301)。高速増殖炉もんじゅに関しては，1995 年にナトリウム漏洩事故発生から停止されていたものの，2010 年に運転が再開されている(302)。

---

(299) 経済産業省資源エネルギー庁　資源戦略研究会「非鉄金属資源の安定供給確保に向けた戦略」2006 年 6 月。
　http://www.meti.go.jp/committee/materials/downloadfiles/g61122c08j.pdf（2013 年 12 月 1 日確認）
(300) EPA については，シンガポール（2002 年 11 月），メキシコ（2005 年 4 月），マレーシア（2006 年 7 月），チリ（2007 年 9 月），タイ（2007 年 11 月），インドネシア（2008 年 7 月），ブルネイ（2008 年 7 月），ASEAN（2008 年 12 月），フィリピン（2008 年 12 月），スイス（2009 年 9 月），ベトナム（2009 年 10 月），インド（2011 年 8 月），ペルー（2012 年 3 月）との間でなされている。経済産業省『通商白書』2012 年度版，2012 年，388 頁。
(301) 経済産業省地球環境対策室「気候変動問題の経緯と今後の展望」2013 年。
　http://www.meti.go.jp/policy/energy_environment/global_warming/pdf/2013ClimateChange01.pdf（2013 年 12 月 1 日確認）
(302) 独立行政法人日本原子力研究開発機構「高速増殖原型炉もんじゅ安全性総点検に係る対処及び報告について（第 5 回報告）」2009 年 11 月。
　http://www.meti.go.jp/committee/materials2/downloadfiles/g91113c05j.pdf（2013 年 12 月 1 日確認）

第3節　仮説の検証

表6-2．パトロール型監視及び火災報知器型監視に関する語

	パトロール型監視に関する語	火災報知機型監視に関する語
農林水産委員会	政府，行政，状況，食料，食品，価格，単価，市場，受給，需要，実態，現状，現行，考え，考え方，所見，中長期，成果，農業，農産物，農村，水田，漁業，水産，林業，森林，酪農，家畜，飼料	事故，被害，危機，BSE，牛肉，骨粉，プリオン，ヤコブ，伝染病，症状，発症，原産地，トレーサビリティー，疫，疫学，防疫，検出，インフルエンザ，ワクチン，ウイルス，偽装，アクセス，ウルグアイ，WTO，TPP，被災，風評，消毒，汚染，ベクレル
厚生労働委員会	行政，実態，現実，状況，事態，考え，考え方，知見，見通し，枠組み，少子化，高齢，価格，医療，治療，診療，福祉，保険，年金，応益，介護，育児，貧困，保健所，就職，就業，就労，内定，雇用，ハローワーク	事故，災害，被害，アスベスト，石綿，肝炎，インフルエンザ，感染，BSE，SARS，ワクチン，ウイルス，接種，台帳，記録，偽装，薬害，フィブリノゲン，C型肝炎，イレッサ，被災，被爆，原子力，線量，避難，放射，放射線，汚染，ベクレル，ミリシーベルト
文部科学委員会，文教科学委員会	学校，子供，先生，大学，スポーツ，政府，状況，現場，行政，考え，考え方，実態，現状，現実，方針，小学校，高校，義務教育，教育，教科書，児童，内容，指導，育成，学級，就学，教職員，職員，科学，技術	ゆとり，詰め込み，学力，低下，要領，改訂，学習，基礎，見直し，授業，必修，科目，履修，選択，取得，教養，教科，独自，講習，耐震，診断，施設，地震，公立，改修，老朽，補強，建物，対策，発覚
経済産業委員会	政府，政策，国民，現状，状況，金融，会社，事業，中小，民間，技術，製品，戦略，生産，ビジネス，価格，市場，需要，供給，消費，競争，コスト，経営，取引，労働，雇用，輸出，貿易，GDP，所得	原子力，原発，事故，建屋，被害，エネルギー，レアアース，レアメタル，タングステン，中国，気候，京都，洞爺湖，COP，枠組み，TPP，参加，EPA，FTA，交渉，もんじゅ，増殖，ナトリウム，判決，サイクル，石川銀行，RCC，送り，譲渡，代替

第 6 章　国会における行政府監視機能の検証

(2) 分析の結果
(2)(1) 農林水産委員会

表 6-3．農林水産委員会の国政調査量を従属変数とした回帰分析

	衆院国政調査総語数	参院国政調査総語数
閣法及び議員立法数	−10939.427** (0.048)	−13196.825** (0.043)
地震ダミー	−58468.510 (0.275)	131770.843* (0.078)
パトロール型監視に関する語の粗頻率	−3978.037*** (0.006)	670.306 (0.651)
火災報知機型監視に関する語の粗頻率	373.768 (0.800)	−1329.522 (0.457)
通常国会ダミー	261394.535*** (0.000025)	196686.086*** (0.001)
n	20	20
R 二乗	0.880	0.657
自由度修正済み R 二乗	0.837	0.535

（注）***は 1% 水準，**は 5% 水準，*は 10% 水準で有意（両側）であることを示す。括弧内は p 値を示す。衆院国政調査総語数：F (5,14) = 20.538, p<0.01，参院国政調査総語数：F (5,14) = 5.374, p<0.01。VIF は 5 を下回っており，多重共線性は発生していないとする。

　農林水産委員会から結果を見ていくこととする。まず（仮説 1）に関して，付託される法案の数が国政調査の審議量を減らしているかどうか確認する。衆議院での審議量及び参議院での審議量ともに 5% 有意でマイナスの係数が得られている。よって農林水産委員会においては，閣法及び議員立法の付託される数が多ければ，国政調査の審議が圧迫されているといえる。

　次に（仮説 2）に関して，火災報知機型監視に関する語が多く現れているほど，国政調査が活発となっているかどうか確認する。この変数に関しては衆参ともに有意な結果は得られず，農林水産委員会においてこの仮説は支持されていない。

　そして，（仮説 3）に関して，パトロール型監視に関する語が多く現れているほど，国政調査が不活発となっているかどうか確認する。この変数に関して

第 3 節　仮説の検証

は参議院については有意な結果は得られなかったものの，衆議院に関しては 1％水準で有意にマイナスの係数が得られている．事故が起こったときに審議量が増えるのではなく，何も起こっていない場合に国政調査は不活発となっていることがうかがえる．この結果は衆議院においてのみ見られるものであり，参議院において見られないことから，参議院においてはパトロール型監視を軽視していないとも読み取ることができる．

また，仮説には含めていなかったが，東日本大震災に対する国政調査のあり方に関して衆参によって態度が異なっていることを確認する．地震ダミーは地震が発生した 2011 年の通常国会においてのみ反応するダミー変数である．この変数は参議院においてのみ 10％有意でプラスの係数が得られている．これは 2011 年の参議院においてのみ審議量が増えたことを意味しており，参議院で東日本大震災に対する国政調査を活発に行っていたことを表している．参議院が補完的役割を果たしていると考えることができる結果であるといえよう．

(2)(2)　厚生労働委員会

表 6-4．厚生労働委員会の国政調査量を従属変数とした回帰分析

	衆院国政調査総語数	一日あたりの参院国政調査語数
閣法数	−2513.553 (0.715)	−299.147*** (0.001)
地震ダミー	275437.177*** (0.007)	−907.512 (0.574)
パトロール型監視に関する語の粗頻率	−6738.726*** (0.009575)	−95.310** (0.018)
火災報知機型監視に関する語の粗頻率	−4206.283** (0.029)	−20.412 (0.523)
通常国会ダミー	15442.614 (0.770)	—
n	19	20
R 二乗	0.614	0.609
自由度修正済み R 二乗	0.465	0.505

(注) ***は 1％水準，**は 5％水準，*は 10％水準で有意（両側）であることを示す．括弧内は p 値を示す．衆院国政調査総語数：$F_{(5,13)} = 4.132$, $p<0.05$，一日あたり参院国政調査語数：$F_{(4,15)} = 5.843$, $p<0.01$．VIF が 5 を下回っており，多重共線性は発生していないとする．

147

第6章　国会における行政府監視機能の検証

　つぎに厚生労働委員会の結果について見ていくこととする。参議院に関しては，モデルの当てはまりが悪かったため，従属変数については参議院国政調査総語数を会期日数で除し，一日あたりの国政調査語数としている[303]。

　（仮説1）に関して，衆議院では有意な結果が得られなかった。厚生労働委員会に付託される法案の数は毎年10本以上であり，多くの法案が審議されているが，法案の数は国政調査の審議量を減らしていないことがうかがえる。これは厚生労働委員会において，法案審査の間や付託までの間に国政調査を行い，日程調整を上手く行なっているのではないかと考えられる。参議院においてはマイナスの係数が得られているが，一日あたりの語数としたため，これは通常国会よりも臨時国会での調査量が多いことを示すものであると考えられる。通常国会においては，法案が国政調査を圧迫しているともいえるが，臨時国会において国政調査を活発に行っているといえるものである。

　（仮説2）に関して確認したところ，衆議院においては5%有意でマイナスの係数が得られ，予想とは逆の結果が得られた。火災報知機型監視に関する語が多く現れているほど，国政調査が不活発となることが明らかとなった。これはコーディングの問題が主たる原因の一つであるが，発生した事故が厚生労働委員会に関する利益団体の利害と関係していないことによると考えられる。利益団体の利害と直接的に関係する場合，政治家は信任獲得のため積極的に質疑を行う。しかし過去10年間に発生した厚生労働に関する事故には，アスベスト問題やC型肝炎，イレッサ訴訟といった薬害に関する問題など特定の有権者に対する問題が含まれており，多くの票を有する利益団体と関係が薄いため，政治家が関心をもって質疑に臨まなかったのではないかと考えられる。

　（仮説3）に関して，衆議院及び参議院ともに有意な結果が得られている。衆参ともにパトロール型審議に関しては，予想通りの結果であり，何も起こっていない場合に，審議量が減ることを示している。

　また，東日本大震災に対する国政調査のあり方に関して，衆議院ではプラス

---

[303] 会期日数で除した場合，会期日数の短い臨時国会での調査量が他と比べて高く出てくる場合がある。極端な場合，取り除き検討する必要があるが，日本においては会期制を採用しているがゆえに臨時国会での国政調査が多くなっている傾向があり，分析にあたってあえて取り除くことはしなかった。

で有意の係数が得られており，国政調査が増えたといえる。他方参議院では有意な結果が得られていない。厚生労働委員会では地震に対する国政調査を衆議院で行ったため，参議院ではあまり行わなかったと考えられる。

(2)(3) 文部科学委員会・文教科学委員会

表6-5. 文部科学・文教科学委員会の国政調査量を従属変数とした回帰分析

	衆院国政調査総語数	参院国政調査総語数
閣法及び議員立法数	−4558.216 (0.243)	−5336.228 (0.123)
地震ダミー	212375.067*** (0.000131)	70746.525* (0.052)
パトロール型監視に関する語の粗頻率	2006.149 (0.155)	1503.319 (0.372)
火災報知機型監視に関する語の粗頻率	−223.497 (0.901)	1178.838 (0.109)
通常国会ダミー	136780.570*** (0.000532)	42263.411 (0.165)
n	19	18
R 二乗	0.880	0.530
自由度修正済み R 二乗	0.834	0.334

(注) ***は1%水準，**は5%水準，*は10%水準で有意（両側）であることを示す。括弧内はp値を示す。衆院国政調査総語数：$F_{(5,13)} = 19.145$, $p<0.01$，参院国政調査総語数：$F_{(5,12)} = 2.705$, $p<0.10$。VIFは5を下回っており，多重共線性は発生していないとする。

文部科学・文教科学委員会において，仮説1〜3はいずれも当てはまっていない。まず（仮説1）において，衆参ともにマイナスの係数が得られているものの，有意とはなっていない。これは文部科学・文教科学委員会に付託される法案の数が少ないため，国政調査の負担とまではなっていないからであると考えられる。

次に（仮説2）と（仮説3）において，火災報知機型監視及びパトロール型監視の双方が有意となっていないのは，利益団体やメディアが取り上げる大きな事故がなかったからではないだろうか。教育問題や耐震化の問題は古くから

第6章　国会における行政府監視機能の検証

議題となっており，一過性のものではない。その上，パトロール型監視に挙げた語は火災報知機型の語と関連している教育問題であり，有意にならなかったと考えられる。

　ただ，東日本大震災の対応を示す地震ダミーは衆参ともに有意にプラスの係数が得られている。これは衆参ともに地震に対して活発な調査を行ったことを示しており，他の委員会でみられた衆参での役割分担は見られなかった。

(2)(4)　経済産業委員会

表6-6．経済産業委員会の国政調査量を従属変数とした回帰分析

	衆院国政調査総語数	一日あたりの参院国政調査総語数
閣法	−12132.236* (0.069)	−100.553** (0.014)
地震ダミー	10137.330 (0.895)	740.478 (0.450)
パトロール型監視に関する語の粗頻率	−877.591 (0.559)	51.355** (0.032)
火災報知機型監視に関する語の粗頻率	−652.652 (0.639)	37.309** (0.037)
通常国会ダミー	194721.149*** (0.006)	—
n	20	20
R二乗	0.746	0.709
自由度修正済みR二乗	0.556	0.503

（注）***は1％水準，**は5％水準，*は10％水準で有意（両側）であることを示す。
　　　括弧内はp値を示す。衆院国政調査総語数：$F_{(5,14)} = 3.508$, $p<0.05$，参院国政調査総語数：$F_{(4,15)} = 3.797$, $p<0.05$。VIFは5を下回っており，多重共線性は発生していないとする。

　最後に経済産業委員会の結果について見ていくこととする。厚生労働委員会同様，参議院に関しては，モデルの当てはまりが悪かったため，従属変数については参議院国政調査総語数を会期日数で除し，一日あたりの国政調査語数としている[304]。

　（仮説1）に関しては，衆参ともに有意な結果が得られている。経済産業委

員会においては閣法が国政調査を圧迫していると考えられる。ただし，参議院においては一日当たりの調査語数を従属変数としているため，特別国会・臨時国会での調査量の増加が結果に表れていることも考えられる。

（仮説2）に関しては，参議院においてのみ有意な結果が得られた。火災報知器型監視が働く場合，国政調査が活発となることを示している。経済産業委員会における火災報知器型の事故として想定したのは，石川銀行の経営破綻，もんじゅ訴訟，気候変動枠組条約，レアアース輸出規制問題，原発事故の5つの出来事を取り上げた語を取り扱っている。参議院においてはこうした火災報知器型監視に関することが多く調査されたと考えられる。

（仮説3）に関しては，衆議院においては有意な結果が得られていない，一方で参議院においては予想と逆の結果が得られた。こうした結果が得られたのは参議院において，パトロール型監視を軽視していないことを示すものであり，業界出身の議員も多いため，プラスの係数が得られたものであると考えられる。

小　括

本章においては，行政府監視機能の検証を行ってきた。分析の結果，明らかとなった点は次の三点であるといえよう。一点目は，付託された法案数が多ければ国政調査の審議量自体が圧迫される委員会があるということである。この点からは立法と行政府監視を機能別に切り分けることが主張されるが，国政調査が圧迫されている委員会が限定されていることを考えると，それほど影響力は大きいとはいえない[305]。二点目は，会期制が国政調査の量に貢献しているということである。コントロール変数として，扱った通常国会ダミーは多くの委員会で有意とはなっておらず，通常国会と同じくらい臨時国会や特別国会で

---

[304] 会期日数で除した場合，会期日数の短い臨時国会での調査量が他と比べて高く出てくる場合がある。極端な場合，取り除き検討する必要があるが，日本においては会期制を採用しているがゆえに臨時国会での国政調査が多くなっている傾向があり，分析にあたってあえて取り除くことはしなかった。

[305] 21世紀臨調の提言においては，法案審査と国政調査を機能別に切り分けることを主張している。21世紀臨調「国会審議活性化等に関する緊急提言」2009年。
http://www.secj.jp/pdf/091104-1.pdf（2013年12月1日確認）

第 6 章　国会における行政府監視機能の検証

国政調査が行われていることが明らかとなった。これは日本では会期不継続の原則があるために，通常国会では立法を優先するのに対して，臨時国会・特別国会においては法案を通すのに十分な期間が取られないため，国政調査を行なっているという実態があることを表している。立法機能から考えた場合，会期制は立法期間が限定されることに働くが，逆に行政府監視機能から考えた場合，法案が多く付託されていない臨時国会や特別国会においては行政府を統制するための期間であると考えることができる。こうした解釈は立法機能と行政府監視機能を通常国会と臨時国会・特別国会に切り分けていると考えられるものであり，一点目の法案付託数による国政調査の圧迫を和らげる方向に働いているといえるだろう。三点目は，マカビンズとシュオルツによるパトロール型監視機能は一部の委員会（衆農水委，衆厚労委，参厚労委）において軽視されることを実証した点である。火災報知器型監視に関して，国政調査が増加するという結果は一部（参経産委）しか得られなかったものの，パトロール型監視においては行政の担う範囲が広く，問題のある部分を捉えることが難しいゆえに，国政調査量が少なくなるといえることが明らかとなった。

　こうした点を踏まえて衆参の役割について考えると，国政調査において衆参の役割が分化していると考えられるのは東日本大震災に対する調査量くらいである。参議院が担うべき役割として考えられている行政府監視機能は委員会での審議レベルにおいては十分になされていないといえる。ただし震災での調査量に見られるような衆参での違いがあるということは参議院が補完的役割を少なからず担っていることを示唆しているといえるだろう。

　プリンシパル・エージェント論から参議院の国政調査を考える場合，委員会の規模を考慮することが必要となる。475 人いる衆議院に対して，参議院は 242 人であり，規模は半分程度となっている。しかし委員会別での規模を考慮に入れた上で，一人当たりの調査語数を比較すると参議院の調査語数は衆議院と同程度であるか衆議院より多くなっていることが分かる。これは，参議院が行政府監視をする上で不利に働く規模が小さいことを反対に活かすものであり，規模が小さいゆえに政治家一人当たりの調査量が増え，一つの事柄であっても衆議院での議論より深いところまで追求できる可能性を表しているといえる。

　国会における国政調査は行政府監視の機能以外に，立法の前段階としての調

小 括

表6-7. 国会議員一人あたりの国政調査語数

	衆院規模(A)	参院規模(B)	衆院年平均調査語数(C)	参院年平均調査語数(D)	衆院一人当たりの調査語数(C)／(A)	参院一人当たりの調査語数(D)／(B)
農林水産委員会	40	20	333085	256468	8327.13	12823.40
厚生労働委員会	45	25	334541	335874	7434.24	13434.96
文部科学・文教科学委員会	40	20	283672	160500	7091.80	8025.00
経済産業委員会	40	21	247982	127823	6199.55	6086.81

(注) 国会議事録を用い, 2003年から2012年までの期間を算出している.

査, 委員を派遣して行う地域の実態調査, そして専門家などの参考人から意見を聴取する情報収集といったものが含まれている. それを単純に国政調査の審議量から審議が多くなされているために行政府監視が機能していると結論づけることはできない. しかしながら, 国政調査の審議量自体を調べることで, どの委員会における国政調査が活発であるか, 衆参の審議量に差があるかといったことが分かり, 付託される法案の数により国政調査が減少するのか検証することができた点に意義があるといえるだろう. 日本の国会研究は立法機能及び審議機能の側面ばかりに焦点を当ててきたため, 行政府監視機能に関しての余白を埋めるという意味で, 今後の国会研究には求められる領域となるであろう.

今後の課題としては, 審議量のみに着目するのではなく, 審議の内容に着目し, どのようなことが国政調査で明らかにされ, 行政に対しての影響を分析することが必要となる. またプリンシパル・エージェント論から考えた場合, 政治家と官僚の情報の非対称性の問題, 政治家の関心の限定の問題に対していかなる解決策があるのか検討せねばならず, そうした場合, 政治家と有権者や利益団体との関係を捉えなおし, 政治家の情報入手について考察することが求められる.

本章では, 国会審議の量に着目して, 分析を行ってきた. しかし, 実際の国会審議で重要となるのは, 審議の量よりも, 質であるといえる. 熟議民主主義の観点より, いかなる質疑によって, 政府を追及しているのかの検証を行う必

第6章　国会における行政府監視機能の検証

要がある。政府答弁の中でも，とりわけ重要な意味を持つ首相の答弁に着目し，国政調査の質的分析を行う。

第 7 章 予算委員会における談話分析
―― 国政調査に関する質的分析

はじめに

　本章は談話分析を行い，予算委員会における国政調査の質を分析するものである。国政調査の研究は，国政調査権に関する憲法学上の研究はあるものの，政治学上の研究はほとんどなされていないのが現状である。国政調査を対象とすることには大きく二つの意義がある。一つ目は，参議院が充実した審議を行っているか検証することである。参議院には充実した審議が求められているが，充実した審議はこれまで規範として論じられてきた。そのため，実際に衆参の審議が重複しており，参議院での審議が不要であるといえるのか判断することが難しいまま放置されてきたといえる。本章では，衆参両院の比較を通して，異なる観点から審議がなされているのか検証する。二つ目は，国政調査の役割の重要性を確認するためである。いかなる目的のために国政調査がなされるかというと，①法律の執行状況を把握する，②政府の行動を制約する，③立法活動の補助的な調査をする等が挙げられる。こうした国政調査の役割は，立法を第一の目的とする国会の役割からは二次的なものであるとされ，必要であるという認識はされているものの，日本において実証研究はなされてこなかった。

　こうした審議機能の検証と国政調査の役割という意義を問い直す背景には，二院制に関する論議が，近年のねじれ国会や一票の較差の問題を受け，再び活発になされるようになってきたからである。参議院憲法調査会の「二院制と参議院の在り方に関する小委員会調査報告書」では，二院制を堅持することが共通認識として確認されている[306]。二院制堅持という共通認識を踏まえ，最近の議論では，公明党の西田実仁参議院議員が，政権を選ぶ一院，衆議院だけで

第7章　予算委員会における談話分析

は第三者的に行政を監視することは難しく、国会の行政府監視機能を高めるには、議院内閣制を取る以上、一院制ではなし得ないと発言している[307]。そして参議院の行政府監視機能を強める改革が必要であるとしており、衆議院との役割の分化が掲げられている。今後の参議院改革を行うにあたり、現在の参議院の審議機能及び行政府監視機能を検証することは重要となる。

◆ 第1節 ◆　理論研究及び先行研究

(1) フェイス理論及びどっちつかず理論

談話分析に関する理論研究の多くは言語学において研究が進められてきた。そうした理論研究を基盤として、政治コミュニケーション論として、研究手法が確立されている。重要な理論研究及び先行研究は、ブルとフェルドマンにより整理がなされている[308]。ブルとフェルドマンによると、政治コミュニケーション論で用いられる主な理論研究はフェイス理論とどっちつかず理論であるとされている。ゴフマンによると、社会関係において聞き手と話し手のフェイスが重要な意味を持つとされている[309]。ゴフマンはフェイスを社会的価値であると位置づけており、フェイスは認知されている様々な社会的属性を尺度として記述できるような自己をめぐるイメージであるとしている[310]。一般的に人はフェイスという自己イメージを保持し、守ろうとする。ゴフマンはフェイスを守るプロセスを回避プロセスとし、自己のイメージと矛盾する出来事があった場合は修正しようとするため、そのフェイスを守る行為を修正プロセスと捉えている[311]。そしてフェイスを守ることができなかった場合は、面目がつぶされる（フェイスを失う）と捉えている。ある人が面目をつぶされるとい

---

(306) 参議院憲法調査会「二院制と参議院の在り方に関する小委員会調査報告書」2005年。
(307) 『第183回国会参議院憲法審査会会議録』第1号、2013年3月13日。
(308) Peter Bull and Ofer Feldman, "Theory and Practice in Political Discourse Research," in Ron Sun, ed., *Grounding Social Sciences in Cognitive Sciences*, MIT Press, 2012, pp. 331-357.
(309) アーヴィング・ゴッフマン（浅野敏夫訳）『儀礼としての相互行為』法政大学出版局、2002年。
(310) 同書、5頁。
(311) 同書、15-23頁。

第1節　理論研究及び先行研究

える場合は，その人がとっている方針とどうしても衝突してしまうような情報，その人の社会的価値をめぐるそのような情報が前面に出てくる場合であるとされている[312]。ゴフマンのフェイス理論は，ブラウンとレビンソンによって確立された。ブラウンとレビンソンはフェイスへの威嚇行為を他者に踏み込まれたくないネガティブフェイスと，他者によく思われたいポジティブフェイスがあると区別している[313]。例えば，ネガティブフェイスへの脅威として，聞き手の将来的行為を叙述することにより，その行為をするように，あるいはしないように聞き手に何らかの圧力をかけるような場合である。またポジティブフェイスへの脅威として，話し手が聞き手のフェイスに関し，批判や軽蔑など否定的評価をする場合である。

　バヴェラスらは政治的に曖昧な表現がなされる場合は四つの要素に分けられるとしている。その四要素とは送り手，受け手，内容，脈絡である。①話し手が自分の意見を言っているかどうか，②どういう相手に対して向けられているか，③内容がはっきりしているか，④脈絡から，質問に対し直接的に答えているかどうかであり，この4要素により，きちんと質問に対して答えているか判断されることとなる。バヴェラスらによると，いずれか一つでも不明瞭な場合は，曖昧であるとされる[314]。またバヴェラスらによると，曖昧な表現は，聞かれたことに対して，何と答えようともマイナスにしかならない状況によって生み出されるとされており，それを回避-回避の対立（avoidance-avoidance conflict）であるとしている[315]。

(2)　談話分析に関する先行研究

　バヴェラスらの研究をもとに，政治家の受け答えに関する研究がいくつかなされた。例えば，イギリスにおける研究として，質問に答えない非答のカテゴ

---

[312] 同書，8頁。
[313] ペネロピ・ブラウン，スティーヴン・レビンソン（田中典子監訳）『ポライトネス――言語使用における，ある普遍現象』研究社，2011年，85-88頁。
[314] Janet Beavin Bavelas, Alex Black, Lisa Bryson and Jennifer Mullet, "Political Equivocation: A Situational Explanation," *Language and Social Psychology*, Vol.7, No.2, 1988, pp.137-145.
[315] Janet Beavin Bavelas, Alex Black, Nicole Chovil and Jennifer Mullett, *Equivocal Communication*, Sage Publications, 1990, pp.54-66.

リーについては，ブルとメイヤーがマーガレット・サッチャーとニール・キノックを取り上げ，11に分類を行なっている(316)。11の分類は，質問を無視する，質問を認識するが答えない，質問に対し質問で返す，質問を攻撃する，インタビュアーを攻撃する，回答を拒否する，政治的な処理をする，不十分な回答で済ませる，前の質問の回答を繰り返す，出された質問に対して既に回答済みであることを述べる，謝るというものである。その他，日本における研究として，フェルドマンによる政治家を対象とした政治討論番組の研究がある(317)。フェルドマンによると，政治討論番組において，日本の政治家は9.9％しか質問に対し正確に答えていないとされている(318)。またフェイス理論とどっちつかず理論の架け橋をした研究として，ブルらの研究がある(319)。ブルらによると，政治家には政治家個人としてのフェイス，政党としてのフェイス，重要な他者に対するフェイスという大きく三つのフェイスがあり，さらにそれは19に細分化されている(320)。野党議員は政府の行動を制約しうる言質を引き出そうとするとともに，名誉や威信といった政府与党のフェイスを攻撃する。フェイスを攻撃することで，国民に政権を担う与党の能力の低さを知らしめ，政権交代を狙おうとするのである。

(3) **議会研究に関する先行研究**

こうした政治討論番組とは別に，議会研究もなされている。イリーによると，議会での質疑と答弁のパターンには複数の目的があり，党派的な質疑(partisan questions)では，政府を守り，強化する質疑だけでなく，野党を攻撃する質疑がなされる。一方で，注目を浴びる質疑(attention seeking questions)では，注目を浴びることや情報を得ることに加え，地元の広報のために質疑がなされるとされている(321)。フランクリンとノートンは議会における質の機能を明

---

(316) Peter Bull and Kate Mayer, "How Not to Answer Questions in Political Interviews," *Political Psychology*, Vol.14, No.4, 1993, pp.651-666.
(317) Ofer Feldman, *op.cit*, 2004.
(318) *Ibid*, p103.
(319) Peter Bull, Judy Elliott, Derrol Palmer and Libby Walker, "Why Politicians Are Three-Faced: The Face Model of Political Interviews," *British Journal of Social Psychology*, Vol35, 1996, pp267-284.
(320) *Ibid*, pp.274-278.

第1節　理論研究及び先行研究

確化している⁽³²²⁾。フランクリンとノートンによると，質疑には大きく三つの機能があるとしている。第一に，政府の行動と説明責任に影響を与えること，第二に情報を得ること，第三に政府の行動自体を減らすことである。さらにこの三つの機能は八つに細分化されている。①．政府の政策及び行動に影響を与える。②大臣の説明を把握する。③．入手困難な情報を入手する。④行政府の働きを攻撃あるいは防御する。⑤．政策あるいは政府の働き等の情報を入手する。⑥．有権者の関心を高める。⑦．議会の成果を評価する。⑧議院及び議員の関心を公にする。

(4) **熟議民主主義の観点**

これらの談話分析の理論研究及び先行研究と関連して，熟議の観点から，質疑を少し検討してみたい。フィシュキンによると，熟議は情報，実質的バランス，多様性，誠実性および考慮の平等という五つの項目により論じられる⁽³²³⁾。フィシュキンの論じる熟議は，市民レベルでの熟議を指しており，国会レベルでの熟議とは文脈が異なるものの，参考にすべきところがある。それは熟議の質が質疑の機能と関連しており，質疑を行うことによって，熟議に貢献すると考えられるからである。例えば，「争点に関係すると思われる十分に正確な情報がどれほど参加者に与えられるか」という情報の観点は，情報を得ることという第二の機能と密接に関係している。また副次的な効果として，与党議員および野党議員が質疑をすることによって，実質的バランスや多様性に貢献するといえるだろう。与党議員の質疑であっても，連立与党の質疑があることや，野党議員の意見であっても衆議院及び参議院で政党の構成がやや異なるため，主要な立場が相当程度，考慮される機会を与えられるといえる。さらに予算委員会や本会議はテレビ中継が入るため，国民レベルでの議論に繋がることが期待される。

---

(321) Cornelia Illie, "Parliamentary Discourses," in Keith Brown ed., *Encyclopedia of Language and Linguistics 2nd ed.*, Vol9, Elsevier Science Press, 2006, pp.188-197.

(322) Mark Franklin and Philip Norton, "Questions and Members," in Mark Franklin and Philip Norton eds., *Parliamentary Questions*, Clarendon Press, 1993, pp.108-113.

(323) ジェイムズ・フィシュキン（曽根泰教監修，岩木貴子訳）『人々の声が響き合うとき──熟議空間と民主主義』早川書房，2011年，60-73頁。

第7章　予算委員会における談話分析

(5)　政治の大統領制化

　現代における日本の政治を分析の対象とする上で，首相の重要性が高まっていることを指摘しておかなければならない。それは衆議院選挙が首相選択と結び付くという国民内閣制の議論と関係しており，選挙キャンペーンにおいて，首相及び野党党首のイメージが選挙を左右すると位置づけられるからである。こうした日本の首相の重要性が増す傾向は政治の大統領制化と捉えられている。

　政治の大統領制化というのは，高見によれば，議院内閣制の枠組みの下において，政党を基軸とした従来の政治のあり方が首相を中心に「より大統領的なもの」となることを意味しているとする[324]。権力の人格化に政治の大統領制化をみることができ，権力の人格化は選挙過程における首相の顔に焦点が当てられることになる[325]。その結果，党首の個性や指導力，公約の提示の仕方といったものが選挙の勝敗に影響を与え，党首のコミュニケーション能力は益々その重要性を増している。

　また制度面に関して，橋本行革により首相の権力リソースが制度的に増加し，首相が大統領的な要素を強めていることが指摘されている[326]。橋本行革により，1999年内閣法が改正され，首相の自律性が強められた改革点は主に次の三つである。一つ目は，内閣法第4条2項により，内閣の重要政策に関する基本的な方針その他の案件について首相が閣議へ発議する権限が明記されたことである。二つ目は内閣府設置法第9条により，特命担当大臣を置くことができるようになったことである。三つ目は内閣法第12条2項3号・6号により，内閣府が内閣に設置され，内閣官房が内閣の重要政策に関して，基本的な方針に関する企画及び立案並びに総合調整に関する事務や情報の収集調査に関する事務を担うことになったことである。

　武蔵は小泉政権，安倍政権及び福田政権を取り上げ，小泉政権のみが首相の

---

[324] 高見勝利「政治の「大統領化」と二元的立法過程の「変容」？」『ジュリスト』第1311号，2006年，48-63頁。

[325] Thomas Poguntke and Paul Webb, "The Presidentializaion of Politics in Dmocratic Societies: A Framework for Analysis," in Poguntke and Webb, eds., The Presidentialization of Politics: A Comparative Study of Modern Democracy, Oxford University Press, 2005, pp.4-11.

[326] 武蔵勝宏「政治の大統領制化と立法過程への影響」『国際公共政策研究』第13巻第1号，2008年，273-290頁。

第1節　理論研究及び先行研究

権力を強め，政党や国会の影響力を低下させたとしている[327]。一方で，安倍政権が強いリーダーシップを発揮できなくなった原因として，社会保険庁の年金記録問題や閣僚の不祥事発覚による内閣支持率の低下を挙げている。内閣支持率の低下は官邸と閣僚，与党，官僚制との間の様々な軋轢を生み，首相の自立性を損ねることに繋がるとしている。また福田政権に関しては，衆参の多数派が異なるねじれ国会であることが政治的指導力を獲得できなかった要因の一つであるとしている。こうした安倍政権や福田政権における支持率の低下やねじれ国会を生み出した原因の一つには，首相のコミュニケーションに問題があったのではないだろうか。

同様に首相の重要性が増す傾向として，マスメディアの役割の変化が捉えられている。クラウスとナイブレイドによると，首相の重要性が増したのは，マスメディアの役割の変化と選挙の性質の変化にあるとしている[328]。それはメディアが政治リーダーに関する報道を増加させたことにより，有権者は態度を考え直す機会を増やしたからである。こうしたマスメディアの役割の変化を踏まえ，ナイブレイドは首相がハイパーアカウンタビリティを求められているとしている[329]。このように首相に対して高度な説明責任が求められるようになってきたのは，首相の権限が強化したことに加え，マスメディアが首相に関する報道を増やしたこと及び選挙の場面において党首に注目が集まることに起因しているといえる。

本章ではこれらの理論をもとに，二つの仮説を設定し，衆参予算委員会の国政調査の質に違いがあるのか検証することとする。

---

(327) 同論文，288-290頁。
(328) Ellis Kraus and Benjamin Nyblade, " 'Presidentialization' in Japan? The Prime Minister, Media and Election in Japan," *British Journal of Political Science*, Vol.35, 2005, pp.357-368. この20年間で，選挙の活動領域における変化及びメディアにおける変化が首相の国民向けイメージを重視させてきたと指摘している。
(329) ベンジャミン・ナイブレイド（松田なつ訳）「首相の権力強化と短命政権」樋渡展洋・斉藤淳編『政党政治の混迷と政権交代』東京大学出版会，2011年，245-261頁。

第7章 予算委員会における談話分析

◆ 第2節 ◆　方法論及びデータセット

　分析方法に関しては，フェルドマンが政治番組に関するテレビインタビューの分析に用いた方法論を踏襲することとした[330]。まず質疑と答弁に分け，質疑の分類を行ったあと，その質疑に対して明確に答えているかどうかの評価を行う。質疑の分類に関しては，ジャッケルの分類，質疑の話題の分類及びフェイスへの脅威の分類を用いている。他方，答弁の評価には，三人の評価者の協力を得て，それぞれ送り手，受け手，内容及び脈絡に関して6点尺度を用いて，得点を付けて頂いた[331]。本章ではそれぞれの四要素を個別に合算し，連続変数として取り扱っている[332]。

　ジャッケルは構文法上の表現の違いから，質疑の特徴を明らかにしている[333]。ジャッケルはインタビューにおける質問の意味に着目し，直接質問と間接質問の大きく二つに分類した。直接質問ではイエス・ノーで答えられる質問，いつどこで誰が何をどのようにしたかを聞く5W1Hの質問，情報を提示し確認する宣言型の質問に分けられる。また間接質問は前置きがありそれに関する質問で，意見・考えを伺う質問，「言いたいことはこうですよね」と意味合いを求める質問，詳しい説明を求める質問，話し手の脅威を取り除く意図を含めて「一つ伺いたいのですが〜」，「〜だろうかと思います」という形式を取る質問，婉曲な表現で「こうではないか」と憶測する質問に分けられる。さらに，直接質問・間接質問とは別に，第三者の意見・批判を引用して質問する場合と自分が今どうしてこの質問をするか説明する場合があるとしている。

　質疑の話題の分類に関しては，①重要な個人に関する質問，②重要な他の政党・組織に関する質問，③事実関係に関する質問，④政治過程に関する質問，

---

[330] Feldman, *op.cit.*, pp.80-88.
[331] 評価者については，同志社大学大学院総合政策科学研究科の大学院生及び修了生の協力を得た。
[332] 6点尺度は順序尺度であるが，3人の得点を合算することで，3点から18点までの幅が生まれるため，連続変数として扱っている。
[333] Andreas Jucker, *News Interviews : A Pragmalinguistic Analysis*, John Benjamins Publishing Company, 1986, pp.99-139.

第2節　方法論及びデータセット

⑤争点に関する質問，⑥政治的約束に関する質問に分類を行った。

　①重要な個人に関する質問は，例えば「最初にオバマ大統領の印象をちょっとお伺いしたいんですが，(中略) どんな印象を大統領にお持ちになりました(334)。」といったように，重要なアクターに関しての印象，反応などを質問する場合である。②重要な他の政党・組織に関する質問は，アルジェリア邦人拘束事件に関して「今回，政務官という形で現地対策本部を立ち上げられた理由を御説明ください(335)。」という質疑のように，組織体制に関する質問である。③事実関係に関する質問は，過去の行動等を明らかにする質問である。例えば，「日米首脳会談で，具体的なスケジュールというのが，(中略) 具体的に言及されたのかどうか(336)。」といった質疑を分類している。④政治過程に関する質問は，国会人事や予算成立などの過程に関する質問である。例えば日銀人事に関して「長年，与党，野党の立場でこういった人事案件にかかわってこられた総理として，御所感を伺いたいと思っております(337)。」といった質疑を分類している。⑤争点に関する質問は，具体的なTPPに関する質問や集団的自衛権といった安全保障政策に関する質問を分類している。例えば，「TPPに参加した場合の影響に関する試算について，交渉参加の表明前に政府としてきちっとした責任ある公表をきちっとすべきだと私は考えますけれども，総理，この点についての見解を伺いたいと思います(338)。」のような質疑である。⑥政治的約束に関する質問は，公約に関連した質問である。例えば「自民党の衆議院選挙の公約は，聖域なき関税撤廃を前提とする限り，交渉参加に反対。とすると，今回の日米首脳会談で守れると確認した衆議院選挙における聖域と，今回のTPPに関し守り抜くべき国益というのが，これは一体どのように重なっているんでしょうか(339)。」といった質疑である(340)。

　分析の対象として，衆参予算委員会における安倍首相に対する質疑及び答弁

---

(334)『第183回国会参議院予算委員会議録』第7号, 2013年2月27日。塚田一郎委員の質疑より。
(335) 同会議録, 大野元裕委員の質疑より。
(336)『第183回国会衆議院予算委員会議録』第7号, 2013年2月28日。佐藤茂樹委員の質疑より。
(337) 同議録, 山田宏委員の質疑より。
(338) 同議録, 佐藤茂樹委員の質疑より。
(339) 同議録, 柿沢未途委員の質疑より。

163

第 7 章　予算委員会における談話分析

を対象とする。首相に関する質疑及び答弁を対象とする理由は，首相は行政府のトップであり，答弁によって政府の行動が制約されうるからである。また首相の答弁はしばしばメディアに取り上げられ，内閣支持率に影響を与える可能性があるといえ，首相答弁は他の大臣や副大臣，政務官の答弁より重みのあるものとなる。また安部首相を分析対象とするのは，ある程度政治的リーダーシップの要素を持ち合わせていると考えられるからである。首相のリーダーシップに関しては，ハヤオが技術合理的リーダーシップ，政治的リーダーシップ，受動的リーダーシップの3つに分類している(341)。この分類において，日本の首相のほとんどが受動的リーダーシップであると指摘されている。さらにハヤオの分類を踏まえ，北村は政治的リーダーシップ型の首相として中曽根康弘首相の他，強い個性と世論へのアピールという観点から小泉純一郎首相を挙げている(342)。

　本章においては，データセットを第183回国会衆議院予算委員会第7号(2013年2月28日) 及び第183回国会参議院予算委員会第7号 (2013年2月27日) の国会審議より作成している。安倍首相に対する質疑と答弁の数については衆議院61個，参議院71個の計132個である。

　分析を行う前に，分析対象となる国会審議がいかなる文脈で行われたものか，全体の質疑及び答弁の主体の割合を明らかにしておく。ここで注目すべきことは，首相に対する答弁が多くを占めており，首相の重要性が国政調査による質疑であっても高まっているということである。首相以外の国務大臣の説明責任を追及するより，首相に対する説明責任を重視している傾向が見受けられる。

　図7-1 及び図7-2 は衆議院予算委員会及び参議院予算委員会での答弁割合を示している。衆議院では56.0％が首相に向けて質疑されている一方で，参議

---

(340) 質疑の話題はそれぞれ重なり合う部分があり，厳密に6つに分類することは難しいが，質疑の内容，発言の比重を考慮し，分類を行なっている。
(341) Kenji Hayao, *The Japanese Prime Minister and Public Policy*, University of Pittsburgh Press, 1993, pp.14-19. 政治的リーダーシップは，トップダウンでのリーダーシップを発揮し，明確な目標を示して変革を推し進めるとされている (*Ibid*, p.16)。
(342) 北村知史「普天間基地移設をめぐる鳩山首相のリーダーシップと世論の影響力」『同志社政策科学院生論集』第1号, 2012年, 93-107頁。鳩山については問題が発生してから対応に乗り出す典型的な受動的リーダーシップであると指摘している。

第 2 節　方法論及びデータセット

図 7-1. 衆議院予算委員会での答弁割合

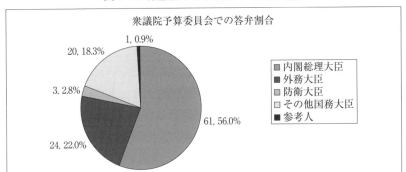

（注）第 183 回国会衆議院予算委員会第 7 号より作成。

図 7-2. 参議院予算委員会での答弁割合

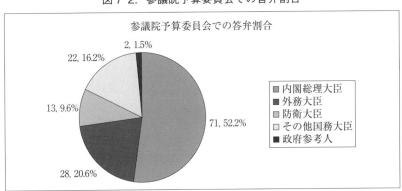

（注）第 183 回国会参議院予算委員会第 7 号より作成。

院では 52.2% が首相に向けて質疑されている。これはともに質疑のうちの半数以上が首相へ向けられていることを示しており，首相答弁の重要性がうかがえる。またこれらの国会審議はほぼ同時期に行われたものであり，審議の内容は外交及び防衛政策に関するものが中心であった。外務大臣の答弁割合は衆参ともに 20% 程度であるが，防衛大臣の答弁割合については，衆議院が 2.8% であるのに対して，参議院は 9.6% とやや高くなっている[343]。

図 7-3 及び図 7-4 は衆議院予算委員会及び参議院予算委員会での質疑割合（発言回数）を示したものである[344]。質疑の割合に関しては，参議院の方が多様な政党に時間が割り当てられていることが分かる。また特徴的なことは与党

第 7 章　予算委員会における談話分析

図 7-3. 衆議院予算委員会での質疑割合（発言回数）

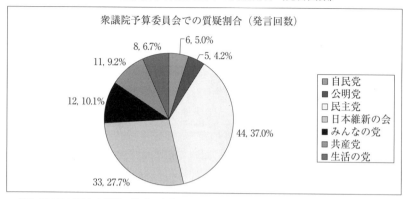

（注）第 183 回国会衆議院予算委員会第 7 号より作成。

図 7-4. 参議院予算委員会での質疑割合（発言回数）

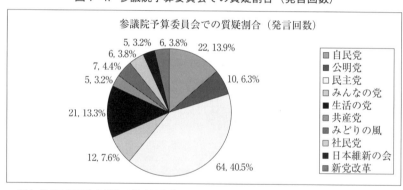

（注）第 183 回国会参議院予算委員会第 7 号より作成。

議員（自民党・公明党）の質疑が参議院において一定数なされていることであ

---

(343) その他の国務大臣の答弁割合については，衆議院では，農林水産大臣 6.42%，国土交通大臣 4.59%，内閣官房長官 2.75%，参考人 3.67%，経済産業大臣 1.83%，財務大臣 1.83%，経済財政政策担当大臣 0.92% となっている。他方，参議院では，内閣官房長官 5.88%，農林水産 3.68%，厚生労働大臣 2.21%，経済産業大臣 1.47%，政府参考人 1.47%，規制改革担当大臣 0.74%，大臣政務官 0.74%，財務大臣 0.74%，文部科学大臣 0.74% となっている。
(344) 質疑割合（発言回数）としているのは，純粋な質疑の数ではなく，答弁の後の発言も回数に含めたため，このような表記にしている。ここでは，おおよその質疑時間の割り当ての配分を示すべく，答弁後の発言も含めている。

る。衆議院での与党議員の質疑割合は9.2％であるのに対して，参議院での与党議員の質疑割合は20.2％を占めている。これは与党議員であっても，政府に対する質疑を行うことによって，有権者にアピールすることや，政府から情報を引き出し，政府の行動を制約しうることで，参議院議員としての役割を果たしているものであると考えられる。与党である参議院自民党の影響力が大きいことについては，竹中が村上正邦や青木幹雄を取り上げ，その影響力の強さを示している[345]。国政調査においても参議院自民党が衆議院自民党とは異なる行動を取っていることがうかがえる。

　このような質疑割合となっているのは，衆参それぞれの選挙結果が影響しており，当時は衆参の多数派が異なるねじれ国会であったことが大きい。2012年12月の第46回衆議院議員総選挙により，自民党及び公明党が与党となり，過半数を占める状況となった。他方，参議院においては，2010年7月の第22回参議院議員通常選挙において当時与党であった民主党連立政権は過半数にいたらず，ねじれ国会となった。2012年12月の政権交代後も与党となった自公連立政権は参議院における過半数を保持していなかった[346]。

◆ 第3節 ◆　仮説の設定

　本章では，大きく二つの仮説を設定する。一つ目は衆参両院において国政調査が異なる観点からなされているか明らかにするものである。二つ目は，曖昧な答弁に関するものであり，衆参両院が異なる観点から質疑をなされているのなら，答弁においても曖昧な程度が衆参で異なっているのではないかということを明らかにするものである。

（仮説1）　衆議院予算委員会及び参議院予算委員会は異なる観点から国政調査を行っている。

　法案審査については，参議院は衆議院と同じ審査を行っている，または第二衆議院であるなど揶揄されることがある。しかし，衆参の選挙制度がやや異なっ

---

[345] 竹中・前掲書, 2010年, 210-214頁。
[346] ただし，2013年7月の第23回参議院議員通常選挙において与党である自民党及び公明党が過半数を占める議席を獲得し，ねじれは解消している。

第7章　予算委員会における談話分析

ているため、異なる利益を反映していると考えられ、質疑の種類が異なっていると考えられる。この仮説を証明するため、さらに三つに細分化して検討を加える。一つ目は、ジャッケルの分類において衆参で異なる質疑を行なっているかである。二つ目は、質問の話題に着目して、話題の分類が衆参で異なっているかである。そして三つ目は、フェイスへの脅威を①政治家個人への脅威がある、②政党へのフェイスへの脅威がある、③有権者等を守るためのフェイスへの脅威がある、④脅威がないに加え、⑤政府へのフェイスへの脅威があるの五つに分類した枠組みにおいて、衆参が異なるか比較する。

(仮説2) 答弁においても衆参で異なる答弁を行っており、その答弁の曖昧さが異なる。

　仮説1と関連して、異なる質疑がなされるため、答えにくい質疑が多くなれば、より曖昧な答弁になっているのではないだろうか。答弁の曖昧さが衆参で異なっていることが明らかとなれば、一方の議院がより強力な質疑を行なっているといえることができる。この仮説を検証するため、送り手、受け手、内容、脈絡の四つの観点から、それぞれ検証を行うこととする。送り手の面において、どちらかの議院が曖昧であるということになれば、自分の意見を言っておらず、政府あるいは政党の意見を述べているということが明らかとなる。送り手の面が曖昧になるということは、政党のフェイスに対する脅威が現れていると考えられる。また受け手の面が曖昧となり、両院間に差があることが明らかとなれば、有権者等に対するフェイスへの脅威が現れているといえるのではないだろうか。それは、特に特定の地域の有権者や産業界といった支持基盤の意見を反映した質疑であることが予想されるため、とりわけ参議院において、曖昧となっていると予想を立てる。脈絡については、質疑に対してきちんと答えるかどうかであるため、厳しい追及をしている議院の方が曖昧な答弁になっていると考えられる。そこで、与党議員より野党議員の方が追及していることが予想され、またねじれ国会の状況を考えると、参議院の方が追及していると予想される[347]。

---

[347] 内容については、分かりにくい回答になると、曖昧であると判断がなされるが、内容に関しては、首相答弁が衆参で変わらないものだと予想されるため、敢えて仮説としては設定しない。ただし、内容と脈絡は相関していると考えられるため、脈絡に準じて内容を取り扱う。答えにくい質疑になれば、分かりにくい回答になり、内容も曖昧になるとするなら、脈絡と同様に参議院の方が曖昧となると予想される。

第4節　分析結果

(1) 質疑に関する分析

　図7-5及び図7-6はジャッケルの枠組みによる質疑の分類を示したものである。特徴的な点は，参議院においてはYESかNOの質問が多いこと，また衆議院においては5W1Hの形を取る質問が多いことである。この質疑の分類に関して，衆参で違いがあるかを確認するため，カイ二乗検定をした結果，5％

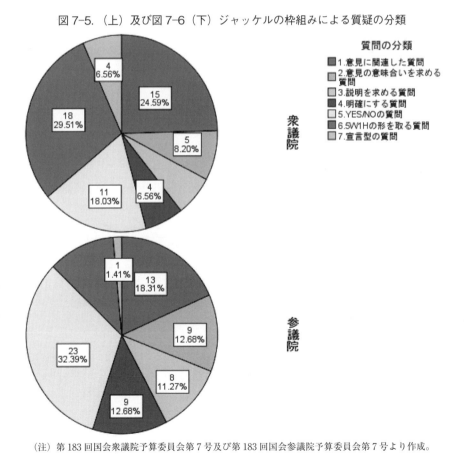

図7-5.（上）及び図7-6（下）ジャッケルの枠組みによる質疑の分類

（注）第183回国会衆議院予算委員会第7号及び第183回国会参議院予算委員会第7号より作成。

第7章 予算委員会における談話分析

水準で有意な結果が得られ,衆参に差があることが明らかとなった($x^2 = 13.745$, df = 6, p<.05)[348]。

また質疑の話題に関して,衆参で違いがあるかを確認するため,カイ二乗検定をした結果(表7-1),1%水準で有意な結果が得られ,衆参に差があることが明らかとなった($x^2 = 16.789$, df = 5, p<.01)。参議院での方が事実関係に関する質問が衆議院より多くなっていることがうかがえる。これは衆議院では今後どうするのか質疑によって,政府の考えを明らかにするのと異なり,参議院では事実関係を整理し,物事をはっきりさせようとする姿勢があると考えられる。こうした衆参の違いは,政策形成に携わることが多い衆議院と,決められた政策に対して同意を求められる参議院の違いが反映されているのではないだろうか。

さらに,フェイスへの脅威に関して,衆参で違いがあるかを確認するため,カイ二乗検定をした結果(表7-2),5%水準で有意な結果が得られ,衆参に差があることが明らかとなった($x^2 = 10.926$, df = 4, p<.05)。衆議院においては有権者等を守るためのフェイスが脅かされるのに対して,参議院では政党のフェイスを脅かされる傾向がある。

質問の分類,質疑の話題に関する分類及びフェイスへの脅威に関する分類を衆参で比較した結果,いずれも有意に差があることが明らかとなった。これらの結果より,衆議院予算委員会及び参議院予算委員会は異なる観点から国政調査を行っているといえる。

表7-1. 質疑の話題に関するクロス集計表

	衆議院	参議院	合計
重要な個人に関する質問	20	19	39
重要な他の政党・組織に関する質問	1	5	6
事実関係に関する質問	3	20	23
政治過程に関する質問	3	1	4
争点に関する質問	32	25	57

---

[348] モンテカルロ法を用い,両側検定を行なっている。

第4節　分析結果

| 政治的約束に関する質問 | 2 | 1 | 3 |
| 合計 | 61 | 71 | 132 |

（注）第183回国会衆議院予算委員会第7号及び第183回国会参議院予算委員会第7号より作成。

表7-2．フェイスへの脅威に関するクロス集計表

	衆議院	参議院	合計
フェイスへの脅威がない	9	7	16
政治家個人のフェイスへの脅威がある	2	7	9
政党のフェイスへの脅威がある	6	19	25
有権者等を守るためのフェイスへの脅威がある	17	10	27
政府のフェイスへの脅威がある	27	28	55
合計	61	71	132

（注）第183回国会衆議院予算委員会第7号及び第183回国会参議院予算委員会第7号より作成。

(2)　答弁に関する分析

表7-3. 送り手，受け手，内容及び脈絡に関するマンホイットニーのU検定の結果

		平均ランク	Mann-Whitney U	標準誤差	漸近有意確率（両側検定）
送り手	衆議院	70.07	1947.500	218.205	0.318
	参議院	63.43			
受け手	衆議院	58.29	2666.500	217.903	0.021
	参議院	73.56			
内容	衆議院	68.28	2057.000	218.103	0.619
	参議院	64.97			
脈絡	衆議院	72.88	1776.500	218.454	0.075
	参議院	61.02			

（注）第183回国会衆議院予算委員会第7号及び第183回国会参議院予算委員会第7号より作成。

第7章　予算委員会における談話分析

　送り手，受け手，内容及び脈絡に関して，衆参において差があるか，マンホイットニーのU検定を行なったところ，受け手においてのみ衆参に差があることが明らかとなった（表6-3）[349]。これは参議院での首相答弁の方が，質疑者に対してより，有権者に対して向けられているからであると考えられる。答弁が有権者に対して向けられるのは，参議院議員の属性と関係しているのではないだろうか。衆議院と比べ，参議院の方が産業界や特定の地域の利益が代表されており，それが答弁にまで現れていると考えられる。

　答弁においても衆参で異なる答弁を行っており，その答弁の曖昧さが異なるという仮説2は受け手についてのみ採択された。また脈絡に関しては10%有意で差がある結果が得られているため，衆議院の方が厳しい追及をしている可能性を否定できない。ねじれ国会において衆議院の方がより脈絡において曖昧になっているということは，参議院議員の質疑能力が十分なものとなっていないのではないだろうか。その他の送り手，内容に関しては有意となっていなかったため，衆参において答弁に差はないといえる。

(3)　総合的分析

　送り手，受け手，内容及び脈絡に関して，総合的な分析を行うため，それぞれの変数をダミー変数とし，幾つか重要と考えられる変数を追加して分析を行うこととする。本分析の第一の目的は，受け手において衆参で差があることが確認されたが，他の変数をコントロールした場合においても，衆参で差があるといえるのか検証することにある。その他の変数を加えたとしても有意であることが明らかとなれば，衆参の違いの頑健性が確かめられる。第二に，送り手，受け手，内容及び脈絡を従属変数として，分析を行う目的はどっちつかずな答弁が何によって引き起こされているのか明らかにすることにある。何が原因でどっちつかずな答弁がなされているのか明らかになることで，質疑の戦術に役立てることができ，より強力な行政府監視を行うことができるようになると考えられる。

　追加する変数は，協調的でない質問，文法上完全な質問，それぞれの政党であり，いずれもダミー変数である。協調的でない質問は，グライスの協調の原

---

[349] 脈絡に関しては10%有意であり，衆参に差がある結果となっている。これについてはサンプルが少なかったことが関係していると考えられ，更なる研究が必要となる。

第4節 分析結果

理に反しているかどうかで変数を作成している。グライスによると，会話の目的や方向性に照らして，質，量，関係，態様に関して，その時々の局面に求められているようにするものである(350)。また文法上完全な質問かどうかは，終助詞に着目し，「〜か」で終わるものを文法上完全な質問であると扱っている。終助詞「〜よ」「〜ね」で終わる場合は，通常の質問と区別され，確認や要求の意味合いが含まれると考えられている(351)。

表7-4. 送り手，受け手，内容及び脈絡を従属変数とした重回帰分析の結果

	送り手	受け手	内容	脈絡
参議院	−0.178 (−0.283)	1.490*** (2.712)***	−0.034 (−0.057)	−0.791 (−0.996)
野党議員	1.858** (2.323)	−0.568 (−0.811)	−0.252 (−0.330)	−0.387 (−0.382)
政府のフェイスへの脅威	1.242** (2.207)	1.307*** (2.652)	−0.368 (−0.686)	−0.072 (−0.101)
重要な個人に関する質問	0.014 (0.021)	0.505 (0.872)	−0.890 (−1.410)	−1.169 (−1.395)
重要な他の政党・組織に関する質問	−3.089** (−2.274)	−3.144*** (−2.643)	−4.482*** (−3.459)	−6.339*** (−3.686)
事実関係に関する質問	−1.438 (−1.584)	−1.526* (−1.920)	−2.033** (−2.349)	−2.304** (−2.006)
意見の意味合いを求める質問	−0.817 (−0.834)	0.406 (0.474)	0.328 (0.351)	0.930 (0.751)
説明を求める質問	0.699 (0.633)	−0.894 (−0.925)	−1.220 (−1.158)	1.353 (0.968)
YESかNOの質問	−0.080 (−0.083)	−0.986 (−1.167)	1.362 (1.480)	2.688** (2.200)
5W1Hで聞く形	0.343	−0.170	0.691	1.280

---

(350) ポールグライス（清塚邦彦訳）『論理と会話』勁草書房，1998年，40-45頁。
(351) Lidia Tanaka, "Turn-Taking in Japanese Television Interviews: A Study on Interviewers' Strategies," *Pragmatics*, Vol.16, No.2 and 3, pp.361-398, 2006.

第 7 章　予算委員会における談話分析

を取る質問	(0.380)	(−0.215)	(0.802)	(1.120)
宣言型の質問	−0.803 (−0.511)	−1.295 (−0.940)	−1.543 (−1.028)	−2.153 (−1.081)
協調的でない質問	0.981 (1.271)	−0.135 (−0.200)	1.630** (2.216)	4.263*** (4.365)
文法上完全な質問	1.083 (1.426)	0.079 (0.119)	0.359 (0.496)	1.824* (1.898)
日本維新の会	−3.655*** (−3.589)	0.013 (0.014)	−1.719* (−1.770)	−1.568 (−1.217)
生活の党	−2.547*** (−2.725)	−1.032 (−1.261)	−1.116 (−1.253)	−2.545** (−2.151)
N	132	132	132	132
R 二乗	0.287	0.279	0.283	0.379
自由度調整済み R 二乗	0.195	0.185	0.190	0.299

（注）***は 1％ 有意，**は 5％ 有意，*は 10％ 有意を示す。また括弧内は t 値を示している。その他の変数については，有意とならなかったため，分析に含めていない。

　表 7-4 は分析結果を表している。送り手に関しては，野党議員，政府のフェイスへの脅威がプラスで有意になっており，重要な他の政党・組織に関する質問，日本維新の会，生活の党がマイナスで有意となる結果が得られている。野党議員による質疑の方が，自分の主張ではなく，政府与党の意見を述べているといえる。これは与党議員の場合，自民党及び公明党間の与党内で事前に協議があるため，政府の意見を述べる必要がなく，自分の意見を述べやすいからであると考えられる。同様に，政府のフェイスへの脅威がある場合は，政府の意見を述べていることがうかがえる。他方で，重要な他の政党・組織に関する質問では，自分の意見を述べていることから，政府に関する質疑ではないため，自分の意見を言いやすくなっているものであると考えられる。奇妙なことに日本維新の会及び生活の党の質疑では，自分の意見を答えやすくなるという結果が得られている。これは日本維新の会や生活の党の政策位置が関係していることや質疑が鋭いものとなっていないため，このような結果になっているのではないだろうか。

第4節　分析結果

　次に受け手に関しては，参議院及び政府のフェイスへの脅威がプラスで有意となっており，重要な他の政党・組織に関する質問，事実関係に関する質問がマイナスで有意となる結果が得られている。ここで参議院が有意となっていることから，衆参での違いが顕著に現れていることが確かめられる。また政府のフェイスへの脅威がプラスになっていることから，首相は政府のフェイスを保持するため，有権者に向けて答弁を行っていることがうかがえる。他方，重要な他の政党・組織に関する質問，事実関係に関する質問に関しては，質疑者に答弁が向けられやすくなっており，こうした質疑はさほど有権者を意識する必要がないためであるとおもわれる。

　また内容に関しては，協調的でない質問がプラスで有意となっており，重要な他の政党・組織に関する質問，事実関係に関する質問及び日本維新の会がマイナスで有意となる結果が得られている。協調的でない質問は，丁寧に答えるためには，答弁が煩雑で分かりにくいものとならざるを得ず，伝えるべき内容が多くなるため，このような結果が得られたものであると考えられる。他方，重要な他の政党・組織に関する質問及び事実関係に関する質問については，答えやすくなっており，分かりやすい答弁がなされるといえる。

　そして脈絡に関しては，YESかNOの質問，協調的でない質問及び文法上完全な質問がプラスで有意となっており，重要な他の政党・組織に関する質問，事実関係に関する質問及び生活の党がマイナスで有意となる結果が得られている。これはYESかNOの二択で迫る質問は答えにくいことを示しており，首相は明言することを避けていることがうかがえる。また協調的でない質問についても，答えにくい質問であるため，どっちつかずな答弁になっていることがうかがえる。同様に，文法上完全な質問についても，タグがつくような文法上不完全な質問より答えにくくなっているといえる。他方で，重要な他の政党・組織に関する質問，事実関係に関する質問については，送り手，受け手，内容と同様に答えやすくなっていることが分かる。また生活の党の質疑についても，答えやすい質疑が多くなっていたといえる。

第7章　予算委員会における談話分析

小　括

　本章では，予算委員会における国政調査の談話分析を行い，衆参の比較を行なってきた。分析の結果，衆議院予算委員会及び参議院予算委員会は異なる観点から国政調査を行っていることが明らかとなった。異なる観点というのは，質問の分類，質疑の話題に関する分類及びフェイスへの脅威に関する分類という三つの分類に関して，それぞれ異なる質疑をしていることが明らかとなった。
　また答弁に関する分析では，受け手の面については，衆参で異なる答弁を行っており，その答弁の曖昧さが異なることが明らかとなった。受け手の面が衆参で異なる答弁になっているのは，参議院議員の属性が関係していると考えられ，産業界や特定の地域の利益が代表されており，それが答弁にまで現れていると考えられる。脈絡の面については，10%有意であるが，衆議院での答弁の方が答えていないことが明らかとなった。このことから，参議院より衆議院での質疑の方がより追及した質疑が行われている可能性が高いといえる。分析対象がねじれ国会での国政調査であることを踏まえると，参議院議員の質疑能力が十分なものとなっていないのではないかと考えられる。おそらく言論によって，政府を追及するというよりも，有権者へのアピールの場と考えられているためであろう。また質疑時間に制限があり，追及しようと試みたとしても，長い答弁やどっちつかずの答弁によって，はぐらかされるため，政権交代を狙うほどの情熱を持って質疑がなされていないものと考えられる。
　これら結果を踏まえ，国政調査を実りあるものとするためには，質疑者が納得するまで，政府側が答えなければ，持ち時間を経過させない制度を導入するなど，思い切った改革が求められるだろう。国政調査には，質問主意書といった文書での質問と連携して国会で質疑を行い，政府側から情報を集めると同時に，政府を追及していくことが求められるだろう。
　第4章から第7章までは国会による行政府監視機能の検証を行ってきた。次章では，有権者による行政府監視の検証を行う。有権者による行政府監視を取り上げるのは，強大な参議院が指摘される中，参議院での質疑により，内閣支持率が引き下げられているか検証するためである。もし参議院での質疑によっ

て内閣支持率が引き下げられているのであるならば、参議院が強大すぎるともいえる影響力を持つことになり、衆議院のみを基盤とする議院内閣制に問題を抱えているといえる。このような問題があることが分かれば、参議院にも責任を共有できる制度をつくることも検討する必要があるといえる。

補論：政治的レトリックの用いられ方に関する分析

　政治的レトリックを明らかにするのは、有権者が批判的視点を獲得することに寄与するためである。政治においては、国民こそが主権者であるため、政治家の発言の巧拙によって、国民が惑わされることがあってはならない。政治家の言葉巧みな発言により、ポピュリズムが生み出される危険を伴う。ここでは、政治的レトリックの用いられ方を明らかにすると同時に、衆参において違いがあるのか検証を行う。とりわけ、受け手に関しては、衆参において違いがあるため、衆参の政治的レトリックの用いられ方の違いを明らかにしておくことは、有権者が批判的視点を獲得することに寄与すると考えられる。

　コーディングシートには、内容がはっきりしない場合及び直接的に答えていない場合の理由の選択肢を用意している。内容に関しては「回答が不完全である」、「話が脱線している」、「問題をすり替えている」、「話に一貫性がない」、「話が矛盾している」、「当たり障りのない話題に留まっている」、「回答が間接的である」、「話をはぐらかしている（まわりくどい）」、「回答が理解しにくくなっている（難しい用語または会話の長さ）」という9つの選択肢から、三つまでの多重回答を認めて、選択してもらった。

　また脈絡に関しては「質問を無視する」、「質問を認識するが答えない」、「質問に対し質問で返す」、「質問を攻撃する」、「質問者を攻撃する」、「回答を拒否する」、「政治的な処理をする」、「不十分な回答で済ませる」、「その前の質問に対する答えを繰り返す」、「出された質問には既に回答済みであることを述べる」、「陳謝する」という11の選択肢から三つまでの多重回答を認め、同様に選択してもらった。本分析においては、「質問に対し質問で返す」及び「陳謝する」は見られなかったため、除外している。

第 7 章　予算委員会における談話分析

表 7-5. 内容に関する政治的レトリックの用いられ方

	衆議院	参議院
回答／コメントが不完全である	2.197***	1.850***
	(3.724)	(4.168)
話が脱線している	2.190***	1.281**
	(2.923)	(2.093)
問題をすり替えている	1.859***	1.431**
	(2.771)	(2.371)
話に一貫性がない	1.449	─
	(1.058)	
話が矛盾している	3.692	─
	(1.651)	
当たり障りのない話題にとどまっている	1.217**	1.607***
	(2.228)	(3.663)
回答／コメントが間接的である	0.629	2.339***
	(1.074)	(5.059)
話をはぐらかしている（話がまわりくどい）	2.916***	2.756***
	(4.483)	(6.174)
回答が理解しにくくなっている（難しい用語または会話の長さ）	1.483**	0.236
	(2.039)	(0.406)
n	61	71
R 二乗	0.639	0.736
自由度調整済み R 二乗	0.576	0.706

（注）***は 1% 有意，**は 5% 有意，*は 10% 有意を示す．また括弧内は t 値を示している．

表 7-6. 脈絡に関する政治的レトリックの用いられ方

	衆議院	参議院
質問を無視する	4.599***	4.649***
	(4.900)	(4.957)
質問を認識するが，答えない	3.145***	3.187***
	(3.552)	(4.350)
質問を攻撃する	3.783	−4.007
	(0.878)	(−1.591)

補論：政治的レトリックの用いられ方に関する分析

質問者を攻撃する	0.430 (0.199)	10.608*** (2.986)
回答を拒否する	3.087* (1.682)	2.495** (2.092)
政治的な処理をする	2.691*** (3.181)	2.146*** (3.181)
不十分な回答で済ませる	2.898** (2.342)	3.891*** (5.632)
その前の質問に対する答えを繰り返す	−1.783 (−0.940)	−0.211 (−0.181)
出された質問には回答済みであることを述べる	−	3.569* (1.906)
n	61	71
R 二乗	0.607	0.785
自由度調整済み R 二乗	0.538	0.749

（注）***は1％有意，**は5％有意，*は10％有意を示す。また括弧内はt値を示している。

　表7-5及び表7-6が内容及び脈絡に関しての衆参における政治的レトリックの用いられ方の違いを表している。内容に関しては，衆議院において難しい用語を用い，答弁が長くなり，理解しにくくなっているといえる一方で，参議院においては回答が間接的であるため，内容が分かりにくくなっているという違いが見受けられる。内容に関しては，衆参に答弁の違いは見受けられなかったため，このような差が生まれたのは，質疑の性質の差によるものであると考えられる。つまり衆議院では，長い答弁が求められるような質疑がなされているのに対し，参議院では明言を避けなければいけないような質疑がなされているといえる。

　脈絡に関しては，参議院において「質問者を攻撃する」及び「出された質問には回答済みであることを述べる」が選択されている。これは参議院での質疑が何を聞きたいのか分からないとして，質問者を攻撃している場合である。例えばTPPに関する日米共同声明に関して，「総理は納得されたのですか」という質疑に対して「私も委員の御発言の意味がよく分からないんですが…（中略）」と答弁しており，抽象的な質疑となっている。また同じ質疑を繰り返すため，

第7章　予算委員会における談話分析

何度も同じ答弁を繰り返す場合が多くなっている。これは質疑者が納得しておらず，議論が堂々巡りになっていることを示している。現状では，はぐらかした答弁がなされたままであり，質疑者は納得が得られないまま質疑が終わっている。

　こうした政治的レトリックの用いられ方は，分析対象とした安倍首相のものであり，他の対象者の場合，異なる傾向が見受けられると考えられる。有権者は首相の答弁をそのまま受け止めるのではなく，あらゆる政治的レトリックを用いて，答弁を曖昧にしていることに注意していかなければならない。国民内閣制の議論が進み，政治リーダーと有権者の距離が縮まっている昨今において，政治的レトリックに関する研究は今後，より求められるといえる。

付表7-7．送り手，受け手，内容及び脈絡に関する記述統計

	n	最小値	最大値	平均値	標準偏差
送り手	132	3	18	10.07	3.384
受け手	132	3	17	10.87	2.946
内容	132	3	17	8.24	3.218
脈絡	132	3	18	9.83	4.590

◆第8章◆　内閣支持率と首相答弁の関係
―― 有権者による行政府監視

はじめに

　内閣支持率は政権の存亡に大きく関わる指標であり，内閣支持率が危険水域に入れば，野党側は強く解散総選挙を迫ることになり，国民にとっても重要な関心事となる。内閣支持率は重要な指標とされていながらも，政治学においては未だ十分な研究が積み重ねられているとはいえない状況にある。それは三宅らが指摘するように，実証的なデータの欠如によるところが大きいと考えられる[352]。三宅らは包括的な因果モデルを提示することはできないとしながらも，自民党支持基盤効果，衰退効果，ハネムーン効果(1ヶ月)，主観的経済評価(世間の景気，暮らし向き)が影響を与えていることを実証している[353]。また福元・水吉は小泉内閣の支持率に関して，メディアの情報量に応じて支持率の変動幅が広くなることを示している[354]。

　これらの研究は国会における首相答弁の内閣支持率への影響力を直接に測定していない。本章の目的は，民主党政権において国会における首相の答弁が内閣支持率に影響を与えているのか調べることにある。とりわけNHKの国会中継が入ることが多い本会議及び予算委員会での首相答弁を取り上げ，「現状」に関する答弁をしているのかにより，内閣支持率に影響を与えているのかを検

---

[352] 三宅一郎・西澤由隆・河野勝『55年体制下の政治と経済 ―― 時事世論調査データの分析』木鐸社，2001年，141頁。
[353] 同書，149-153頁。
[354] 福元健太郎・水吉麻美「小泉内閣の支持率とメディアの両義性」『学習院大学法学会雑誌』第43号，2007年，14-19頁。

第8章　内閣支持率と首相答弁の関係

証する。また衆議院における答弁と参議院における答弁によって，差があるのかを併せて検証することとする。

◆ 第1節 ◆　　内閣支持率とデータセット

　内閣支持率を調べる背景には，国民内閣制や強い参議院論の議論が存在している。国民内閣制とは高橋によると，国民が選挙において首相と政策体系の選択を行う議院内閣制の運用形態であるとしている[355]。代表制のメカニズムには議会中心構想と内閣中心構想の二つがあり，内閣中心構想では選挙を通じて国民が直接的に首相と政策体系を選択することが目指されている[356]。他方，議会中心構想では，国民は選挙により，政策についてのイデオロギー的な好みを表明するにすぎず，現実に実行可能な政策体系の形成と首相の選出を代表者に委ねてしまうとしている[357]。国民が選挙を通じて直接的に首相と政策体系を選択するという国民内閣制の理念は党首の予備選にも現れていることが指摘されている。マッケルウェインと梅田によれば，予備選を使用した総裁選挙は自民党と内閣への支持率を上昇させたとしている[358]。また予備選がマスメディアの注目を浴びることも指摘しており，有権者が党首と政策体系を考慮する機会になると考えられる。こうした研究は国民内閣制論と親和性が高く，国民が国会議員の代理を代理するというより直接首相を選ぶ傾向に近づいていると考えられる。

　一方で，こうした国民と首相の直接的な関係より，衆参の権限関係をより重視する見方として強い参議院論が存在している。竹中によると，参議院は衆議院の審議過程や内閣内部の準備過程に大きな影響力を及ぼしているとする「強

---

[355] 高橋和之「議院内閣制 ── 国民内閣制的運用と首相公選論」『ジュリスト』第1192号，2001年，171-178頁。
[356] 高橋，前掲書，30-43頁。
[357] 同書，30-43頁。
[358] マッケルウェインと梅田によると，自民党政権において党首の予備選が政党支持率を高めることが明らかにされているものの，民主党政権においては2011年7月までに二度しか代表選がなされていないため，民主党の支持率が高まるかどうかは結論づけられていない。ケネス・盛・マッケルウェイン・梅田道生「党首選改革と政党支持率」樋渡展洋・斉藤淳編『政党政治の混迷と政権交代』東京大学出版会，2011年，193-217頁。

第1節　内閣支持率とデータセット

い参議院論」を展開している(359)。ねじれ国会において，参議院の存在感が増す中，仮に参議院での審議により内閣支持率が低下するのならば，参議院が実質的な倒閣の権限まで有することになるだろう。そうした場合，衆議院の信任のもとに成り立つ議院内閣制自体を見直すことも考慮しなければならないといえる。

　内閣支持率の調査は主に新聞各紙が月に1回から3回程度調査しているが，月単位での内閣支持率調査では首相答弁の影響力を測定することが難しくなる。そこで本章ではフジテレビ新報道2001の世論調査を用いることにする(360)。新報道2001の世論調査は全国調査ではないものの，首都圏における成人男女500人を対象に，毎週電話調査している(361)。新報道2001の世論調査を用いる利点は，毎週調査されていることから，短い期間であっても観察の数が増えることにある。また「あなたは次の衆院選（参院選）でどの党の候補に投票したいですか。」という質問項目があるため，どの政党に投票しようとする人が内閣を支持するのか，あるいは支持しないのかということが分かることになる。恒常的な支持政党を尋ねる質問項目ではないが，日本の政党支持が変動しやすいことを考えると，次期選挙への投票先を尋ねる質問は支持政党と類似するデータとして扱うことができるであろう。2009年9月17日調査のデータから2012年8月16日調査までのデータ（N＝146）を用いる。民主党政権を分析対象とするのは，自民党政権において確認されたハネムーン効果及び，衰退効果が民主党政権においても確認することができるか検証するためである。また民主党政権は，2009年に自民党の長期政権から政権交代して成立しており，政

---

(359) 竹中，前掲書。
(360) 新報道2001「今週の調査」
　http：//www.fujitv.co.jp/b_hp/shin2001/chousa/chousa.html（2013年12月1日確認）
(361) 首都圏（東京都，埼玉県，千葉県及び神奈川県）における成人人口は，2010年の国勢調査において，2956万4343人である。標本比率の標準誤差が最も大きくなる内閣支持率50％の標準誤差は4.3827％であり，95％信頼区間は45.62％から54.38％となっている。もっとも新聞社の世論調査であっても，成人人口1億2752万2000人に対して，サンプル数が2000ほどであるため，比率の標準誤差の範囲は，新報道2001の調査と変わらない。標本比率の標準誤差は以下の式より求めることができる。

　標本比率の標準誤差 $= 1.96 \times \sqrt{\frac{N-n}{N-1} \times \frac{p(1-p)}{n}}$。

　Nは母集団，nはサンプル数，pは比率を指す。

第8章　内閣支持率と首相答弁の関係

治的に特殊な状況があったためである。

　また首相答弁のデータに関しては，国会議事録検索システムより，一週間毎の調査に合わせ，詳細検索を用いて日付を入力し，肩書き欄に内閣総理大臣と入れ，本会議及び予算委員会での発言のみをダウンロードした。会期や年月日，発言者氏名という答弁とは関係ない部分を削除し，当該テキストファイルについてKHcorder[362]を用いて，「現状」に関する語の頻度を出し，データとして扱っている。

(1) 民主党政権における内閣支持率の推移

　民主党政権における支持率の推移を視覚的に確認するために，鳩山由紀夫内閣，菅直人内閣及び野田佳彦内閣の支持率の推移を図で表した（図8-1～8-3）。4週で約1ヶ月であるので，4区間における移動平均も併せて表している。鳩山内閣においては，2009年における政権交代により高い支持率を得て，70％近くで組閣されているものの，その後右肩下がりに推移している。一方で不支持率は15％程から右肩上がりに推移しており，鳩山内閣の終盤では60％を超えている。鳩山内閣においては，時間の経過とともに評価が下がる一般的傾向（衰退効果）が顕著に見られるといえるだろう。三宅らによれば，右上がりが基本なのか右下がりが基本なのかということは，支持率が表すものが「評価」なのか「期待」なのかという問題であるとしている[363]。また初期の支持率が一番高いのならば，その多くの部分が「期待」を表していると考えるのが自然であるとしている。

　菅内閣においては，大方右下がりの推移ではあるが，いくつかの山があるといえる。最も大きな山は2010年8月から10月にかけてである。2010年7月参議院選挙で民主党が議席数を減らしたことに関して，菅内閣は一新を図るために2010年9月17日に第一次改造内閣を発足させている。脱小沢色が強かったためか，一時的に支持率を回復させている。なお，2011年1月14日に第二次改造内閣を発足させているが，内閣支持率の回復には至っていない。

　野田内閣においても，鳩山内閣同様，右下がりに推移している。2011年9

---

[362] KHcorderとはテキスト分析のためのフリーソフトウェアであり，立命館大学の樋口耕一氏が開発したものである。http://koichi.nihon.to/psnl/（2012年8月26日確認）。

[363] 三宅・西澤・河野，前掲書，143頁。

第1節　内閣支持率とデータセット

図 8-1．鳩山内閣の内閣支持率の推移

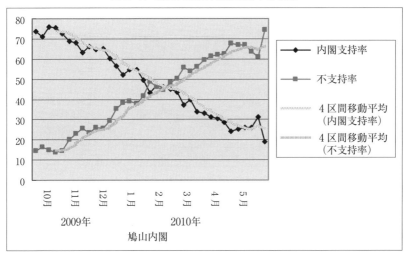

図 8-2．菅内閣の支持率の推移

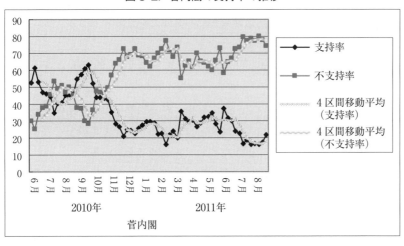

第8章　内閣支持率と首相答弁の関係

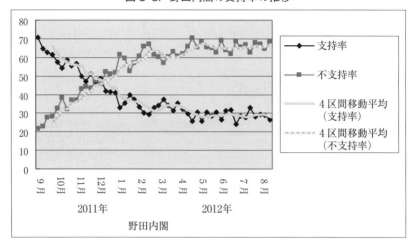

図 8-3．野田内閣の支持率の推移

月当初 70% 近くあった支持率は，2012 年 3 月には 30% 近くまで下がり，その後 30% 付近を推移している。発足から約 1 ヶ月は高いハネムーン効果が見られ，そして徐々に下がる衰退効果が見られるといえるだろう。

◆ 第 2 節 ◆　　日本語テキスト型データ分析

　ここでは KHcorder を用いて，鳩山首相，菅首相及び野田首相の答弁の比較を試みる。国会における首相答弁は膨大な量であり，全てを読むことは困難である。そこで計量テキスト分析のための KHcorder を用いる。
　例えば「私が目指したいのは，人と人とが支え合い，役に立ち合う新しい公共の概念であります。」という文の場合，以下のように分割され，語が抽出される。「私が <u>目指し</u> たいのは，<u>人</u> と <u>人</u> とが<u>支え合い</u>，<u>役に立ち</u> 合う <u>新しい公共</u> の <u>概念</u> であります。(総抽出語数 25)」KHcorder では活用を持つ語は基本形に直して取り出され，助詞・助動詞など，どのような文章にでも現れる一般的な語は分析対象から省かれることとなる[364]。三首相においてそれぞれ，

---

(364) 樋口耕一「計算機による新聞記事の計量的分析 ――『毎日新聞』にみる「サラリーマン」を題材に」『理論と方法』第 19 巻第 2 号，2004 年，165 頁。

第2節 日本語テキスト型データ分析

鳩山首相衆議院 31 万 3392 語，参議院 26 万 2790 語，菅首相衆議院 42 万 6525 語，参議院 42 万 7858 語，野田首相衆議院 33 万 4451 語，参議院 31 万 4452 語を得た。

(1) どのようなことが国会答弁で話されていたのか

まず KHcorder に対応分析から各首相の特徴語をみていくこととする。対応分析を用いれば，出現パターンに特徴のない語が原点付近にプロットされ，原点から離れている語ほど特徴的な語となる。図 8-4 は衆参における各首相の特徴語をプロットしたものである。鳩山首相の語からは「地域」，「国民」，「理解」

図 8-4. 対応分析からみる各首相の特徴語

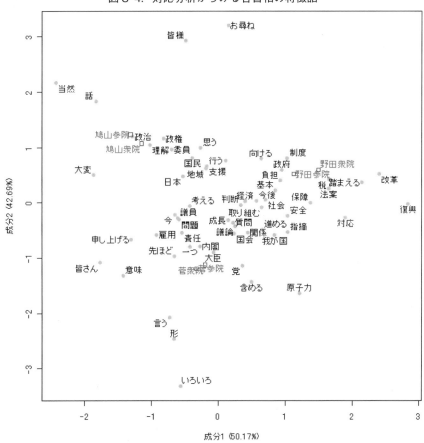

187

第8章 内閣支持率と首相答弁の関係

といった語が近くに現れていることから，国民の理解を求めるような言動があったと推測される。実際鳩山内閣においては，普天間基地移設に関してかなり野党側から追及されていた。鳩山首相が2009年の衆議院選挙前に「最低でも県外」と発言したことが波紋を呼び，社民党が連立政権から離脱する原因となっている。菅首相については「雇用」，「成長」，「原子力」といった語が近くに現れている。「雇用」や「成長」という語については，菅首相が2010年6月18日に閣議決定した新成長戦略に関する語の現れであると考えられる。菅首相は「1に雇用，2に雇用，3に雇用」というキャッチフレーズを用いて演説し，雇用対策に重点を置いていたことがうかがえる。また「原子力」に関しては2011年3月11日の東日本大震災に関連して，福島第一原子力発電所事故が発生したこと，また菅首相が浜岡原子力発電所の中止要請をしたことから現れたと考えられる。野田首相については「税」，「社会」，「保障」，「改革」，「負担」，「復興」という語が現れている。野田首相は社会保障と税の一体改革について，政治生命を賭けるとして取り組んだ。そのため社会保障と税の一体改革に関する語が現れたと考えられる。

表8-1は各首相の頻出語上位30語を抜き出したものである。各首相全てに共通している「思う」「申し上げる」「考える」といった語は取り除いている。そして各首相において特徴的だとおもわれる語を囲んでいる。対応分析において現れた語が衆参においてそれぞれ200回以上現れており，何度も繰り返し主張されていたと考えられる。

表8-1．各首相の頻出語上位30語

鳩山衆院		鳩山参院		菅衆院		菅参院		野田衆院		野田参院	
抽出語	出現回数	抽出語	出現回数	抽出語	出現回数	抽出語	出現回数	抽出語	出現回数	抽出語	出現回数
政治	613	政治	481	言う	886	言う	917	改革	939	復興	632
理解	521	委員	437	意味	863	意味	872	復興	799	改革	612
当然	483	理解	435	いろいろ	733	含める	705	制度	716	対応	595
皆様	429	意味	410	含める	709	形	647	保障	633	基本	523
政権	409	大変	389	皆さん	636	皆さん	623	対応	583	踏まえる	499
お尋ね	400	話	385	形	636	関係	622	税	576	関係	482

第2節　日本語テキスト型データ分析

意味	396	当然	372	関係	561	いろいろ	598	踏まえる	532	保障	445
皆さん	395	皆様	363	党	523	原子力	531	指摘	525	指摘	409
話	390	思い	320	保障	504	指摘	514	基本	491	含める	370
思い	387	皆さん	314	指摘	486	国会	479	法案	433	協議	349
大変	369	地域	302	国会	467	先ほど	456	関係	424	法案	348
委員	364	政権	293	基本	463	対応	444	含める	416	地域	346
地域	337	支援	283	進める	448	議員	438	お尋ね	410	国	345
議員	330	お尋ね	280	議員	416	党	433	確保	402	判断	341
制度	310	状況	267	対応	410	進める	421	進める	391	税	337
基本	292	事実	246	政治	402	現在	418	安全	383	進める	331
政策	292	米	233	雇用	400	安全	416	年金	370	制度	324
状況	287	方々	233	改革	399	持つ	402	原子力	363	被災	320
支援	281	国	230	復興	398	内閣	401	国会	357	支援	319
国	279	関係	228	内閣	396	認識	384	負担	356	安全	317
米	271	制度	227	先ほど	393	一つ	381	財源	355	状況	311
言う	267	お話	226	財政	390	基本	380	委員	339	対策	311
持つ	262	すべて	225	地域	383	聞く	376	国	335	向ける	299
重要	262	持つ	219	理解	383	大変	374	一体	331	我が国	297
雇用	261	日	216	国	379	委員	372	皆様	330	国会	290
事実	260	議員	215	成長	379	責任	369	党	326	財政	278
財政	250	対策	207	政策	378	重要	362	協議	324	皆様	275
沖縄	247	努力	206	税	374	状況	360	消費	322	政策	272
内閣	245	重要	200	制度	368	判断	355	地域	315	交渉	271
対策	243	政策	189	現在	364	雇用	353	財政	313	確保	268

(2) コーディングの枠組み

次に内閣支持率に影響を与えそうな語について考えてみたい。内閣支持率を引き下げそうな語，あるいは引き上げそうな語から考えていけば，色々と考えられるが一つひとつの語というより概念から考えていくこととする。そこで考えたのが「現状」に関する語である。

第 8 章　内閣支持率と首相答弁の関係

表 8-2. 現状に関するコーディング

コード名	コーディングに用いた語	頻度
現状	状況，理解，判断，認識，必要，大変，重要，大事，大切，今，現在，今日，まず	15849

　表 8-2 は「現状」に関してコーディングに用いた語と頻度を表している。「現状」に関する語は，今日我々の置かれている立ち位置を示す語である。例えば鳩山首相の発言に「さきの金融経済危機は，経済や雇用に深刻な影響を及ぼし，<u>今</u>なお予断を許さない<u>状況</u>にあります。」とある。このような発言から有権者は厳しい状況を目の当たりにし，現政権に対して不満を抱くと考えられる。

表 8-3. 各首相における現状と将来に関する語の頻度

コード名	鳩山首相		菅首相		野田首相	
	衆院	参院	衆院	参院	衆院	参院
現状	2494	2280	3180	3396	2265	2234
現状 1000 語あたりの頻度	7.96	8.68	7.46	7.94	6.77	7.10

　表 8-3 は各首相における現状に関する語の頻度を表したものである。1000語あたりの頻度を見て分かることは，いずれも現状においては衆議院より参議院の方が多くなっていることである。参議院予算委員会においては質疑時間の割り当てに片道方式が採用されていることから，質疑の数が多くなっているために首相が現状について話す場面が多いと考えられる。一方で衆議院予算委員会においては往復方式を採用しているため，質疑時間より答弁時間の方が多くなることもあり，首相がより持論を展開しているのではないだろうか。それでは果たして，首相それぞれの衆議院及び参議院において，頻度に差があるのかをカイ二乗検定で確認することとする。

表8-4. 現状に関するカイ二乗検定結果

現状		鳩山首相		菅首相		野田首相	
		衆院	参院	衆院	参院	衆院	参院
鳩山首相	衆院	—	n.s. (8.88**)	n.s. (5.93*)	n.s.	31.04**	15.19**
	参院	—	—	30.67**	10.81*	70.38**	45.38**
菅首相	衆院	—	—	—	n.s. (6.42*)	12.22*	n.s.
	参院	—	—	—	—	34.40**	16.59**
野田首相	衆院	—	—	—	—	—	n.s.
	参院	—	—	—	—	—	—

(注) **は1%有意，*は5%有意，ボンフェローニ補正を行った有意水準を採用している。
p<0.01=0.005/15（両側）

表8-4は現状の頻度に関するカイ二乗検定のカイ二乗値を表した検定結果である。6つのグループを比較するに当たり，ボンフェローニ補正を行った有意水準を採用している。ただし厳格にボンフェローニ補正を適用すると，第二種過誤の危険性があるため，二グループ間に有意差があったものについては括弧書きしている。現状に関して有意差があったものは，衆議院での鳩山首相と衆議院及び参議院での野田首相の答弁，参議院での鳩山首相と衆議院及び参議院での菅首相と野田首相の答弁，衆議院での菅首相と衆議院での野田首相の答弁，参議院での菅首相と衆議院及び参議院での野田首相の答弁である。この結果からいえることは，現状については鳩山首相の答弁が多く，野田首相の答弁が少なくなっていることが分かった。

◆ 第3節 ◆ 仮説の設定と検証

(1) 仮説の設定と検証

首相答弁により，支持率が変化すると考えられる理論的仮説は，フェイス理論及び本人代理人論より考察することができる。フェイス理論からは，首相が答弁により，自分のフェイスを失う場合である。首相答弁はメディアにより拡

第 8 章　内閣支持率と首相答弁の関係

散され，有権者はその答弁を評価することになる。

また，本人代理人論からの観点から考えると以下のように捉えることができる。ここでの本人は有権者であり，代理人は行政府のトップである首相である。本人は，代理人の有する情報について，知らないことが多く，代理人からの情報提供を受けて，判断を下すと考えられる。首相の就任直後は，代理人に対する期待が大きい一方，代理人を評価する情報を持っていないため，内閣支持率は高くなる。しかし，就任から一定期間経つと，代理人の政策や言動について情報を得ているため，評価を行うことができるようになると考えられる。

これらの理論的考察を踏まえ，本章では三つの仮説を設定する。

(仮説1)　衆議院本会議及び予算委員会あるいは参議院本会議及び予算委員会において，首相答弁の発言量は内閣支持率を引き下げる。

(仮説2)　衆議院本会議及び予算委員会において，現状に関する首相答弁は内閣支持率を引き下げる。

(仮説3)　参議院本会議及び予算委員会において，現状に関する首相答弁は内閣支持率を引き下げる。

ここでは大きく三つの仮説の検証を試みる。(仮説1)においては，首相が国会に出て答弁をするだけで内閣支持率が下がるというものである。(仮説1)が確かめられれば，時間の経過とともに内閣支持率が下がる衰退効果の一部を国会での首相答弁が担っているといえることとなる。(仮説2)では衆議院における現状に関する答弁を首相が行うことにより，内閣支持率が引き下がるというものである。有権者が首相答弁により厳しい現状を知ることで，現政権に対する不満を持つと考えられる。(仮説3)では参議院における現状に関する答弁を首相が行うことにより，有権者が首相答弁により厳しい現状を知ることで，現政権に対する不満を持つと考えられる。こうした仮説が検証されることで，今まで解明されていない内閣支持率の変動の一部が国会によるものであるということが判明する。またこうした国会の首相答弁は新聞やメディアで取り上げられることで，より有権者に対して影響を与えていると予想されるが，メ

第3節　仮説の設定と検証

ディアの報道に関してはデータ収集が困難なため，ここでは国会の持つ影響力のみに絞ることとする(365)。

　仮説において衆議院での答弁と参議院での答弁を分けたことには，政治学上の理由と制度に関する理由がある。政治学上での理由は，参議院での首相答弁が内閣支持率に対して影響力を持つのなら，参議院の権限が強すぎると批判されることに繋がる。「強い参議院論」をより一層強めることとなり，参議院での議論が倒閣を後押しすることになる。そうした場合，参議院は政局に流され，腰の据わった中長期的な議論が行うことはできなくなるだろう。また制度に関する理由は，政治学上の理由とも関連するが，より本質的な問題である。それは，衆議院での信任のもとに成立する議院内閣制において，参議院での首相答弁が影響力を持つべきかどうかという根本問題である。参議院での影響力により，内閣支持率が低下し，倒閣が可能であるならば，参議院が内閣に対して責任を持つ制度にすべきであるという議論が展開されてしかるべきである。参議院での首相答弁の影響力がそれほど大きくないのであれば，参議院議員はそれを自覚し，首相や大臣の言質を引き出そうとするのではなく，政局に流されない議論をすべきであるといえる。

　分析手法に関しては，内閣支持率に関して自己相関があるため，自己回帰誤差付き回帰分析を行うこととする。三宅らによれば，主観的経済評価が内閣支持率に対して有意に影響を及ぼしているとしているが，週次データを用いるため，主観的経済評価を変数に入れることができない。そのため，変数無視のバイアスが生じていることに留意しなければならない。また三宅らにおいて確認された衰退効果，ハネムーン効果があるのか追検証する。それとともに自民党支持基盤効果に関しては，次期選挙での投票先の政党に読み替えることとする。また，次期選挙で民主党以外の政党に投票すると答えた人の政党についても若干の検討を加える。

---

(365)「朝日・読売・毎日・産経」各新聞において"衆議院予算委員会"及び"参議院予算委員会"で20年分の検索を行ったところ，審査回数1回あたりで確認した場合，衆議院予算委員会は7.19回掲載されるのに対して，参議院予算委員会は4.36回となっており，参議院予算委員会は記事になる回数が衆議院予算委員会より少なくなっていることが分かっている。

第8章　内閣支持率と首相答弁の関係

自己回帰誤差付き回帰分析を行うにあたり，残差に系列相関が生じているか検定するため同時にゴッドフレイ検定[366]を行い，AR（1）からAR（4）について系列相関が生じていないことを確認している。

表8-5．内閣支持率を従属変数とした自己回帰誤差付き回帰分析の結果

	モデル1	モデル2	モデル3	モデル4
民主党へ投票	−0.0515	−0.0447	−0.0283	−0.0394
自民党へ投票	−1.2069***	−1.1592***	−1.1514***	−1.1811***
公明党へ投票	−2.0045***	−2.0016***	−1.9006***	−1.9871***
みんなの党へ投票	−2.6122***	−2.6056***	−2.6492***	−2.6112***
まだ投票先を決めていない	−1.1857***	−1.166***	−1.1649***	−1.1728***
衰退効果	−0.4736***	−0.4796***	−0.4734***	−0.4725***
ハネムーン効果（4週）	5.7367***	5.5488***	5.109***	5.6233***
衆院総語数		−0.4796*		
参院総語数		5.08E-07		
衆院現状			−0.0246**	
参院現状				−0.00474
ダービンワトソン統計量	1.952	1.9891	1.9762	1.9548
R二乗	0.9069	0.9095	0.9113	0.9072

（注）*は10%有意，**は5%有意，***は1%有意を示す。

表8-5は内閣支持率を従属変数とした自己回帰誤差付き回帰分析の結果を表している。まずモデル1において，三宅らの研究の追検証を行っている。自民党支持基盤効果については，次期選挙での投票先に読み替えている。民主党，自民党，公明党，みんなの党及びまだ投票先を決めていないとする変数を入れたところ，民主党への投票以外は有意に内閣支持率を引き下げる結果が得られた。次期選挙に民主党へ投票を考えている人に関しては内閣支持率を引き上げ

---

[366] ゴッドフレイ検定はダービンワトソン検定と比べ，不決定領域がなく，ホワイトノイズの正規性の仮定を必要としない。なお，ダービンワトソン検定も同時に行い，系列相関がないことを確認し，DW統計量を表に付記している。

第3節　仮説の設定と検証

る効果が見られず、民主党の支持基盤は強固なものとなっていないことがうかがえる。

　これは自民党政権時代において、政党支持は内閣支持の基盤であったと考えられていたが、飯田によれば、93年細川内閣から新党ゆえに、与党支持の内閣支持率への影響力は低下しており、回復傾向が見られるのは自民党政権に復帰後、2年半後の96年橋本内閣まで待たなければならないとしている[367]。新党ゆえに与党支持率の内閣支持率への影響力が下がったのかというと、一概には説明仕切れない。また因果の方向は逆であるが、前田によると、内閣支持率が与党支持率に与える影響は、細川内閣と小泉内閣において一時的に弱まっていることが指摘されている[368]。この理由について前田は、細川内閣及び小泉内閣は与党支持率より内閣支持率が高く、有権者の7割から8割が内閣を支持する状況は、内閣に対する支持と政党に対する支持が無関係になるとしている。民主党支持が内閣支持率に影響を与えていないことの理由として考えられることは、無党派層の増大のほか、小選挙区比例代表制の影響により死票の増大が与党支持率の内閣支持率への影響力を弱めていた結果であると考えられる。そして前田が指摘するように、鳩山内閣・野田内閣においては70%ほどの高い支持率で誕生したため、与党支持率の影響が見られなかったと考えられる[369]。

　これまで自民党連立政権において内閣支持率を引き上げていた自民党支持者たちは民主党政権に変わり、内閣支持率を引き下げる要因となっていると考えられる。また自民党や民主党といった二大政党より第三局を応援するような、みんなの党に投票すると答えた人についても内閣支持率を引き下げる結果となっており、自民党や公明党と比べ−2.6122と推定値がやや高くなっている。その他、無党派層を示すまだ決めていないとする人についても内閣支持率を引き下げる結果となっている。三宅は、支持政党なしグループが安定的支持グループと比べ、政府批判因子が強く現れていることを指摘している[370]。まだ投票

---

(367) 飯田健「政党支持の内閣支持への影響の時間的変化」『選挙学会紀要』第4号、2005年、41-61頁。
(368) 前田幸男「内閣支持率と与党支持率」樋渡展洋・斉藤淳編『政党政治の混迷と政権交代』東京大学出版会、2011年、219-243頁。
(369) 同書、219-243頁。
(370) 三宅一郎『日本の政治と選挙』東京大学出版会、1995年、165-170頁。

第8章 内閣支持率と首相答弁の関係

先を決めていないとする人々は，政党支持より政府批判をする傾向があり，内閣支持率を引き下げる結果は三宅の分析と整合的であると考えられる。こうした政党要因の他，衰退効果及びハネムーン効果についても有意な結果が得られた。モデルの当てはまり具合を示す R 二乗は 0.9069 となっており，この時点でかなりの説得力を持っているといえる。

モデル 2 は衆議院と参議院における首相の総語数を加えたものであり，(仮説 1) を検証している。衆議院の総語数については 10% 有意であり，やや内閣支持率を引き下げる結果が得られた。一方参議院の総語数については，有意な結果は得られていない。モデル 3 は衆議院における「現状」を加えたものであり，(仮説 2) を検証している。「現状」については－0.0246 の推定値が得られ，1% 有意の結果が得られた。これは衆議院本会議及び予算委員会において，現状に関する首相答弁は内閣支持率を引き下げるという (仮説 2) が一部支持されたことを表している。モデル 4 は同様に参議院における「現状」を加えたものであり，(仮説 3) を検証している。参議院については有意とはなっていない。

(2) その他の仮説の検証

衆参における「現状」という二つの仮説のみでは言語情報の価値ある部分をかなり見落としているとおもわれるので，その他の仮説として品詞ごとに内閣支持率を引き下げそうな語を検討し，コーディングした。表 8-6 は品詞別のコーディングを表している。このコーディングをもとに，再度自己回帰誤差付き回帰分析を用いて，内閣支持率への影響を確かめることとする。

表 8-6. 品詞別のコーディング

コード名	コーディングに用いた語	頻度
動詞 1	思う，考える	14540
動詞 2	思う，考える，取り組む，図る，果たす，感じる，求める，頑張る，掲げる，見直す	17174
名詞 1	在り方，本来	554
名詞 2	ばらまき，うそ，けじめ	120
副詞	当然，必ずしも，必ず，一層，少なくとも，心から，引き続き，	6533

第3節 仮説の設定と検証

	決して，特に，更に，全く，極めて，大いに，同時に，極力，最も，果たして	
副詞B	さらに，やはり，しっかり，まさに，まず，こう，これから，むしろ，そう，どう，ぜひ，いろいろ	11574
形容詞	厳しい，難しい	863
ナイ形容	問題，申しわけ，間違い，違い，仕方，容赦，しようが，とんでも	3656
否定助動詞	ない，ん，ぬ	14623

表8-7. 内閣支持率を従属変数とした自己回帰誤差付き回帰分析の結果2

	モデル5	モデル6	モデル7	モデル8	モデル9	モデル10	モデル11	モデル12	モデル13
民主党へ投票	-0.0533	-0.054	-0.00161	-0.022	-0.0178	-0.033	-0.0207	-0.0286	-0.0393
自民党へ投票	-1.1735***	-1.1747***	-1.1198***	-1.1632***	-1.1429***	-1.1528***	-1.1462***	-1.1425***	-1.164***
公明党へ投票	-2.0006***	-2.0092***	-1.8787***	-1.9032***	-1.9186***	-1.9497***	-1.9604***	-1.9665***	-1.9941***
みんなの党へ投票	-2.638***	-2.633***	-2.5813***	-2.5772***	-2.6228***	-2.6085***	-2.5836***	-2.593***	-2.6385***
まだ投票先を決めていない	-1.1756***	-1.1759***	-1.1316***	-1.1493***	-1.1546***	-1.1614***	-1.1506***	-1.1506***	-1.1668***
衰退効果	-0.4805***	-0.4807***	-0.4764***	-0.4705***	-0.4741***	-0.476***	-0.4742***	-0.4781***	-0.4784***
ハネムーン効果(4週)	5.3953***	5.4748***	5.3763***	5.9942***	5.3724***	5.3207***	5.5276***	5.4919***	5.3212***
衆院動詞1	-0.0101*								
衆院動詞2		-0.008077*							
衆院名詞1			-0.5778**						
衆院名詞2				-0.6708***					
衆院副詞					-0.0255**				
衆院副詞B						-0.0149**			
衆院形容詞							-0.1219*		
衆院ナイ形容								-0.0471**	
衆院否定助動詞									-0.0115**
ダービンワトソン統計量	1.9977	1.9961	1.9677	2.0071	1.9958	1.9829	1.9996	1.9909	1.9997

第8章　内閣支持率と首相答弁の関係

| R二乗 | 0.9093 | 0.909 | 0.9104 | 0.9114 | 0.9107 | 0.9113 | 0.9089 | 0.9111 | 0.9102 |

（注）*は10%有意，**は5%有意，***は1%有意を示す。

　表8-7は品詞別のコーディングをもとに，内閣支持率を従属変数とした自己回帰誤差付き回帰分析の結果を表している。参議院においても品詞別の変数を加えて分析を行ったが，有意な結果は得られなかった。参議院での首相答弁が全く支持率に影響を与えていないとはいえないものの，本章での分析では衆議院での首相答弁が有意に内閣支持率に影響を与えているといえる。動詞1，動詞2および形容詞については10%有意の結果であり，衆議院における首相答弁総語数と大して変わらない結果となっている。最もモデルの当てはまりが良かったものは名詞2の「ばらまき」，「うそ」，「けじめ」という語を入れたものであり，R二乗は0.9114となっている。「ばらまき」，「うそ」，「けじめ」といった語は民主党政権にとって独特のものであると考えられ，野党側の批判によく見られるような語である。このような語を首相が答弁で用いた際に有意に内閣支持率が下がるということは，野党側のこういった批判が的を射ていると有権者には映っているのではないだろうか。

小　括

　最後に残されている課題について，幾つか言及しておく。まず，分析において最も単純な自己回帰誤差付き回帰分析を行ったが，必ずしもこの分析方法が正しいとはいえない点である。三宅らにおいては1960年から1992年までのデータでARIMAモデルを用いており[371]，飯田においては1960年から2001年までのデータでARFIMAモデルを用いている[372]。こうしたモデルは長期記憶性を持つものであり[373]，より精度の高いモデルであるとされている。本

---

(371) 三宅・西澤・河野，前掲書，139-159頁。
(372) 飯田，前掲論文，41-61頁。
(373) 中村によると，内閣支持率変動は世界的にみても長期記憶性があり，パラメータはおおよそ0.7程度あることが指摘されている。中村悦大「政党支持と外交・経済意識（一）――多変量長期記憶モデルによる分析」『法学論叢』第159巻第5号，2006年，1-21頁。

小 括

章においては短期的なデータを用いていることを考慮したが，必ずしも最適なモデルであるとはいえない。ただし，短期的なデータゆえに首相の国会答弁を変数に含めることができたといえる。

次に，本章においては重要な変数を無視していることを指摘しておく。週次データを用いたことから主観的経済評価に関する変数を無視していることに加え，首相答弁は新聞やテレビといったメディアに取り上げられるため，メディアに関する変数が抜けている。その他，閣僚の失言など，政治スキャンダルが起きた場合，頻繁に報道され，内閣支持率に影響を及ぼしていることも考えられる。因果関係を考えた場合，首相答弁はメディアの報道量に影響を与えていると考えることができ，その報道には内閣支持率を上げるものと下げるものが混在していると考えられる。メディアのいかなる報道が内閣支持率に影響を与えているのかに関しては今後の課題であるといえる。これらの分析結果が妥当なものであるかについては，更なるサーベイが必要であり，その他，内閣支持率に与えるあらゆる要素について検証していかなければならないだろう。

そして，本章においては言語分析の要素を取り入れ，「現状」に関する語に分けたが，こうした峻別をすることで，重要な情報を多く見落としていると考えられる。語の慎重な選定や異なるコーディングを行えば違う結果が得られると考えられる。

こうした課題を認識したうえで，本章においては衆議院における「現状」に関する首相答弁が有意に内閣支持率を低下させるという結果が得られた。また参議院における首相答弁は，内閣支持率に対して有意な影響を与えているとはいえないことが分かった。こうした結果は議院内閣制下における二院制の健全な姿であるかもしれない。ただし，参議院での首相答弁が内閣支持率に対して有意な影響を与えていない理由として考えられることは，有権者及びマスコミが参議院を重視していないという姿勢である。議院内閣制における内閣の支持基盤は衆議院であるため，衆議院での首相答弁が内閣支持率の低下を招き，内閣が解散に追い込まれることは健全な民主主義の姿であるといえる。

参議院での首相答弁が内閣支持率への影響をそれほど与えないのならば，参議院では政局に流されるような質疑をするのではなく，中長期的な政策の話をもっと展開すべきだという主張がより強くなされてしかるべきだろう。

◆ 終　章 ◆　　参議院改革案の検討

◆ 第1節 ◆　　本書の要約

　本書では，二院制の在り方に関する論点を巡り，参議院機能の検証を行ってきた。まず，参議院の機能を①慎重審議を行うこと，②多様な民意を反映すること，③参議院議員の任期が6年である点及び議院内閣制である点から，監視機能を高めることが参議院に期待されている役割であるという三点に集約した。次に，ライカーの議論を踏まえ第二院の設置により取り得る政策の均衡が狭まることで急激な変化が少なくなることを確認した。

　本書では，第1章から第3章において，二院制が機能しているかどうかを検証してきた。二院制が機能しているかについては，二院制を堅持する必要性があるのかを確かめ，連邦制国家ではなく，単一国家である日本が参議院を採用する理由はなぜかを検証した。また二院制が有効に機能しているかを論じるにあたり，二院制が民主主義の質に貢献しているのかを検証した。本書においては，民主主義を①市民の自由，②政治文化，③選挙の手続きと多元性，④政府の機能，⑤政治への参加という五つの側面から捉えたエコノミストインテリジェンスユニットのデモクラシー指数を用いて捉えることとする。このように測定可能な民主主義を用いるのは，民主主義という共同的な活動自体が目的であると捉えるためである。民主主義を目的にすることにより，人々の道徳的成長と繋がる。そしてこの民主主義を目的とする立場は参加民主主義の理念と合致している。

　第4章から第8章において，参議院が機能しているかを検証するにあたり，本書は参議院機能の重要な一つである行政府監視機能に焦点を当て，衆議院の

終　章　参議院改革案の検討

優越規定が定められている予算委員会の審議を分析した。また農林水産委員会，厚生労働委員会，文部（文教）科学委員会及び経済産業委員会に分析対象を限定し，衆参の国政調査量の比較を行ってきた。

　具体的には，第1章においては，参議院の機能および役割を整理し，近代以降の民主主義理論を概観した上で，参議院及び参議院改革が民主主義論からみて，整合性を持つのか検討している。民主主義論として，競争的民主主義論，参加民主主義論，ポリアーキー型デモクラシー，多数決型・コンセンサス型デモクラシー及び熟議民主主義論の考え方を明らかにしている。参議院改革の歴史を踏まえ，参議院の位置づけは，参加民主主義や熟議民主主義とは整合的である一方，競争的民主主義とは非整合的であることを確認している。ただし，これまでの参議院改革は憲法改正を伴わないものであり，参議院改革は限界に近づいていることを明らかにした。

　第2章においては，二院制が民主主義の質の向上に寄与しているのかを検証した。分析の結果，民主主義の質にとって二院制よりも一院制を採用する方が望ましく，その上で拒否権プレイヤーを増やすことが求められると判明した。ただし，日本においては，参議院が拒否権を持つこと，また参議院における多数派を確保するために連立政権が組まれてきたことを考えると，一院制国会への移行は，拒否権プレイヤーを減らす改革となりかねないことを指摘した。

　第3章では，なぜ二院制が採用されているのかという問いに対し，権力の集中を嫌う国民性が二院制を求めているという仮説を設定した。本書では権力の集中を嫌う国民性を，どの程度メディアを信頼しているかで捉え，その検証を行っている。これまでの研究では，二院制は人口・経済規模に加え，連邦制であるがゆえに二院制が採用されていると指摘されてきた。分析の結果，権力の集中を嫌う国民性仮説は支持される結果が得られた。メディアを信頼している国民性は二院制を志向していることが明らかとなった。つまりメディアを信頼する国民性は一院のみによる権力の集中を嫌い，政治に対する安定志向，すなわち二院制を求めているといえる。

　前段において，第1章から第3章を通して，二院制が機能しているかどうかを検証してきた。その結果，二院制は国民によって求められているといえるものの，民主主義の質を引き下げる要因であるということが明らかとなった。もっ

第1節　本書の要約

とも二院制は民主主義の質を引き下げる要因となるといえるものの，日本において，一院制議会を導入せよと，性急な結論を導いて良いのかどうか，慎重に検討する必要がある。それは，日本の参議院は，法案に関して衆議院と同様の強い権限があり，これまでの政府与党は，参議院での過半数を占めるため，連立工作を行ってきたという経緯があるためである。参議院で過半数を占めるための連立政権の存在は，参議院が拒否権プレイヤーとなっていることを示すものであるといえる。そのため，性急な一院制への移行を掲げるより，より慎重に，参議院機能を検証する必要があると考えた。

参議院の役割の一つとして行政府監視機能が挙げられ，参議院には任期や構成の異なる点から衆議院よりも行政府監視機能が求められている。本書では，第4章から第8章において，行政府監視機能の検証を行い，参議院の行政府監視機能が衆議院にすら劣るといえるような現状であるならば，参議院廃止を含む抜本的な参議院改革が必要であるとの結論を導く。一方で，参議院には衆議院よりも行政府監視機能があるといえるのならば，参議院を存続させ，さらなる行政府監視に特化した改革が求められるという結論を導くこととしている。

第4章においては，国政調査権の行使が政争の具として用いられており，全会一致の慣例に基づいて行使がなされるため，有効な行政府監視の手段として機能していないことを明らかにした。また衆参において，さほど国政調査権の行使に違いはなく，衆議院の方がやや活発に用いているといえる。その上で，国政調査権を有効な手段とするため，議決要件の引き下げ，スタッフの拡充，国政調査権実施後の報告書作成を提言とした。

第5章においては，参議院予算委員会の方が速記中止回数は多くなっており，多くの質疑をぶつけることで徹底した追及がなされていることが分かった。また衆参の審議機能を考えるにあたっては，衆議院で追及しきれなかった場合，参議院で追及がなされるため，衆参両院を一体のものと評価する必要があることを指摘し，そのうえで，参議院予算委員会が片道方式を採用したことに起因して，二院制が行政府監視機能を強めていると結論付けた。

第6章においては，行政府監視機能の観点から，常任委員会における国政調査を取り上げた。会期制が国政調査量を増やしていること，パトロール型監視が軽視されていることが明らかとなった。また東日本大震災に対する衆参の調

終　章　参議院改革案の検討

査量の違いから，少なからず参議院が補完的役割を担っていることを指摘した。

その他，委員会別での規模を考慮に入れた上で，一人当たりの調査語数を比較すると参議院の調査語数は衆議院と同程度であるか衆議院より多くなっていることが分かった。これは，参議院が行政府監視をする上で不利に働く規模が小さいことを反対に活かすものであり，規模が小さいゆえに政治家一人当たりの調査量が増え，一つの事柄であっても衆議院での議論より深いところまで追求できる可能性を表しているといえる。

第7章においては，予算委員会における国政調査についての談話分析を行い，衆参について異なる観点から質疑が行われているかを質問の分類，質疑の話題に関する分類，及びフェイスへの脅威という三つの観点より検証した。また，答弁に関して，送り手，受け手，内容及び脈絡の観点より，衆参に違いがあるか検証を行った。

分析の結果，質疑に関しては，三つの観点が全て衆参において異なっていることが明らかとなった。一方，答弁に関しては，受け手のみが衆参において違いがあることが明らかとなった。これらの結果より，衆参は異なる質疑を行っており，答弁においても受け手については異なる答弁が得られていることが明らかとなった。衆参において質疑に違いが見られたのは，異なる利益が反映されているためであると考えられる。そのことより，答弁の受け手に差が現れており，参議院では特定の地域や産業を意識した答弁がなされているといえる。

第8章においては，内閣支持率と首相答弁の関係について触れ，有権者による行政府監視機能が議院内閣制のもとでどのように機能しているのかを把握した。分析の結果，衆議院における「現状」に関連した首相答弁が内閣支持率を引き下げていることが判明した。参議院における首相答弁が内閣支持率に有意な影響を与えない理由の一つとして，有権者は参議院での審議に関して無関心であることの可能性を指摘した。その上で，議論を進めるなら，参議院では政局に流されない質疑をし，中長期的な政策論を行うべきであるといえる。

後段において，第4章から第8章を通して，参議院の行政府監視機能を検証した結果，参議院では十分であるとはいえないものの，一定の行政府監視を行っているといえるのではないだろうか。表3-6で整理したように，行政府監視機能の担い手は，衆議院，参議院及び有権者の三者によって担われている。そし

て，民主主義である以上，有権者が本人となり，政府与党を監視する仕組みとなっている。また代議制民主主義から，国民代表である衆議院及び参議院が本人となり，与党及び政府・官僚を監視する仕組みと捉えることができる。衆議院は，政権与党を選出する議院内閣制であるため，パトロール型監視を行うというよりも，政権交代を視野に含めた与党に対する監視が機能しやすくなっている。また衆議院の規模や任期が4年ということから，何らかの事故や事案が起こったときに機動的に官僚を監視しやすい体制となっている。他方，参議院については，任期が6年であり，内閣との信任関係がないため，中長期的な視点から政府の政策や，官僚の行動をパトロール型監視として担いやすい体制となっている。実際に参議院において，パトロール型監視がなされているか確認したところ，経済産業委員会のみ有意な結果であったことから，パトロール型監視を担っている委員会とそうではない委員会があることが明らかとなった。このことからも，参議院は一定の行政府監視機能を担っているといえるが，十分であるとはいえないことがわかる。

　この結果を踏まえ，参議院改革を検討するならば，参議院を存続させ，さらなる行政府監視が行えるような制度改革を行っていくべきであるといえる。それでは具体的に，どのような参議院改革を行うべきか，次節より検討していく。

◆第2節◆　参議院改革案の検討

　次に，参議院改革諸案に若干の検討を加える。改革案を検討するにあたり，政党制と選挙制度について触れておく必要がある。なぜなら，第2章で概観したように参議院改革は，これまで行われており，当面の残されている改革は選挙制度であるといえるからである。選挙制度改革と並行して，あるいは選挙制度改革より遅れて，さらには憲法改正を伴う抜本的な参議院改革が行われることも想定される。

　日本の二院制を考えるにあたり，問題を整理しておく必要がある。参議院改革に関して，大きく二つの立場が想定される。それは参議院の権限が強すぎるため，憲法改正が必要であるという立場と，衆参の権限関係には問題がなく選挙制度改革を行えば十分であるという立場である。憲法改正が必要とする立場

終　章　参議院改革案の検討

によると，参議院の権限縮小が急務であり，3分の2の再議決要件の引き下げが主張される。そうした場合，参議院の位置づけが不鮮明になるため，参議院の選挙制度を変更し，衆議院とは異なる選出をすべきであるとされる。他方，憲法改正を行わなくとも選挙制度改革で十分あるという立場によると，参議院を熟慮の府や再考の府と考え，より肯定的に衆参の権限関係を捉えている。この立場によると，これまで連立政権により政権が運営されてきたことを考慮し，参議院の権限を縮小する必要はないとする。この立場が選挙制度改革を必要とするのは，主に一票の較差是正を行うためであり，連立政権を組みやすくするためである。参議院改革は政治学者・憲法学者の問題意識と関わり，この二つの立場のどちらかあるいは，この立場の組み合わせにより，提言されている。ただし，どちらの立場であっても，選挙制度改革は必須であると考えられるため，基本的な選挙制度改革案とそれに関連する政党制や民主主義の問題を抑えておく。

(1)　選挙制度・政党制・民主主義

　選挙制度は小選挙区制か比例代表制かのいずれかを選択することにより，二大政党制か多党制になり，多数決型デモクラシーかコンセンサス型デモクラシーのいずれかになるとされる[374]。加藤は選挙制度が民主主義の理念と結びついていることを確認している[375]。選挙制度は基本的に小選挙区制が良いか，比例代表制が良いかの二者択一であるとする。小選挙区制は，安定した多数派を形成するため，議院内閣制と整合的であり，首相の選出という重要な機能を果たすとしている[376]。他方，ミルによると数に比例した代表の選出こそが，民主主義の第一原則であるべきだとし，公正の概念を選挙制度に持ち込んでいる[377]。

---

[374]　この議論は選挙区ごとに候補者数がM+1に収束するというデュヴェルジェの法則によりもたらされる。

[375]　加藤秀治郎『日本の選挙 —— 何を変えれば政治が変わるのか』中公新書，2003年，34-68頁。

[376]　ウォルター・バジョットによると，衆議院の機能は第一に行政部の選出機能であり，第二に国民の考えを表明する表明機能であり，第三に教育的機能であり，第四に国民に報告する報道機能であり，第五に立法機能であり，第六に財政機能であるとしている。ウォルター・バジョット（小松春雄訳）『イギリス憲政論』，中央公論新社，2011年，162-170頁。

第 2 節　参議院改革案の検討

　小選挙区制の選挙制度はイギリスに代表されるウェストミンスター型を志向するものであり，日本は 1990 年代半ばの一連の選挙制度改革で政権交代可能な選挙制度を目指し，イギリスを手本として改革を行なってきた。ただし日本では中選挙区制からの移行であったため，完全に単純小選挙区制を導入したのではなく，小選挙区比例代表並立制という小選挙区を重視する選挙制度を導入することとなった。川人によると，日本の政党の動向についてもデュヴェルジェの法則が働いているとしており，2000 年から 2012 年の間の政党間競争を分析し，二大政党化は崩壊し，2012 年には民主党が第 3 党へ転落し，日本維新の会が第 2 党となり，みんなの党，日本未来の党などの第 3 極の政党勢力が一定の得票をしたため，有効政党数が 5.5 にまで増加していることを指摘している[378]。さらに自民党と民主党でナショナルスウィング（国民の大きな得票変動）があったとし，ナショナルスウィングは特に民主党で強く見られたとしている。これについて，小選挙区比例代表並立制が，有権者の投票変化と政党の消長の関連性を大きく増幅する働きをしていると指摘している。こうした小選挙区制か比例代表制かという二者択一の原理に関する問題については，決着がついていないものの，日本の実態を外観すると，二大政党制が定着しているとはみなされていない。また二大政党制が根付くかどうかに関しても，分かれるところとなっている。こうした問題に対して，議会をいかに捉えるかという観点を加えることにより，日本と整合的な制度を考えてみたい。

　ポルスビーは議会を，社会の様々な要求を実質的に法律に変換する機能を果たす変換型議会と，与野党が争点を明らかにし，議論を戦わせ，各々の政策を有権者に訴えるアリーナ型議会という二つの類型化を行っている[379]。変換型議会の典型はアメリカで，立法の主体は議会であり，議会機能の中心は立法機

---

(377) ミルによると，「多数派だけではなく，すべてのものを代表する代議制民主政治においては，数的に劣勢な人々の利害関心，意見，知的水準が，それにもかかわらず傾聴されるだろうし，数の力には属さない影響力を，人格の重みと議論の力によって獲得する機会を持つだろう。」としている。ジョン・スチュアート・ミル（水田洋訳）『代議制統治論』岩波文庫，1997 年，194-212 頁。
(378) 川人貞史「小選挙区比例代表並立における政党間競争」『論及ジュリスト』第 5 号，2013 年春号，2013 年，75-85 頁。
(379) Polsby, *op.cit.*, pp.277-298.

終　章　参議院改革案の検討

能であると捉える。一方，アリーナ型議会の典型はイギリスで，立法の主体は政府であり，議会機能の中心は討議機能，争点明示機能及び政府監視機能であると捉える。また，立法府における変換機能の決定要因として，議会における多数派の形成，会派の運営，継続的な政策の多数派が挙げられている。

　ポルスビーの分類からすると，日本の立法府は準アリーナ型議会に位置づけられるだろう。その理由として，議院内閣制を採用していることが大きい。議院内閣制では過半数の議席を占める与党の支配力が強くなっており，野党は政府提案を批判するという形で議論がなされる。アリーナ型を特徴付ける要素として，政策の多数派の形成がやや固定的であり，会派の運営が集権的であることが挙げられる。日本の党議拘束は議員活動全般に及ぶ独特のものであり，選挙活動の演説や法案審議段階の発言まで党議拘束により制限されている。このような議院内閣制下で強い党議拘束があるため，アリーナ型に近くなっている。

　他方，完全なアリーナ型ではなく，変換型議会の特徴も有している。それは，55年体制以降は自民党による一党優位政党制が長期にわたり続いていたため，継続的な政策の多数派は固定的となっていたが，民主党という有力野党が議席数を伸ばし，2009年に政権交代が起こったことをきっかけに継続的な政策の多数派が入れ替わったことである。それに加え，日本の場合，二大政党制の傾向が強いものの，多党制のもとで参議院の権限が強いことから，連立政権が常態化している。そのため，国会においても衆議院と参議院の多数派が異なるねじれ国会がしばしば生じる。ねじれ国会の場合は，連携勢力の幅が広がるうえ，与野党間の共同修正も少なくないため変換型議会に近くなる。さらに，委員会中心主義を採用しており，衆参それぞれ17の常任委員会があり（国会法第41条），高度に専門化されている。この委員会を構成するメンバーが固定的であるため，修正協議がなされやすい環境にあり，変換型議会の特徴を有していると捉えることができる。しかし，ポルスビーは「立法府が独立して業務を遂行するには，効率的な委員会制度が前提条件である[380]」とし，「立法府は委員会という制度を活用することにより，継続的に特定分野に関心を払い，専門性を役立てるなど，分業の利点を生かして，公共政策に対し立法府の影響力を発

---

(380) 加藤秀治郎・水戸克典編『議会政治』慈学社出版, 2009年, 98頁。

第 2 節　参議院改革案の検討

揮しうる(381)」と述べている。その上で，強力な委員会制度と立法府の独立性を意識しており，委員会の存在は，立法府が自立的な役割を果たす必要条件かもしれないが，十分条件ではないことを明らかにしている(382)。日本の委員会制度は専門分化されているが，実質的に法案を握りつぶすほどの権限を備えていないため，極めて弱い委員会であるといえる。こうした点から日本の国会はねじれ国会において変換型の要素を増すこととなったものの，依然としてアリーナ型議会に準ずるものであると位置づけられると考えられる。

　この議会に対する観点を加えることで，アリーナ型を志向し，日本の選挙制度についても小選挙区制の色合いを強めるべきであると考えられる。しかし，日本の上院はイギリスと違い貴族院ではなく，公選で選出されている。ここで，序章において指摘した二つのトレードオフの関係について，再度指摘しておかなければならない。一つ目は，上院の権限の強さ（両院の対称性，抑制の強さ）と多様な民意の反映（選挙制度の問題）はトレードオフの関係にあるということであり，二つ目は，立法の効率性と両院がともに公選で選出されるという民主的正統性（慎重審議）はトレードオフの関係にあるということである。イギリスの場合，上院の権限が弱いため，多様な民意が反映されるというより，非公選の上院議員によるチェックが入ると考えられている。この二つの関係を図に示している。イギリスは右下に位置しており，貴族院型であり，上院の権限は弱い。他方，日本やイタリアは左上に位置しており，上院が公選であり，上院の権限が強いものとなっている。これは抑制機能を重視するとともに，慎重審議を重視しているというものであるが，立法の効率性が損なわれるということである。

　憲法上，上院の権限を強くしている場合，選挙制度については両院が類似したものにならざるを得ず，多様な民意の反映は諦めなければならない。他方，立法の効率性を重視する場合，両院ともに公選であるという民主的正統性（慎重審議）は諦めなければならない。

　日本の参議院は公選で選出されるという民主的正統性を確保しているにも関わらず，上院の権限が強く，その上異なる選挙制度を志向しようとしてきた。

---

(381)　同書，98 頁。
(382)　同書，100 頁。

終　章　参議院改革案の検討

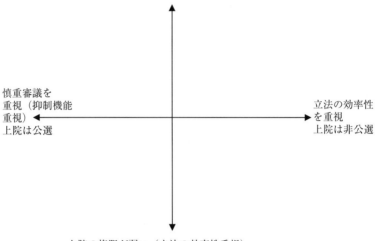

図終-1　単一国家における上院の位置づけ

（注）連邦制国家に関しては，この図は当てはまらない。連邦制国家は多様な民意というより，連邦の意見が反映される仕組みになっている。また下院の優越が定められており，立法の効率性を損ねないような制度となっている国が多い。

　このような問題を内在しているにも関わらず，今まで問題視されていなかったのは，与党の連立工作により，参議院が強大であるという認識がなされていなかったからである。昨今のねじれ国会より指摘される強大な参議院は，抑制機能を重視しすぎた左上に位置する制度では，運用できなくなっていることを意味している。
　求められることは，参議院が抑制機関であるという認識から，監視機関であるという認識に移行することである。我々が参議院を法案を止めてしまう抑制機関であるとみなしてきたために，これまで参議院が数の政治に支配されてきたといえるのではないだろうか。参議院が抑制機関であるという矜持を捨て，討議し，監視を行う議院であるという自覚を持たなければ，参議院は生き残っていくことはできないだろう。十分な討議もせず，決められない政治の原因であるとされる参議院が生き残っていくためには，大きく二つの選択肢がある。

第 2 節　参議院改革案の検討

一つは類似した選挙制度にし，衆参の多数派がねじれることを避けることである。もう一つは参議院の権限を弱め，異なる選挙制度を採用し，監視を強めていくことである。次に実際に打ち出されている参議院改革諸案について，若干の検討を加える。

(2) **先行研究における参議院改革案**

　増山は参議院と内閣の関係を合理化するという観点から，政権に対する責任を共有する関係を制度化することにより，参議院の権限行使が抑制されるとしている[383]。つまり，参議院が行政権の存続を制度的に左右するならば，内閣の重要法案に反対することは倒閣の責任所在を明確にし，議員は倒閣の責任を選挙において直接・間接に負わざるを得ない[384]。したがって，議員は倒閣の責任の重さと内閣の方針を受け入れることの利益・不利益を勘案するようになり，議院内閣制本来の制度的作用が参議院にも働くことになる。参議院問題の本質を立法権と行政権の相対的分立であるとしたうえで，一院制が処方箋の一つであることや，選挙制度改革により衆参の選出基盤を同じようにすること，両院間調整を制度的に拡充することで，両院の不一致をなくすことができるとも述べている[385]。

　また，大山によれば，参議院改革の目標は衆議院とは異なる角度からいかに充実した質の高い審議を実施するかにあるという[386]。多様な民意の反映という観点からは，衆議院が少数意見の切り捨てによって政権選択を現実化する機能を担うとすれば，参議院には少数意見をすくいあげる場としての機能を期待すべきであるとしている[387]。ただしその場合，参議院の権限をある程度縮小することを前提としている。

　元参議院議長の斎藤によれば，これからの参議院改革は参議院の選挙制度改革であり，参議院として独自の権能を模索していくことにあるとしている[388]。選挙制度に関しては，衆参両院の選挙制度が似たようなものとなっていること

---

(383) 増山・前掲書, 2008 年, 267-284 頁。増山・前掲論文, 2006 年, 45-53 頁。
(384) 同書, 267-284 頁。同論文, 45-53 頁。
(385) 同書, 267-284 頁。同論文, 45-53 頁。
(386) 大山, 前掲論文, 44-46 頁。
(387) 同論文, 44-46 頁。

終　章　参議院改革案の検討

は好ましくないとし，衆議院の選挙制度と対比しながら，衆参両院が相まってトータルなものになるように作り上げていくことが望ましいとしている[389]。また参議院の独自性に関しては，衆議院と参議院が大体同じ政党構成になっていると，参議院のみが独自性を発揮しようとすること自体に限界があると指摘している。そして究極の参議院改革は，緑風会を意識し，参議院政党を確立することであるとしている。つまり政党助成法を改正し衆参別に助成金を配分することで，衆議院の政党には属さない参議院独特の政党を法定化することにあるとしている[390]。

　竹中は選挙制度改革に関して，比例代表制を全廃して，地域ブロック制を導入することを提案している[391]。選挙区を地域ブロックごとの大選挙区に改め，人口比に応じて定数を配分するとしている。全国を10ブロック（北海道5，東北9，北関東7，東京12，南関東21，中部21，近畿21，中国7，四国4，九州沖縄14，計121）に分け，一票の較差を是正し，多角的な形で民意を反映させようとするものである[392]。

　先行研究での参議院改革案をあえて否定的にみるならば，次のような批判が想定される。参議院が政権に対する責任を共有する関係になれば，抑制均衡が働き，参議院が抑制を働かせ過ぎることは起こりえないだろう。しかし，参議院が内閣の基盤となった場合，内閣の外からのチェック機能が阻害される恐れがあるということである。これまで参議院が機能強化してきた決算決議に関していうと，警告決議及び措置要求決議は政府と分離しているからこそ行えるものであり，責任を共有する関係になると意義が薄れることに繋がる。また政府与党対野党の構図が強まり，質疑も政府批判に終始するようになる可能性があり，慎重審議を行い得なくなることが考えられる。

　次に参議院の権限縮小について考えた場合，憲法59条の再議決要件を撤廃

---

[388] 斎藤十朗「二院制と参議院のあり方」『議会政治研究』第45号, 1998年, 1-12頁。
『毎日新聞』2010年7月16日「ニュース争論：「ねじれ」をどう克服する？　斎藤十朗氏／竹中治堅氏」
[389] 同論文, 1-12頁。同新聞記事。
[390] 同論文, 1-12頁。同新聞記事。
[391] 竹中, 前掲書, 352-354頁。
[392] 同書, 352-354頁。

あるいは緩和することに繋がり，第二院としての抑止機能を果たせなくなることが考えられる。迅速な意思決定がなされるものの，一院の専断に委ねることとなり，安定した政策が継続して採り得なくなる恐れがある。また政権交代がなされた場合，政策が急激に変化したとしても，考え直す機会が与えられないこととなる。このような批判は，一院制議会への移行についても当てはまるものであるが，権限の弱い上院であったとしても，少なからず影響を及ぼすとされているので，どこまで抑止機能が働かなくなるのか慎重に考慮する必要がある。

そして参議院独特の政党を法定化することに関しては，慎重審議を行い，抑制を働かせるという点では参議院の役割に適しているといえる。しかし与野党ともに導入する利点がないこと，過去の制度が現在へ継続されていく経路依存性から考えて実現可能性が低いと言わざるを得ない。

そして，選挙制度改革において地域ブロック制を導入することは，参議院で異なる民意を反映することになるが，大選挙制度であり，少数政党が乱立することや同じ政党の候補者で同士討ちの可能性があることが考えられる。少数政党の乱立は，衆議院で過半数を占めた与党が参議院では過半数を占めることが困難となり，連立政権になる可能性が高い。そして，連立政権が発足した場合，少数政党が政府与党に入り，政権に大きな影響力を与えることも考慮しなければならないだろう。また同じ政党の候補者で同士討ちをしてきた衆議院の中選挙区制を考えると，政党の方針と異なる主張をすることや汚職の危険性などが考えられる。

◆第3節◆ 結 び

最後に，これまでの議論を整理すると，第二院の存在は政策決定を遅延させ，激的な変化を抑制する機能があると理論的にはいえる。ただし，二院制の代替として多くの拒否権プレイヤーが存在すればよく，むしろ二院制であるがために民主主義の質を下げるといえる。そうした反面，日本の参議院は連立政権の誕生に影響してきたこともあり，日本における安易な一院制議会の導入は，拒否権プレイヤーを減らす改革となりうる。参議院の機能の面からいえば，異な

る審査方式により審議機能および行政府監視機能を高めていることが指摘できる。議院内閣制という視点を考慮した場合においても，有権者及びマスコミの参議院に対する関心の低さが健全な議院内閣制を導いているというパラドックスが生じている。有権者及びマスコミの参議院に対する無関心は決して望ましいことではないが，衆議院の信任によって成立する議院内閣制のもとでは，参議院での首相答弁が内閣支持率の低下を招き，参議院が実質的な解散権を持つことは是とはできないだろう。参議院での審議機能は内閣支持率へ影響を与えるほどのインパクトを持っておらず，衆議院と比べより政策的な審議を行うことが求められるといえよう。こうした論点を踏まえた上で以下を結論とする。参議院の存続を考えるならば，参議院の更なる審議機能及び行政府監視機能を高める必要があることである。

　本書では次の四点の改革案を結論とする。①憲法第59条2項の再議決要件を緩和，及び法案の引き延ばし権を参議院に付与する，②予算委員会以外の常任委員会においても，片道方式の審議方式を採用する，③参議院における選挙制度を全て比例代表制に変更する，④参議院に予備的調査制度及び少数者調査権を導入することである。

　一点目は，ねじれ国会において，法案を止める抑止機能が過剰に働き過ぎ，決められない政治の原因となっている。比較政治学的観点より，再議決要件の引き下げは重要であると考えられ，参議院の権限を弱めることで，抑止ではなく監視が必要であることを認識する必要がある。衆議院と参議院を法案が行き来するナベット制においては，法案の引き延ばし権により，参議院の選好が反映されることになる。参議院における拒否権を引き延ばし権に変えることで，決められない政治を解決することができるであろう。もっとも，審議の引き延ばし権だけでは，与野党対立により双方が審議拒否を行い，国会審議を空洞化させることにつながるため，有権者が審議拒否に対して，批判的にならねばならない。

　二点目は，参議院独自の片道方式が行政府監視機能に寄与していることから，他の常任委員会においても，片道方式を採用することによって更なる行政府監視機能の向上を図ることが可能であると考えられる。

　三点目は，多数主義を基本とする衆議院に対して，参議院の熟議を行い，参

第 3 節　結　び

加を重視する役割を考慮すれば，参議院には完全比例代表制の導入が適当であると考えられる。比例代表制とすることにより，小政党に議席が配分され，多様な民意が反映されることになる。これらの改革により，ねじれ国会が出現したとしても，衆議院の優越規定が強まっているため，効率性を重視した立法活動を行うことが可能となる。また参議院は衆議院に対して反対により抑止するのではなく，行政府監視を行うことにより政府の不正を問いただし，数で決定する政治ではなく言論による政治がなされるようになるのではないだろうか。

　四点目は，参議院の調査機能を向上させるための，制度化の導入である。議会が監視を行うにあたり，調査制度の充実は不可欠であると考えられる。ドイツの連邦議会の制度を参考に，参議院に少数者調査権を導入してはどうだろうか[393]。衆議院では少数会派のための予備的調査制度が整備されており，行政府監視にある程度寄与していると考えられている[394]。強制力を持たない予備的調査制度の導入は，議院規則により制定されているため，参議院においてもすぐに導入可能である。予備的調査制度については，官僚が情報を出し渋ることや調査局の人的リソースの限界から不活発であるとされ，肯定的な評価は多くなかったが，近年，肯定的な評価がなされるようになっている[395]。それは，2006年12月の長妻昭議員らの要求によって，予備的調査制度が活用され，年金納付記録の問題が発覚し，政府は年金記録の回復問題に最優先で取り組むことが余儀なくされたためである[396]。このような予備的調査制度の活用によって，マスコミが取り上げ社会問題となったことで，政府は対応を迫られることになる。

---

[393] ドイツにおける政府統制に関する法規は，議会内少数派の権利として発展し，その中でも調査委員会は，行政府からの情報に依存することなく，自ら証人喚問や文書の提出要求等の証拠調べを行う権限を有するため，最も強力な政府統制の手段であるとされている（渡辺富久子「ドイツ連邦議会による政府の統制 —— 調査委員会を中心に」『外国の立法』第255号, 2013年, 89頁。）。
[394] 『朝日新聞』2008年8月15日「衆院予備的調査で監視」。
[395] 大西，前掲論文, 952-954頁。武蔵勝宏「法律はどのようにつくられるか」宮澤節生・武蔵勝宏・上石圭一・大塚浩『ブリッジブック法システム入門 —— 法社会学的アプローチ』第3版, 信山社, 2015年, 25頁。
[396] 衆議院『国民年金・厚生年金の納付した保険料の記録が消滅する事案等に関する予備的調査（松本剛明君外42名提出，平成18年衆予調第4号）についての報告書』衆議院調査局, 2007年。

終　章　参議院改革案の検討

　こうした強制力を伴わない予備的調査制度に加え，過半数の議決が必要であり，強制力のある国政調査権（国会法第104条）を少数会派にも行使可能なように議決要件を3分の1に緩和すれば，行政府監視機能は更に強化されることになる。日本の国会では，与野党対立ばかりが目立ち，国政調査権が与野党対立の一つとして取り扱われてきたため，与党側が国政調査権の発動にきわめて消極的であった。また，ねじれ国会であったとしても，与党側が抵抗することで多数決での国政調査権を行使することは避けられてきた[397]。こうした国政調査権の問題点を克服するためにも政府からの情報を入手する手段の一つとして，少数会派による国政調査権を整備すべきである。行政府監視機能という場合，ウェストミンスターモデルの観点から野党が政権与党の政治的責任を追及する政権監督機能と，官僚に対する行政監視機能に分けられる[398]。国政調査権は，政権監督機能として行使される傾向が強くなっているのが現状である。国政調査権は本来，国政に関する調査を行うために議院に与えられた権限であるが，政権監督機能のみならず官僚制に対する行政府監視機能の双方を対象に用いられる必要がある。政党が重要となっている今日において，議院・委員会に限定された権限行使を，実質的に会派も行使しうるように環境を整備することが必要であろう。国政調査権の発動を，政権監督機能として用い，疑惑追及の見せ場とすることだけではなく，政府側からより多くの情報を入手し，行政府監視の強化の一手段として有効に活用していくことが望ましいといえる。参議院が議員の長期6年の任期に着目して中長期的な視点から国政の課題に取り組むことを目指して設置した調査会や通常の委員会においても，こうした国政調査の充実と相まって，より効果的な政策提言活動も行いうるようになると思われるからである。

　こうした参議院の制度改革を行い，行政府監視機能を強化することで，権力融合とされる議院内閣制であっても，多様な選出基盤を代表する参議院議員に

---

(397) 『朝日新聞』2008年1月16日「「宝刀」国政調査権見送り・多数決に限界民主は慎重策」。行使に慎重だった理由については「多数決の場合，世論動向（の影響）が非常に大きい」と民主党の築瀬参院国対委員長（当時）により説明されている。また民主党内には「政府が例外規定を使って提出を拒めば，伝家の宝刀が空振りに終わる」（参院外交防衛委理事）との懸念があったとされている。

(398) 河島，前掲論文, 42-67頁。

第 3 節 結 び

よる多角的な観点からの審議や調査が充実することになると思われる。衆議院での多数主義的な運営に対して，参議院では，行政府監視機能をより強化し，何らかの事件や事故が起こった国政上の重要課題に対して，必要に応じて監督し，是正することができ，恒常的な行政監視においても良い循環が生まれるのではないだろうか。二院制は有権者が求めた制度であり，それを活用していくのも有権者である。国民が監督し，積極的に政治に参加していくことが，単一国家のもとで二院制を採用した日本において，より求められているといえよう。

【参考文献】

〈日本語文献〉

・第一次資料
(国会会議録及び議院資料)
参議院予算委員会会議録
参議院外務防衛委員会会議録
参議院決算委員会会議録
参議院憲法審査会会議録
参議院ホームページ　http://www.sangiin.go.jp/
参議院『参議院委員会先例録』平成十年版，参議院事務局，1998年。
参議院『参議院五十年のあゆみ』参友会，1998年。
参議院憲法調査会「二院制と参議院の在り方に関する小委員会調査報告書」2005年。
衆議院会議録
衆議院予算委員会会議録
衆議院国際テロリズムの防止及び我が国の協力支援活動並びにイラク人道復興支援活動等に関する特別委員会議録
衆議院・参議院『議会制度百年史 —— 議会制度編』大蔵省印刷局，1990年。
衆議院『衆議院委員会先例集』平成十五年版，衆栄会，2003年。
衆議院「衆議院の動き」各年版，衆議院常任委員会調査室。
衆議院『国民年金・厚生年金の納付した保険料の記録が消滅する事案等に関する予備的調査（松本剛明君外42名提出，平成18年衆予調第4号）についての報告書』衆議院調査局，2007年。

(政府関係文書等)
教育再生会議「社会総がかりで教育再生を・最終報告〜教育再生の実効性の担保のために〜」http://www.kantei.go.jp/jp/singi/kyouiku/houkoku/honbun0131.pdf（2013年12月1日確認）2008年。
経済産業省『通商白書』2012年度版，2012年。
経済産業省資源エネルギー庁　資源戦略研究会「非鉄金属資源の安定供給確保に向けた戦略」http://www.meti.go.jp/committee/materials/downloadfiles/g61122c08j.pdf（2013年12月1日確認）2006年。
経済産業省地球環境対策室「気候変動問題の経緯と今後の展望」
　http://www.meti.go.jp/policy/energy_environment/global_warming/pdf/2013ClimateChange01.pdf（2013年12月1日確認）2013年。
厚生労働省『厚生労働白書』平成22年版「年金記録問題」2010年。
厚生労働省「新型インフルエンザ対策本部幹事会「確認事項」」

参 考 文 献

　　http://www.mhlw.go.jp/kinkyu/kenkou/influenza/090516-01.html（2013年12月1日確認）2009年。
首相官邸「教育再生会議の設置について」
　　http://www.kantei.go.jp/jp/singi/kyouiku/pdf/01_secchi.pdf（2013年12月1日確認）2006年。
独立行政法人日本原子力研究開発機構「高速増殖原型炉もんじゅ安全性総点検に係る対処及び報告について（第5回報告）」
　　http://www.meti.go.jp/committee/materials2/downloadfiles/g91113c05j.pdf（2013年12月1日確認）2009年。
21世紀臨調「国会審議活性化等に関する緊急提言」
　　http://www.secj.jp/pdf/091104-1.pdf（2013年12月1日確認）2009年。
農林水産省「米緊急対策について」2007年10月29日
　　http://www.maff.go.jp/j/seisan/keikaku/e_meeting/index.html（2013年12月1日確認）
農林水産省「牛海綿状脳症対策基本計画」
　　http://www.maff.go.jp/j/syouan/douei/bse/b_sotiho/pdf/kihon_keikaku.pdf（2013年12月1日確認）2002年。
農林水産省「特集事故米への取り組み」
　　http://www.maff.go.jp/j/pr/aff/0812/introduction.html（2013年12月1日確認）2008年。
農林水産省「鳥インフルエンザ緊急総合対策について」
　　http://www.maff.go.jp/j/syouan/douei/tori/20040316taisaku.html（2013年12月1日確認）2004年。
文部科学省『文部科学白書』平成18年版「より良い教科書のために」2006年。
文部科学省大臣官房文教施設部「学校施設耐震化推進指針」
　　http://www.mext.go.jp/a_menu/shisetu/bousai/taishin/03071501/001.pdf（2013年12月1日確認）2003年。
文部科学省「公立学校施設の耐震化の推進（過去の調査結果）」
　　http://www.mext.go.jp/a_menu/shotou/zyosei/taishin/1324418.htm（2013年12月1日確認）2010年。

（新聞）
『朝日新聞』
『日経新聞』
『毎日新聞』
『読売新聞』
新聞通信調査会「メディアに関する全国世論調査」2008年。
　　http://www.chosakai.gr.jp/notification/pdf/report.pdf（2013年12月1日確認）

日本語文献

新聞通信調査会「メディアに関する全国世論調査」2012年。
　http://www.chosakai.gr.jp/notification/pdf/report5.pdf（2013年12月1日確認）

（データ）
新報道2001「今週の調査」
　http://www.fujitv.co.jp/b_hp/shin2001/chousa/chousa.html（2013年12月1日確認）

・第二次資料

浅野一郎・河野久（編）『新・国会事典』第二版，有斐閣，2010年。
浅野義治「国政調査権の本質と限界」『議会政治研究』第78号，2006年。
朝日恒明「参議院と政党政治 —— 日本政治における参議院の諸問題」『学習院大学大学院政治学研究科政治学論集』第14号，2001年。
芦部信喜『憲法と議会制』東京大学出版会，1971年。
飯田健「政党支持の内閣支持への影響の時間的変化」『選挙学会紀要』第4号，2005年。
石破茂オフィシャルブログ「立て直す。日本を，地域を，自民党を！」2011年2月2日記事。http://ishiba-shigeru.cocolog-nifty.com/blog/2011/02/post-abdf.html（2013年12月1日確認）
市村充章「参議院比例代表制の経緯とその評価」『議会政治研究』第38号，1996年。
岩井奉信『立法過程』東京大学出版会，1988年。
岩崎美紀子「二院制議会（13）ドイツ（下）」『地方自治』第747巻，2010年。
衛藤征士郎オフィシャルブログ「征士郎ブログ」2011年12月29日。
　http://seishiro.sakura.ne.jp/weblog/2011/12/129-1.html（2013年12月1日確認）
大石眞『憲法講義Ⅰ［第2版］』有斐閣，2009年。
大石眞『議会法』有斐閣アルマ，2001年。
大西勉「党首討論を巡る若干の問題」中村睦男・大石眞編『立法の実務と理論：上田章先生喜寿記念論文集』信山社，2005年。
大西勉「予備的調査の実態と最近の調査局改革：国会改革の動き」『北大法学論集』第58巻第2号，2007年。
大曲薫「国会法の制定と委員会制度の再編 —— GHQの方針と関与について」国立国会図書館調査及び立法考査局『レファレンス』第60巻第11号（通号718），2010年。
大山礼子「参議院改革」『法学セミナー』第548号，2000年。
大山礼子『比較議会政治論 —— ウェストミンスターモデルと欧州大陸型モデル』岩波書店，2003年。
大山礼子『国会学入門』第二版，三省堂，2006年。
大山礼子「議事手続再考 ——「ねじれ国会」における審議の実質化をめざして」『駒澤法学』第27号，2008年。
大山礼子『日本の国会 —— 審議する立法府へ』岩波書店，2011年。

参 考 文 献

岡田順太「国政調査権と国会事故調」『法学セミナー』No.712, 2014 年。
岡田順太・岩切大地・大林啓吾・横大道聡・手塚崇聡「国会質疑の技法 —— 模範議会 2012 の手引き」『白鷗大学論集』第 27 巻第 2 号, 2013 年。
岡田憲治『権利としてのデモクラシー —— 甦るロバート・ダール』勁草書房, 2000 年。
奥平康弘「国政調査権」『自由と正義』第 27 巻 10 号, 1976 年。
加藤秀治郎『日本の選挙 —— 何を変えれば政治が変わるのか』中公新書, 2003 年。
加藤祐一「衆議院における国政に関する調査の事例」『議会政治研究』第 78 号, 2006 年。
鴨谷潤「参議院・決算審査の新たな方向 ——「決算審査の充実」の検証と今後の課題」『議会政治研究』第 51 号, 1999 年。
河島太朗「イギリス議会における行政監視」『外国の立法』第 255 号, 2013 年。
川人貞史『日本の国会制度と政党政治』東京大学出版会, 2005 年。
川人貞史「衆参ねじれ国会における立法的帰結」『法学』第 72 巻第 4 号, 2008 年。
川人貞史「小選挙区比例代表並立における政党間競争」『論及ジュリスト』第 5 巻, 2013 年春号, 2013 年。
北村知史「普天間基地移設をめぐる鳩山首相のリーダーシップと世論の影響力」『同志社政策科学院生論集』第 1 号, 2012 年。
木下博文「参議院における国政に関する調査の事例」『議会政治研究』第 78 号, 2006 年。
ギャスティル, ジョン・ピーター, レヴィーン（津富宏・井上弘貴・木村正人監訳）『熟議民主主義ハンドブック』現代人文社, 2013 年。
クボタ「旧神崎工場周辺の石綿健康被害への対応について」2005 年。
　http://www.kubota.co.jp/new/2005/s12-25.html（2013 年 12 月 1 日確認）
グライス, ポール,（清塚邦彦訳）『論理と会話』勁草書房, 1998 年。
ケネス・盛・マッケルウェイン・梅田道生「党首選改革と政党支持率」樋渡展洋・斉藤淳編『政党政治の混迷と政権交代』東京大学出版会, 2011 年。
孝忠延夫「国政の最高決定機関および統制機関としての国会」『公法研究』第 59 号, 1997 年。
孝忠延夫「国政調査権の「憲法的性質」再論」『関西大学法学論集』第 55 巻 4・5 号, 2006 年。
河野謙三『議長一代』朝日新聞社, 1978 年。
河野勝『制度』東京大学出版会, 2010 年。
ゴッフマン, アーヴィング（浅野敏夫訳）『儀礼としての相互行為』法政大学出版局, 2002 年。
後藤玲子『正義の経済哲学 —— ロールズとセン』東洋経済新報社, 2002 年。
小林秀行・東海林壽秀「参議院の発言 —— 変遷と現状」『議会政治研究』第 24 号, 1992 年。
小堀眞裕『ウェストミンスター・モデルの変容 —— 日本政治の「英国化」を問い直す』法律文化社, 2012 年。
斎藤十朗「二院制と参議院のあり方」『議会政治研究』第 45 号, 1998 年。
佐伯祐子「参議院行政監視委員会・設置経緯とその活動」『議会政治研究』第 51 号,

日本語文献

1999 年。
坂井吉良・岩井奉信・浅田義久「二院制度が民主主義の質と経済的パフォーマンスに与える効果に関する研究」『政経研究』第 50 巻第 1 号，2013 年。
佐々木惣一『人間生活と法及び政治』「国会の最高機関性」勁草書房，1949 年。
佐藤達男『日本国憲法成立史』第 2 巻，有斐閣，1964 年。
佐藤立夫『ポスト政治改革の参議院像』高文堂出版社，1993 年。
サルトーリ，ジョバンニ（岡沢憲芙・工藤裕子訳）『比較政治学——構造・動機・結果』早稲田大学出版部，2000 年。
篠原一『討議デモクラシーの挑戦——ミニパブリックスが拓く新しい政治』岩波書店，2012 年。
シャピロ，イアン（中道寿一訳）『民主主義理論の現在』慶應義塾大学出版会，2010 年。
杉原泰雄「国政調査権・再考——構造的汚職の真相究明問題を契機として」『法律時報』第 65 巻 10 号，1993 年。
鈴木克洋「参議院における予算審査の概要（1）——予算委員会を中心に」『議会政治研究』第 45 号，1998 年。
澄田知子「国会における予算審議の実質化」『議会政治研究』第 68 号，2003 年。
高橋和之『国民内閣制の理念と運用』有斐閣，1994 年。
高橋和之「議院内閣制——国民内閣制的運用と首相公選論」『ジュリスト』第 1192 号，2001 年。
高見勝利「国政調査権の「性質」——浦和事件と助手論文の着想」『法学教室』第 250 号，2001 年。
高見勝利「国政調査権の限界——ロッキード事件と議院の「報道機能」」『法学教室』第 251 号，2001 年。
高見勝利「政治の「大統領化」と二元的立法過程の「変容」？」『ジュリスト』第 1311 号，2006 年。
高見勝利「「ねじれ国会」と憲法」『ジュリスト』第 1367 号，2008 年。
高見勝利「政権交代と政党政治の行方」『ジュリスト』第 1414 号，2011 年。
竹中治堅『参議院とは何か 1947~2010』中央公論新社，2010 年。
竹中治堅「2010 年参議院選挙後の政治過程——参議院の影響力は予算にも及ぶのか」『選挙研究』第 27 巻第 2 号，2011 年。
田中嘉彦『シリーズ憲法の論点⑥二院制』国立国会図書館調査及び立法考査局，2005 年。
谷（武蔵）勝宏『現代日本の立法過程——一党優位制議会の実証研究』信山社，1995 年。
谷（武蔵）勝宏『議員立法の実証研究』信山社，2003 年。
ナイブレイド，ベンジャミン（松田なつ訳）「首相の権力強化と短命政権」樋渡展洋・斉藤淳編『政党政治の混迷と政権交代』東京大学出版会，2011 年。
中村悦大「政党支持と外交・経済意識（一）——多変量長期記憶モデルによる分析」『法学論叢』第 159 巻第 5 号，2006 年。
野澤大介「政権交代が提起した決算制度の課題——決算審議の更なる充実に向けて」

参考文献

『立法と調査』第316号，2011年。
野中俊彦・中村睦男・高橋和之・高見勝利『憲法Ⅱ』第4版，有斐閣，2006年。
河世憲「国会審議過程の変容とその原因」『レヴァイアサン』第27巻，2000年。
バジョット，ウォルター（小松春雄訳）『イギリス憲政論』中央公論新社，2011年。
原田一明「国政調査権」『ジュリスト』第1133号，1998年。
樋口耕一「計算機による新聞記事の計量的分析 ── 『毎日新聞』にみる「サラリーマン」を題材に」『理論と方法』第19巻第2号，2004年。
フィシュキン，ジェイムズ（曽根泰教監修，岩木貴子訳）『人々の声が響き合うとき ── 熟議空間と民主主義』早川書房，2011年。
藤馬龍太郎「議会の役割と国政調査権の機能」『公法研究』第47号，1985年。
藤本一美『上院廃止 ── 二院制議会から一院制議会への転換』志学社，2012年。
福元健太郎『日本の国会政治 ── 全政府立法の分析』東京大学出版会，2000年。
福元健太郎「国会は多数主義か討議アリーナか？ 増山幹高著『議会制度と日本政治 ── 議事運営の計量政治学』をめぐって」『レヴァイアサン』第35号，2004年。
福元健太郎『立法の制度と過程』木鐸社，2007年。
福元健太郎・水吉麻美「小泉内閣の支持率とメディアの両義性」『学習院大学法学会雑誌』第43号，2007年。
ブラウン，ペネロピ・スティーヴン　レビンソン（田中典子監訳）『ポライトネス ── 言語使用における，ある普遍現象』研究社，2011年。
フランシス・フクヤマ（加藤寛訳）『「信」無くば立たず』三笠書房，1996年。
前田幸男「内閣支持率と与党支持率」樋渡展洋・斉藤淳編『政党政治の混迷と政権交代』東京大学出版会，2011年。
増山幹高『議会制度と日本政治 ── 議事運営の計量政治学』木鐸社，2003年。
増山幹高「参議院の合理化：二院制と行政権」『公共選択の研究』第46号，2006年。
増山幹高「日本における二院制の意義と機能」慶應大学法学部編『慶應の政治学　日本政治』慶應義塾大学出版会，2008年。
増山幹高「国会審議からみた国会法改正 ── いかに議会制度は選択されるのか？」『公共政策研究』第9号，2010年。
待鳥聡史『首相政治の制度分析 ── 現代日本政治の権力基盤形成』千倉書房，2012年。
松浦淳介「分裂議会に対する立法推進者の予測的対応 ── 参議院の黙示的影響力に関する分析」『法学政治学論究』第92号，2012年。
ミル，ジョン・スチュアート，（水田洋訳）『代議制統治論』岩波文庫，1997年。
宮澤俊義『全訂日本国憲法』日本評論社，1978年。
三宅一郎『日本の政治と選挙』東京大学出版会，1995年。
三宅一郎・西澤由隆・河野勝『55年体制下の政治と経済 ── 時事世論調査データの分析』木鐸社，2001年。
武蔵勝宏「国会」森本哲郎編『現代日本の政治と政策』法律文化社，2006年。

武蔵勝宏「政治の大統領制化と立法過程への影響」『国際公共政策研究』第13巻第1号,2008年.

武蔵勝宏「小泉政権後の立法過程の変容」『北大法学論集』第59巻第5号,2009年.

武蔵勝宏「法律はどのようにつくられるか」宮澤節生・武蔵勝宏・上石圭一・大塚浩『ブリッジブック法システム入門──法社会学的アプローチ』第3版,信山社,2015年.

武蔵勝宏「政権交代後の立法過程の変容」『国際公共政策研究』第17巻第2号,2013年a.

武蔵勝宏「安全保障政策に対する民主的統制──補給支援特措法の立法過程」『同志社政策科学研究』第15巻第1号,2013年b.

武蔵勝宏「参議院事務局・法制局の組織とその機能」『都市問題』第104号,2013年c.

村井敏邦・大出良知・清水睦・杉原泰雄「《座談会》構造的汚職と国政調査権の再生」『法律時報』第65巻10号,1993年.

森英樹「国政調査権の行使」『ジュリスト』第955号,1990年.

ルソー,ジャン ジャック,(桑原武夫・前川貞次郎訳)『社会契約論』岩波書店,1954年.

吉田武弘「戦後民主主義と「良識の府」──参議院制度成立過程を中心に」『立命館大学人文科学研究所紀要』第90号,2008年.

横川博「国政調査権の本質」『ジュリスト』第638号,1977年.

ルピア,アーサー・マシュー・マカビンズ(山田真裕訳)『民主制のディレンマ──市民は知る必要があることを学習できるか?』木鐸社,2005年.

渡辺富久子「ドイツ連邦議会による政府の統制──調査委員会を中心に」『外国の立法』第255号,2013年.

〈英 語 文 献〉

・第一次資料
(議院資料)
イギリス議会　http://www.parliament.uk/
イタリア議会上院　http://www.senato.it/index.htm
フランス議会　http://www.assemblee-nationale.fr/english/index.asp

(データ)
Armingeon, Klaus, Philipp Leimgruber, Marlene Beyeler and Sarah Menegale, *Comparative Political Date Set 1960-2009*, Institute of Political Science, University of Bern.
http://www.ipw.unibe.ch/content/team/klaus_armingeon/comparative_political_data_sets/index_ger.html(2012年7月22日アクセス)

English, Cynthia, Quality and Integrity of World's Media Questioned, Gallup

参考文献

Poll, 2007.
 http://www.gallup.com/poll/103300/quality-integrity-worlds-media-questioned.aspx（2013 年 11 月 29 日確認）
English, Cynthia, Civic Engagement Highest in Developed Countries, Gallup Poll, 2011.
 http://www.gallup.com/poll/145589/civic-engagement-highest-developed-countries.aspx（2013 年 11 月 29 日確認）
English, Cynthia and Lee Becker, Two-Thirds Worldwide Say Media Are Free in Their Countries, Gallup Poll, 2012.
 http://www.gallup.com/poll/153455/two-thirds-worldwide-say-media-free-countries.aspx（2013 年 11 月 29 日確認）
Teorell, Jan, Nicholas Charron, Marcus Samanni, Sören Holmberg & Bo Rothstein, *The Quality of Government Dataset*, Version 6, April 2011. University of Gothenburg: The Quality of Government Institute, 2011.（2012 年 7 月 22 日確認）
Teorell, Jan, Nicholas Charron, Stefan Dahlberg, Sören Holmberg, Bo Rothstein, Petrus Sundin and Richard Svensson, *The Quality of Government Dataset*, Version 8, 2012.
 http://www.qog.pol.gu.se/data/datadownloads/qogstandarddata/（2013 年 6 月 5 日確認）
The Economist Intelligence Unit's Index of Democracy, 2010.
 http://graphics.eiu.com/PDF/Democracy_Index_2010_web.pdf（2013 年 12 月 1 日確認）
Transparency International, Corruption Perceptions Index, 2012.
 http://cpi.transparency.org/cpi2012/results/（2013 年 11 月 29 日確認）
World Bank, The Worldwide Governance Indicators Project, 2013.
 http://info.worldbank.org/governance/wgi/index.asp（2013 年 12 月 1 日確認）

・第二次資料

Armingeon, Klaus, "The Effects of Negotiation Democracy: A Comparative Analysis," *European Journal of Political Research*, Vol.41, 2002.
Borman, Nils-Christian, "Patterns of Democracy and Its Critics," *Living Reviews in Democracy*, Vol.2, 2010.
Bavelas, Janet Beavin, Alex Black, Lisa Bryson and Jennifer Mullet, "Political Equivocation: A Situational Explanation," *Language and Social Psychology*, Vol.7, No.2, 1988.
Bavelas, Janet Beavin, Alex Black, Nicole Chovil and Jennifer Mullett, *Equivocal Communication*, Sage Publications, 1990.

英 語 文 献

Bryce, James, *Modern Democracies*, The Macmillan Company, 1921（ブライス, ジェームス（佐久間秀雄編）『現代民主政治』日本読書協会, 1921 年）.
Bull, Peter and Kate Mayer, "How Not to Answer Questions in Political Interviews," *Political Psychology*, Vol.14, No.4, 1993.
Bull, Peter, Judy Elliott, Derrol Palmer and Libby Walker, "Why Politicians Are Three-Faced: The Face Model of Political Interviews," *British Journal of Social Psychology*, Vol.35, 1996.
Bull, Peter and Ofer Feldman, "Theory and Practice in Political Discourse Research," in Ron Sun Ed., *Grounding Social Sciences in Cognitive Sciences*, MIT Press, 2012.
Calvert, Randall, Mathew McCubbins and Barry Weingast, "A Theory of Political Control and Agency Discretion," *American Journal of Political Science*, Vol.33, 1989.
Dahl, Robert, Polyarchy: *Participation and Opposition*, Yale University Press, 1972（ダール, ロバート（前田修・高畠通敏訳）『ポリアーキー』三一書房, 1981 年）.
Dahl, Robert, *On Democracy*, Yale University Press, 1998（ダール・ロバート（中村孝文訳）『デモクラシーとは何か』岩波書店, 2001 年）.
Dahl, Robert, *Modern Political Analysis*, Prentice-Hall, 1963（ダール・ロバート（高畠通敏訳）『現代政治分析』岩波書店, 2012 年）.
Döring, Herbert, "Time as a Scarce Resource: Government Control of the Agenda," in Herbert Döring ed., *Parliaments and Majority Rule in Western Europe*, St.Martin's Press, 1995.
Dryzek, John and Simon Niemeyer, "Reconciling Pluralism and Consensus as Political Ideals," *American Journal of Political Science*, Vol.50, No3, 2006.
Elster, Jon, Introduction, in Jon Elster ed., *Deliberative Democracy*, Cambridge University Press, 2007.
Feldman, Ofer, *Talking Politics in Japan*, Sussex Academic Press, 2004.
Franklin, Mark and Philip Norton, "Questions and Members," in Mark Franklin and Philip Norton eds., *Parliamentary Questions*, Clarendon Press Oxford, 1993.
Gallagher, Michael, "Proportionality Disproportionality and Electoral Systems," *Electoral Studies*, Vol.10, 1991.
Hamilton, Alexander, James Madison and John Jay, *The Federalist or The New Constitution*, Dutton, 1911（ハミルトン, アレクサンダー, ジェームス・マディソン, ジョン・ジェイ（斉藤眞・中野勝郎訳）『ザ・フェデラリスト』岩波文庫, 1999 年）.
Hammond, Thomas and Gary Miller, "The Core of the Constitution," *American Political Science Review*, Vol.81, No.4, 1987.
Illie Cornelia, "Parliamentary Discourses," in Keith Brown ed. *Encyclopedia of Language and Linguistics* 2nd ed., Vol9, Elsevier Science Press, 2006.

参考文献

Jucker, Andreas, *News Interviews : A Pragmalinguistic Analysis*, John Benjamins Publishing Company, 1986.
Kenji Hayao, *The Japanese Prime Minister and Public Policy*, University of Pittsburgh Press, 1993.
Kraus, Ellis S. and Benjamin Nyblade, " 'Presidentialization' in Japan? The Prime Minister, Media and Election in Japan," *British Journal of Political Science*, Vol.35, 2005.
Laakso, Markku and Rein Taagepera, "'Effective' Number of Parties : A Measure with Application to West Europe," *Comparative Political Studies*, Vol.12, 1979.
Levmore, Saul, "Bicameralism : When are two decisions better than one?," *International Review of Law and Economics*, Vol.12, No.2, 1992.
Lijphart, Arend, *Democracy in Plural Society : A Comparative Exploration*, Yale University Press, 1977.
Lijphart, Arend, *Patterns of Democracy : Government Forms and Performance in Thirty-Six Countries* 2nd ed., Yale University Press, 2012 (レイプハルト・アレンド (粕谷祐子訳)『民主主義対民主主義——多数決型とコンセンサス型の36ヶ国比較研究』勁草書房, 2005年).
Macpherson, Crawford Brough, *The Life and Times of Liberal Democracy*, Oxford University Press, 1977.
Margolis, Haward, "Dual-Utilities," Harris School Working Paper Series 06-05 D, 2007.
Massicotte, Louis, "Legislative Unicameralism : A Global Survey and a Few Case Studies," *The Journal of Legislative Studies*, Vol.7, No.1, 2001.
McCubbins, Mathew and Thomas Schwartz, "Congressional Oversight Overlooked : Police Patrols Versus Fire Alarms," *American Journal of Political Science*, Vol. 28, No. 1, 1984.
Miller, Gary, Thomas Hammond and Charles Kile, "Bicameralism and the Core : An Experimental Test," *Legislative Studies Quarterly*, Vol.21, No.1, 1996.
Mochizuki Mike, Managing and Influencing the Japanese Legislative Process : The Role of Parties and the National Diet, Ph.D. Dissertation, Harvard University, University Microfilms International, 1982.
Money, Jeannette and Tsebelis George, "Cicero's Puzzle : Upper House Power in Cormparative Perspective," *International Political Science Review*, Vol.13, No.1 1992.
Norton, Philip, "Adding Value? : The Role of Second Chambers," *Asia Pacific Law Review*, Vol.15 No.1, 2007.
Patterson, Samuel and Anthony Mughan, *Senates : Bicameralism in the Contem-

porary World, Ohio State University Press, 1999.

Patterson, Samuel and Anthony Mughan, "Fundamentals of Institutional Design: The Functions and Powers of Parliamentary Second Chambers," *The Journal of Legislative Studies*, Vol.7, No.1, 2001.

Poguntke, Thomas and Paul Webb, "The Presidentializaion of Politics in Dmocratic Societies: A Framework for Analysis," in Poguntke and Webb, eds., *The Presidentialization of Politics: A Comparative Study of Modern Democracy*, Oxford University Press, 2005.

Polsby, Nelson, "Legislature," in Fred I. Greenstein and Nelson Polsby eds., *Handbook of Political Science*, Vol.5, Addison-Wesley, 1975（加藤秀治郎・水戸克典編『議会政治』慈学社出版，2009年）.

Ramseyer, Mark and Frances Rosenbluth, *Japan's Political Marketplace With New Preface*, Harvard University Press, 1997.

Riker, William, "The Justification of Bicameralism," *International Political Science Review*, Vol.13, No.1, 1992.

Russell, Meg, *Reforming the House of Lords: Lessons from Overseas*, Oxford University Press, 2000.

Schumpeter, Joseph, *Capitalism, Socialism and Democracy* 2nd ed., Harper and Brothers Publishers, 1947.

Steiner, Jürg, André Bächtiger, Markus Spörndli and Marco R. Steenbergen, *Deliberative Politics in Action*, Cambridge University Press, 2004.

Tanaka Lidia, "Turn-Taking in Japanese Television Interviews: A Study on Interviewers' Strategies," *Pragmatics*, Vol.16, No.2 and 3, 2006.

Tsebelis, George and Jeannette Money, *Bicameralism*, Cambridge University Press, 1997.

Tsebelis, George, *Veto Player: How Political Institutions Work*, Princeton University Press, 2002（ツェベリス，ジョージ（眞柄秀子・井戸正伸訳）『拒否権プレイヤー』早稲田大学出版部，2009年）.

Vatter, Adrian and Markus Freitag, "The Contradictory Effects of Consensus Democracy on the Size of Government: Evidence from Swiss Cantons," *British Journal of Political Science*, Vol.37, No.2, 2007.

Vatter, Adrian, "Bicameralism and Policy Performance: The Effects of Cameral Structure in Comparative Perspective," *The Journal of Legislative Studies*, Vol.11, No.2, 2005.

Vatter Adrian, "Lijphart Expanded: Three Dimensions of Democracy in Advanced OECD Countries?," *European Political Science Review*, Vol.1, No.1, 2009.

索引

◆ あ 行 ◆

- アジェンダ設定 …………………… 13
- アドバーサリアルポリティクス ……… 9
- アリーナ型議会 …………………… 207-209
- 委員会制 …………………… 110, 209
- 委員会中心主義 …………………… 208
- 委嘱審査 …………… **30**, 111, 112, 117
- 一院制 …… 4, 15, 26, 28, 39, 40, 60, 61, 65, 69, 71, 75, 78, 156, 202, 203, 211, 213
- 一党優位政党制 ………… 49, 107, 208
- 一票の較差 ……… 3, 32, 34, 155, 206, 212
- イデオロギー ………… 56, 116, 117, 182
- ヴィスコシティ論 ………… 106, **109**, 110
- ウェストミンスター ……… 15, 81, 207, 216
- エージェンシースラック ……………… 135
- エリート(競争的)民主主義→競争的民主主義
- 往復方式 ………………… 111, 129, 190
- 押しボタン方式 ………………… **30**, 32

◆ か 行 ◆

- 会期制 ……… 45, 109, 110, 117, 151, 203
- 会期不継続の原則 ……………… 109, 152
- 回帰分析 …… 47, 62, 63, 146, 147, 149, 150
  - 自己回帰誤差付き ── 193, 194, 196-198
  - 重 ── …………… 58-60, 126, 129, 173
  - ロジスティック ── ……………… 74-76
- 会計検査院 …………………… 32
- カイ二乗検定 ……… 169, 170, 190, 191
- 閣法及び議員立法数 ……… 138, 146, 149
- 火災報知機型監視 ……… 81, 82, 130, 132, 137, 136, 144, 146-152
- 片道方式 ………… **21**, 111-113, 124, 127, 129, 190, 203, 214
- 議院運営委員会 ……………………… 23
- 議院証言法 …………… 90, 94, 101, 133
- 議院内閣制 ……… 7, 27, 34, 46, 47, 56, 73, 75, 77, 83, 84, 96, 108, 156, 160, 177, 183, 193, 199, 201, 204-206, 208, 211, 214, 216
- 議事運営 …… 4, 27, 38, 47, 48, 53, 54, 58, 60, 62, 63, 83, 106, 127-129, 136
- 技術合理的リーダーシップ ……………… 164
- 偽証罪 …………………… 87, 92
- 行政府監視機能 …… 6, 7, 80-83, 95, 102, 105, 106, 127-129, 131, 132, 137, 151, 152, 156, 176, 201, 203-205, 214, 215, 217
- 競争的民主主義 …… **10-12**, 24, 28, 33, 202
- 共和汚職事件 ……… 88, 90, 98, 119, 120
- 拒否権プレイヤー …… 16, 35, 38, 43, 47, 48, 53, **55-58**, 60, 62, 63, 80, 108, 202, 203, 213
- 空間モデル …………………… 38
- 空間理論 …………………… 43
- 空転割合 ……… 117, 119, 120, 124, 125, 129
- 警告議決 ……………… 22, 23, 212
- 経済産業委員会 …… 130, 132, **140**, **143**, **145**, 150, 151, 153, 202, 205
- 経路依存性 ……………… 77, 129, 213
- 憲法改正 …………… 5, 33, 34, 202, 205
- 憲法調査会 …………… 19, 20, 155
- 厚生労働委員会 …… 130, 132, **139**, 141, **142**, **145**, 148, 150, 153, 202
- 国政調査権 …… 83-87, 95-103, 131, 133, 216
- 国政調査権行使 …………………… 88
- 国民性仮説 …… 66, 67, **71**, 72, 77, 79, 202
- 国民内閣制 ……… 3, 6, 27, 28, 160, 182
- 国会同意人事 …………………… 3
- ゴッドフレイ検定 ………………… 194
- コーディング ……… 142, 148, 196, 198, 199
- コーディングシート ……………… 177
- コーポラティズム ……………… 14, 15
- コンセンサス型デモクラシー …… **15**, **16**, 20, 27, 33, 34, 38, 63, 206
- コンドルセのパラドックス ……………… 39
- コントロール変数 ……… 59, 63, 68, 73, 151

◆ さ 行 ◆

- 再議決要件 …… 5, 109, 206, 212, 214
- 佐川急便事件 …… 88-91, 93, 98, 119, 120, 128
- 参加民主主義 …… 10, **12**, 14, 20, 25, 26, 28, 33, 34, 201, 202
- 参議院改革 …… 3, 5, 20, 22, 28-34, 61, 112, 128, 134, 156, 202, 203, 205, 206, **211**, **212**
- 参議院議員通常選挙 →参議院選挙
- 参議院選挙 ………… 5, 9, 29, 32, 97, 107,

231

索　引

参議院廃止論 …………………………… 108, 115, 117, 119, 167
参議院廃止論 …………………………… 109
参考人招致 …………… 85, **87-89**, 102, 121, 124
自公民路線 ……………………………… 107
質問主意書 …………………………… 102, 176
市民参加指数 ………………………… 71, 73, 74
自民党支持基盤効果 ……………… 181, 193, 194
社会保障と税の一体改革 ………………… 188
衆議院の優越規定 ………… 110, 117, 201, 215
住専事件 ………………… 91, 92, 96, 98, 100
従属変数 ……… 35, 47, 58, 59, 61-63, 74, 75,
　　　　126, 146-151, 172, 173, 194, 197, 198
主観的経済評価 …………………… 181, 193, 199
熟議民主主義 ………………… **16**, **17**, 19, 20, 27,
　　　　　　　　　　　　　33, 34, 154, 159, 202
趣旨説明 …………………………………… 97
首相答弁 ……………… 7, 81, 172, 181, 184, 192,
　　　　　　　　　　　196, 198, 199, 204, 214
首相の権力リソース ……………………… 160
受動的リーダーシップ …………………… 164
小委員会調査報告書 …………………… 20, 155
上　院 …………………… 6, 23, 43, 46, 56,
　　　　　　　　　　61, 69, 70, 210, 213
政官関係論 ………………………………… 136
少数者調査権 ………………………… 214, 215
小選挙区制 …… 4, 49, 50, 52, 206, 207, 209
小選挙区比例代表並立制 …………… 50, 92,
　　　　　　　　　　　　　115, 195, 207
証人喚問 ……… 85, **87-90**, 92, 95-98, 100-102,
　　　　　　　　　119-121, 124, 128, 131, 133
資料提出要求 ………… 85, 88, **92-94**, 97, 98, 102
審議機能 ……… 7, 80, 81, 105, 127, 131, 214
審議空転 …………………… 106, 108, 117, 120, 128
新制度論 ………………………… 7, 53, 61, **66**, 77
慎重審議 ………… 6, 20, 21, 201, 209, 210, 212
衰退効果 ……………………… 181, 183, 184, 186,
　　　　　　　　　　　　　192, 193, 194, 196
政権監督機能 …………………… 81, 82, 216
政権交代 …………………… 49, 120, 158, 176,
　　　　　　　　　　183, 205, 207, 208, 213
政策提言活動 ……………………………… 216
政治コミュニケーション論 ……………… 156
政治スキャンダル ………………………… 199
政治的リーダーシップ …………………… 164
政治的レトリック …………………… 177-180
政治の大統領制化 ………………………… 160

政治倫理審査会 …………………………… 100
政党助成法 ………………………………… 212
政府参考人 …………………………… 113, 114
政府のフェイス …………………………… 174
説明責任 ………………………………… 23, 164
全会一致 …… 14, 53, 96, 97, 100, 121, 124, 133
尖閣諸島中国漁船衝突事件 …………… 92-94
選挙制度改革 …………… 4, 9, 33, 34, 92,
　　　　　　　　　　107, 205-211, 213
争点明示機能 ………………………… 81, 208
措置要求決議 ………………………… 23, 212
速記中止 …………………… 92, 106, **121-129**, 203

◆ た　行 ◆

代議制民主主義 …………………………… 205
対抗仮説 ………………………………… 69, 71
大統領制 …………………… 47, 56, 73, 75
多極共存型民主主義 ………………… 14, 15
多元主義 ……………………………… 13, 14
多数決型民主主義 …………… 10, **14**, **15**, 27, 28,
　　　　　　　　　　　35, 38, 63, 202, 206
多数主義 …………………… 47, 48, 53-55, 58, 59,
　　　　　　　　　　62, 63, 83, 136, 214, 217
単一(制)国家 ……………… 22, 69, 70, 73, 201
談話分析 …………………… 155, 157, 159, 176, 204
地域ブロック制 ……………………… 212, 213
調査会制度 …………………………… 34, 134
直接民主制 …………………………… 16, 27
直近の民意論 ……………………………… 45
強い参議院論 ………………… 106, 108, **110**, 182, 193
デモクラシー指数 …………… 47, 48, **50-55**,
　　　　　　　　　　　　57-61, 63, 201
デュヴェルジェの法則 …………………… 207
倒　閣 …………………………… 120, 193, 211
討議機能 …………………………………… 208
党議拘束 …………………………… 4, 29, 31, 208
討議民主主義 ……………………………… 27
東京佐川急便事件　→佐川急便事件
独立権能(説) ……………………………… 85-87
独立変数 ……………………… 35, 71-73, 126
どっちつかず理論 ………………………… 156

◆ な　行 ◆

内閣支持率 ……… 7, 161, 164, 176, 177, 181-185,
　　　　　　　　　　189, 192, 193, 195-199, 204, 214
内閣不信任決議 ………………………… 102

索　引

ナベット制 ……………… 23, 24, 41, 42, 214
二院制堅持 ………………… 20, 28, 155
二重効用論 ……………………………… 17
二信組事件 ………………… 91-94, 100
二大政党化 …………… 4, 9, 107, 108, 115, 128
二大政党制 …………… 4, 10, 14, 48, 49, 53, 58, 107, 108, 115, 116, 206-208
日銀総裁人事 ………………………… 9, 108
ネガティブフェイス ………………… 157
ねじれ国会 ……… 3, 5, 6, 10, 33, 37, 45, 79, 84, 85, 97, 99, 107-110, 117, 119, 155, 161, 167, 172, 176, 183, 208-210, 214-216
農林水産委員会 …………… 130, 132, **138**, **142**, **144**, 146, 153, 202

◆　は　行　◆

媒介民主制 ……………………………… 27
ハイパーアカウンタビリティ ……… 161
橋本行革 ………………………………… 160
パトロール型監視（機能） …… 7, 81, 82, 132, 136, 137, 144, 146, 147, 149-152, 203, 205
パトロール型審議 …………………… 149
ハネムーン効果 … 181, 183, 186, 193, 194, 196
ピケ戦術 ………………………………… 119
非比例性指数 ……… 48-50, 52, 54, 58, 59, 62
比例代表制 …………… 4, 14, 21, 25, 31, 50, 61, 115, 206, 207, 212, 214, 215
フェイスへの脅威 ………… 162, 168, 170, 173, 175, 176, 204
フェイス理論 ………………… 156, 157, 191
不信任決議 …………………………… 83, 108
普天間基地移設 ……………………… 188
腐敗認識指数 ………………… 71, 73, 74
プリンシパル・エージェント論 →本人代理人論
プルーラリズム理論 ………………… 26
分科会方式 ……………………………… 112
文教科学委員会　→文部科学・文教科学委員会
変換型議会 …………………… 81, 207, 208
変数無視のバイアス ………………… 68, 193
補完的役割 …………………………… 204
ポジティブフェイス ………………… 157

補助的権能説 ………………………… 85-87
ポリアーキー型デモクラシー …… 13, 25, 202
本人代理人論 …… 135, 136, 153, 154, 191, 192
ボンフェローニ補正 ………………… 191

◆　ま　行　◆

マンホイットニーのU検定 ……… 171, 172
みなし否決 ……………………………… 44
民主主義の質 ………… 6, 34, 35, 37, 38, 47, 58, 60-63, 80, 201-203, 213
民主的正統性 ……………… 4, 45, 70, 209
問責決議（案） ……………… 102, 108, 109
文部（文教）科学委員会 …… 130, 132, **139**, **141**, **143**, **145**, 149, 153, 202

◆　や　行　◆

薬害エイズ事件 ……………………… 91, 98
山田洋行事件 ………………… 91, 96, 101
有効議会政党数 ……… **48-50**, 54, 58, 59, 62, 73, 75, 77, 115, 116
抑止機能 ……………………………… 213, 214
抑制機能 ……………………………… 209, 210
予算委員会 …… 7, 21, 30, 90-93, 94, 105, 106, 110-113, 117, 122-128, 155, 163, 165-167, 176, 184, 190, 192, 196, 202, 203
予算関連法案 ………………………… 53, 108
予算編成 ………………………………… 106
予備審査制度 ………………………… 21, 31
予備的調査制度 ……………… 133, 134, 214-216

◆　ら　行　◆

理事会 ………… 97, 98, 102, 106, 117, 119, **121-125**, 127, 128
立法機能 …………… 80, 81, 83, 127, 131, 207
両院協議会 ………………… 23, 24, 127
連邦制 …………… 15, 22, 46, 58, 61, 65, 69, 70, 73, 75, 79, 80, 201, 202
連立工作 …………………… 80, 116, 203, 210
連立政権 ……… 9, 27, 49, 60, 61, 80, 97, 107, 115, 116, 167, 188, 195, 202, 206, 208, 213

〈著者紹介〉

木下　健（きのした　けん）

1987年生まれ
2010年　同志社大学政策学部卒業
2014年　同志社大学大学院総合政策科学研究科博士課程（後期課程）
　　　　修了，博士（政策科学）
現　在　同志社大学研究開発推進機構助手（有期研究員）

〈主要著作〉

「国会審議の映像情報と文字情報の認知的差異――政治コミュニケーション論による実証分析」『レヴァイアサン』第56号，2015年.

"Culture or Communicative Conflict? The Analysis of Equivocation in Broadcast Japanese Political Interviews," *Journal of Language and Social Psychology*, Vol. 34, No. 1, 2015（共著）.

「公共的討議は「代表性」の確保に成功したか――「エネルギー・環境の選択肢に関する討論型世論調査」に関する定量評価」『同志社政策科学研究』第16巻，第2号，2015年（共著）.

学術選書
2012
政治学

❀※❀

二　院　制　論
―― 行政府監視機能と民主主義 ――

2015（平成27）年 8 月10日　初版第 1 刷発行

著　者　　木　下　　　健
発行者　　今井　貴　渡辺左近
発行所　　株式会社　信　山　社
〒113-0033　東京都文京区本郷6-2-9-102
Tel 03-3818-1019　Fax 03-3818-0344
info@shinzansha.co.jp
笠間才木支店　〒309-1600 茨城県笠間市才木515-3
笠間来栖支店　〒309-1625 茨城県笠間市来栖2345-1
Tel 0296-71-0215　Fax 0296-72-5410
出版契約2015-5483-9-01010　Printed in Japan

©木下健, 2015 印刷・製本／亜細亜印刷・渋谷文泉閣
ISBN978-4-7972-5483-9 C3332. P 256/310. 400 b.005 政治学
5483-0101：012-035-005《禁無断複写》

JCOPY　〈㈳出版者著作権管理機構委託出版物〉

本書の無断複写は著作権法上での例外を除き禁じられています。複写される場合は，そのつど事前に，㈳出版者著作権管理機構（電話03-3513-6969，FAX03-3513-6979，e-mail:info@jcopy.or.jp）の許諾を得て下さい。また，本書を代行業者等の第三者に依頼してスキャニング等の行為によりデジタル化することは，個人の家庭内利用であっても，一切認められておりません。

日本立法資料全集シリーズ

行政手続法制定資料 (全16巻)

塩野 宏・小早川光郎 編
仲 正・北島周作 解説

行政手続法制定資料(1) 議事録編Ⅰ
菊変・上製 ISBN978-4-7972-0291-5 C3332

行政手続法制定資料(2) 議事録編Ⅱ
菊変・上製 ISBN978-4-7972-0292-2 C3332

行政手続法制定資料(3) 議事録編Ⅲ
菊変・上製 ISBN978-4-7972-0293-9 C3332

行政手続法制定資料(4) 要綱案関係資料編Ⅰ
菊変・上製 ISBN978-4-7972-0294-6 C3332

行政手続法制定資料(5) 要綱案関係資料編Ⅱ
菊変・上製 ISBN978-4-7972-0295-3 C3332

行政手続法制定資料(6) 参考資料編Ⅰ
菊変・上製 ISBN978-4-7972-0296-0 C3332

行政手続法制定資料(7) 参考資料編Ⅱ
菊変・上製 ISBN978-4-7972-0297-7 C3332

行政手続法制定資料(8) 参考資料編Ⅲ
菊変・上製 ISBN978-4-7972-0298-4 C3332

行政手続法制定資料(9) 参考資料編Ⅳ
菊変・上製 ISBN978-4-7972-0299-1 C3332

行政手続法制定資料(10) 参考資料編Ⅴ
菊変・上製 ISBN978-4-7972-0300-4 C3332

塩野 宏・宇賀克也 編
宇賀克也・白岩 俊 解説

行政手続法制定資料(11) 平成17年改正 議事録編
菊変・上製 ISBN978-4-7972-3005-6 C3332

行政手続法制定資料(12) 平成17年改正 立案資料編
菊変・上製 ISBN978-4-7972-3006-2 C3332

行政手続法制定資料(13) 平成17年改正 参考資料編Ⅰ
菊変・上製 ISBN978-4-7972-3007-9 C3332

行政手続法制定資料(14) 平成17年改正 参考資料編Ⅱ
菊変・上製 ISBN978-4-7972-3008-6 C3332

行政手続法制定資料(15) 平成17年改正 参考資料編Ⅲ
菊変・上製 ISBN978-4-7972-3009-3 C3332

行政手続法制定資料(16) 平成17年改正 参考資料編Ⅳ
菊変・上製 ISBN978-4-7972-3010-9 C3332

―― 信山社 ――

昭和54年3月衆議院事務局 編

逐条国会法

〈全7巻〔＋補巻（追録）【平成21年12月編】〕〉

◇ 刊行に寄せて ◇
　　　　　鬼塚　誠　（衆議院事務総長）
◇ 事務局の衡量過程Épiphanie ◇
　　　　　赤坂幸一

衆議院事務局において内部用資料として利用されていた『逐条国会法』が、最新の改正を含め、待望の刊行。議事法規・議会先例の背後にある理念、事務局の主体的な衡量過程を明確に伝え、広く地方議会でも有用な重要文献。

【第1巻～第7巻】《昭和54年3月衆議院事務局 編》に〔第1条～第133条〕を収載。さらに【第8巻】〔補巻（追録）〕《平成21年12月編》には、『逐条国会法』刊行以後の改正条文・改正理由、関係法規、先例、改正に関連する会議録の抜粋などを追加収録。

議事解説
昭和17年4月帝国議会衆議院事務局 編集／解題：原田一明

判例プラクティスシリーズ　〔法科大学院テキスト〕
判例プラクティス憲法【増補版】
憲法判例研究会 編
淺野博宣・尾形健・小島慎司・宍戸常寿・曽我部真裕・中林暁生・山本龍彦

新刊 地方自治法改正史　小西　敦 著
1947(昭和22)年制定－2012(平成24)年までの改正内容を、整理・解説

―――――信山社―――――

鈴木隆夫（元衆議院事務総長）著

国会運営の理論
今野彧男 解題

鈴木隆夫論文集
国会法の理念と運用
赤坂幸一 解題・今野彧男 解説

◆実践的視座からの理論的探究◆
国会運営の法理
衆議院事務局の視点から
今野彧男 著

◆当事者から語られるリアリティー◆
当事者に直接インタビューした貴重な記録
赤坂幸一・奈良岡聰智 編著
◆オーラル・ヒストリー◆
国会運営の裏方たち
衆議院事務局の戦後史
今野彧男 著

立法過程と議事運営
衆議院事務局の三十五年
近藤誠治 著

議会政治と55年体制
衆議院事務総長の回想
谷 福丸 著

ブリッジブック法システム入門（第3版）
——法社会学的アプローチ　宮澤節生・武蔵勝宏・上石圭一・大塚浩 著
議員立法の実証研究　谷(武蔵)勝宏 著
現代日本の立法過程　谷(武蔵)勝宏 著

信山社